[Handwritten dedication:]
A Monsieur [Guerin?],
[conseiller à Caen?]
témoignage affectueux de son
parent & ami

HISTOIRE
ROMAINE

TOME PREMIER

IMPRIMERIE DE L. TOINON ET Cie, A SAINT-GERMAIN

HISTOIRE ROMAINE

PAR

THÉODORE MOMMSEN

TRADUITE PAR

C. A. ALEXANDRE

VICE-PRÉSIDENT AU TRIBUNAL DE LA SEINE

TOME PREMIER

PARIS
LIBRAIRIE A. FRANCK
ALBERT L. HEROLD, SUCCESSEUR
Rue Richelieu, 67

1863

Seule édition autorisée par l'auteur et l'éditeur

AVANT-PROPOS

DU TRADUCTEUR

———

Frappé des mérites austères de ce livre, où l'érudition vaste et sûre de l'archéologue, la connaissance des vieilles langues et des vieilles mœurs de l'Italie, s'associent aux méditations profondes du jurisconsulte, du philosophe et de l'homme politique des temps modernes : transporté pour la première fois, et complétement peut-être, en le lisant, dans le monde réel et vivant de la Rome antique, aussi loin des légendes merveilleuses dans lesquelles se complaisaient les historiens du siècle d'Auguste et leurs plus récents imitateurs, que des conjectures trop souvent chimériques osées par les érudits de génie, comme *Vico* et *Niebuhr* : retrouvant enfin, dans cette œuvre venue d'outre-Rhin, les conclusions sagaces et pratiques d'un disciple de Montesquieu, à côté des découvertes inespérées dues à la science épigraphique et à la philologie de nos jours; il m'a semblé que je n'avais pas à redouter en France, pour M. *Mommsen*, un accueil moins sympathique que celui qu'il a reçu en Allemagne.

Il s'en faut bien qu'on ait tout dit sur la Rome et sur l'Italie antiques : il y a là un champ inépuisable où la science fait chaque jour des trouvailles, et réussit à ouvrir des perspectives nouvelles. D'une autre part, notre sens critique et politique s'est aiguisé au contact de nos révolutions, et l'on a constaté avec vérité, qu'à la lueur de ce flambeau que nous a mis en main une expérience chèrement achetée, les institutions des anciens ont été à la fois, et mieux comprises, et mieux décrites, que par les anciens eux-mêmes [1].

Oui, ces histoires de la Grèce et de Rome, tant de fois remaniées, semblent toujours à refaire ! Nous rencontrons un attrait toujours neuf et puissant dans ces grandes leçons du passé qui nous enseignent le présent; comme les vicissitudes des temps présents nous donnent souvent le secret des événements d'autrefois, et les rapprochent en quelque sorte de notre propre histoire. Aussi ces études sont-elles partout en pleine faveur. L'Allemagne a sa cohorte d'érudits et d'historiens profonds, ses *Mommsen*, ses *Max Duncker*, ses *Curtius*, et tant d'autres : l'Angleterre nomme avec fierté ses *Cornewall Lewis*, ses *Thirlewall*, ses *Merivale* et ses *Grote*, et chez nous, enfin, des travaux nombreux et récents attestent l'intérêt que les bons esprits n'ont cessé de porter à l'étude des deux grandes civilisations de l'ancien monde [2].

---

[1] V. Saint-René Taillandier : *Revue des Deux-Mondes* (la Philosophie de l'*Hist. rom.*), tome XLV, p. 361.

[2] Citons l'utile collection d'*histoire universelle* publiée par le libraire Hachette, de Paris, sous la direction de M. V. Duruy, si connu par ses

Comme M. *Amédée Thierry*[1], M. Mommsen envisage les annales de Rome, et du dedans et du dehors, tout ensemble : ainsi qu'il le proclame dans l'*introduction* à son livre, l'histoire romaine, à ses yeux, c'est l'histoire de l'Italie unie avec Rome : c'est celle de la civilisation du monde occidental uni avec l'Italie. Préparation grandiose et nécessaire à la formation des nationalités modernes.

Comme M. *Ampère*[2] a tenté de le faire après lui dans une intelligente et brillante esquisse, M. Mommsen appelle en témoignage les monuments romains et grecs, étrusques et italiotes : il déchiffre les inscriptions ; il met au jour le sens jusque-là caché des œuvres de l'art et des révolutions des idiomes ; il promène enfin dans l'Italie et dans le monde romain le flambeau d'une érudition immense autant qu'ingénieuse. De telles études, auxquelles nous assistons trop rarement en France, constituent, certes, l'un des côtés les plus neufs et les plus curieux de ce livre.

En ce qui touche sa composition même, et surtout l'exposition des *origines*, deux remarques sont à faire. Les premiers progrès de Rome, jusqu'à l'expulsion des rois, la *réforme* de Servius, la *constitution consulaire*, les luttes du *tribunat du peuple*, tous ces faits ne comportent guère un récit suivi. Il faut exposer un tableau resserré dans son cadre, plutôt que dérouler une toile sur laquelle serait peinte la série des annales primitives de Rome. Quoi qu'en aient dit certains cri-

---

excellents travaux sur l'histoire romaine et l'histoire grecque, et que le choix de l'Empereur vient d'appeler à la tête du ministère de l'Instruction publique.

[1] *Tableau de l'Histoire romaine*, Paris, 1861.
[2] *L'Histoire romaine, à Rome*, Paris, 1862.

tiques¹, on comprend aisément la nécessité de cette histoire sans personnages, de ces grands événements reproduits sans le portrait des hommes qui y ont pris part. Vouloir mieux faire, c'est retomber aussitôt dans la fable et la légende, c'est vouloir retourner à Tite-Live, en lui redemandant la magie de ses couleurs et de son style, et les illusions enchanteresses de son patriotisme romain. M. Mommsen n'a point hésité. Il a préféré les sévères devoirs de la saine critique et de la vérité historique. Il n'a pas tenté de replacer sur un piédestal, tant bien que mal reconstruit, les statues brisées ou perdues des héros de la légende; il a disposé simplement et dans un ordre méthodique, il a divisé par époques ses chapitres divers et les résultats obtenus par ses devanciers, comme ceux conquis par ses recherches propres. Immigrations venues de l'Orient, — commencements de Rome, — organisation puissante et exclusive de la cité, — conquêtes sur les Latins, les Étrusques et les Samnites, — civilisation de l'Étrurie et de la Grande-Grèce, — marines toscanes et carthaginoises, — le droit, la religion, l'agriculture, l'industrie et le commerce, l'écriture et les arts mathématiques; enfin, et pour couronner le tout, l'art proprement dit et la littérature : tels sont les sujets qu'il parcourt et épuise. A dater de la guerre des Gaulois et de l'invasion de Pyrrhus en Italie, le *récit* commence, à vrai dire. Viennent alors les guerres puniques et la rapide conquête du monde occidental par les armes de Rome. Là, les personnages vivent et se montrent : la narration s'anime et s'enrichit de

---

¹ V. notamment Gerlach, *Vorgeschichte des Rœm. Staats (Hist. primitive de Rome)*, Bâle, 1863, p. 263 et suiv.

brillantes couleurs : les portraits, les tableaux variés se succèdent : l'intérêt historique et politique va grandissant !

M. Mommsen nous avait priés de commencer notre publication par le IIIe livre (*Guerres puniques*). Il craignait, bien à tort selon nous, que ses études sur les *origines* ne semblassent arides au lecteur, et ne nuisissent, par cela même, au succès, sinon à l'estime qui lui est légitimement due. A ces scrupules, nous avons opposé une résistance respectueuse ; nous avons pensé qu'une telle œuvre, écrite par un savant sérieux et illustre, veut avant tout être étudiée suivant l'ordre logique des matières et l'enchaînement historique des faits. Nous nous tromperions fort, ce nous semble, si l'opinion publique ne venait pas ratifier notre jugement. Pour remarquables et complets que soient les travaux de notre auteur sur Hannibal, César, et leur temps, les *origines romaines*, que nous publions d'abord, n'en sont pas moins un morceau de maître, et constituent une sorte de portique grandiose à l'histoire des siècles postérieurs [1].

Les travaux de la science allemande sont trop peu connus en France ; avouons-le courageusement, si cet aveu doit nous inspirer une émulation plus noble et plus féconde dans l'avenir. Le sceptre de l'érudition, de l'archéologie, de la philologie comparée et de la science des lois, et par suite, de l'histoire ; le sceptre

---

[1]. Il paraît en ce moment, en Belgique, une traduction que M. Mommsen *n'a point autorisée*. L'éditeur de la présente traduction (par M. Alexandre), cessionnaire des droits de l'auteur et de l'éditeur allemands, et du traducteur lui-même, proteste contre une contrefaçon qu'interdisaient et la loi morale et la volonté formelle de M. Mommsen, et qu'il poursuivra partout où la loi française et les lois étrangères lui en donneront le pouvoir.

que nos illustres écrivains du xvie siècle ont tenu d'une main si vaillante, il appartient à nos voisins, sans conteste, dans la seconde moitié du xixe. En veut-on un exemple et une preuve ? Il suffira de parcourir les quelques lignes qui suivent, où nous esquissons la biographie de M. Mommsen. Sa vie se résume par ses écrits.

M. Mommsen a quarante-six ans. Il est né dans les États allemands (Schleswig), de la couronne du Danemark. Il est Allemand de cœur et d'action. Il professe par dessus tout les doctrines libérales, en même temps qu'il est l'ennemi de ces révolutions violentes dont le cercle se referme toujours aux dépens de la liberté politique.

Successivement professeur à Leipzig, à Zurich et à Breslau, après de longues pérégrinations dans le sud de l'Europe, il a écrit dans cette dernière ville, vers 1856, le premier volume de l'*Histoire romaine*, qui a mis le sceau à sa réputation. Il est aujourd'hui professeur de droit romain (*Institutes*) à l'université de Berlin.

Auparavant, il avait publié de nombreux travaux de numismatique, d'épigraphie, d'histoire et de jurisprudence ancienne, parmi lesquels nous citerons de préférence :

a) Le *Corpus inscriptionum Neapolitanarum*, Leipzig, 1851 ;

b) Un traité sur le *Système monétaire des Romains* (*Ueber das Rœm. Münzwesen*). Leipzig, 1860, dont M. *de Blacas* prépare, dit-on, une traduction ;

c) Une étude sur les *Dialectes* antiques de la Basse-Italie (*die unteritalischen Dialekte*), avec 16 tableaux et 2 cartes. Leipzig, 1850 ;

d) La Chronologie romaine jusqu'aux temps de César (die Rœm. Chronologie bis auf Cæsar), Berlin, 1859 ;

e) Enfin, avec *Henzen* et autres, M. Mommsen est l'un des principaux et plus actifs éditeurs du grand *Corpus inscriptionum*, magnifique et immense recueil auquel l'*Académie de Berlin* donne ses soins. Pour son compte, M. Mommsen vient de publier les *Inscriptiones latinæ antiquissimæ ad C. Cæsaris mortem*, immense tome de 649 pages in-fol. (Berlin, 1863) [1].

On s'étonne vraiment qu'au milieu de si immenses travaux, il reste à notre auteur du temps pour la conception et la mise à fin d'une œuvre de style, d'art et de science, aussi achevée que l'est l'*Histoire romaine*.

Quant à celui qui écrit ces lignes, magistrat, voué depuis longtemps à l'étude du droit et de l'histoire ; ayant partout constaté avec le plus vif intérêt l'influence décisive de la loi civile et politique sur les mœurs, la civilisation et la fortune des peuples, il s'est volontiers retourné, en lisant et relisant ce livre,

---

[1] Citons encore d'autres travaux d'une importance moins capitale :

De collegiis et sodalitiis Romanorum. Kiel, 1843 ;
Les tribus romaines, sous le rapport de l'administration. (Die rœm. Trib. in administ. Beziehung.) Altona, 1844 ;
Études osques. (Osk. Studien.) Berlin, 1855, avec supplément (1846) ;
Ptolemæi Silvii Laterculus (1853) ;
Volusii Mœciani distributio partium (1853) ;
Inscriptiones Confederationis Helveticæ latinæ. Zurich, 1854 ;
Droit municipal de Salpensa et Malaga. (Die Stadtrechte der lat. Gemeinden Salpensa und Malaga). — Leipzig, 1855 ;

Une multitude d'articles et de rapports dans diverses *revues* ou recueils allemands, notamment : une très-curieuse dissertation sur le *litige entre César et le Sénat* (Die Rechtsfraye zwisch. Cæsar u. dem Senat). Breslau, 1857 ; et une dissertation *sur les nécessités et les conditions d'une nouvelle édition des textes du Digeste.* (Ueb. die kritische Grundlage unseres Digestentextes), etc., etc.

vers l'enseignement toujours fécond puisé dans les annales de Rome.

Il s'est rappelé, non sans quelque présomption peut-être, l'exemple des grands magistrats qui se délassaient jadis des travaux de la justice dans la contemplation des événements du passé, et, admirant de loin les grands devanciers que la *robe* a prêtés à la critique historique, les Montesquieu, les président de Brosse, et tant d'autres; imitant du moins le dernier venu e regrettable M. de Golbéry, qui fit connaître le livre de Niebuhr à la France, — il a, comme lui, tenté de faire une œuvre utile, en accomplissant ici son modeste office de traducteur.

Puisse-t-il avoir réussi ! Il ne regretterait alors ni son temps, ni sa peine.[1] !

Paris, 1863.

[1] N. B. Dans ce livre, résultat savant et condensé des recherches les plus érudites et des méditations les plus profondes, on s'étonnera peut-être de ne rencontrer que de rares notes explicatives. La raison s'en comprend aisément. Elle est toute dans la nécessité de ne pas surcharger et allonger les volumes. D'ailleurs, c'est dans les autres ouvrages de M. Mommsen, dans les livres nombreux et spéciaux qu'il a publiés et qu'il publie, que l'on trouverait l'immense *apparatus*, le corps des *preuves*, et la mention ou la discussion des *sources* auxquelles il a puisé. Nous y renvoyons les curieux. Nous nous sommes contentés de placer çà et là quelques indications qui nous ont paru nécessaires pour l'intelligence meilleure du texte par le commun des lecteurs. Ces additions fort courtes du traducteur se distinguent par un signe spécial [ ].

Enfin nous conseillons par-dessus tout l'étude des cartes historiques de l'*Atlas antiquus*, de Spruner (3e édit., revue par Menke, 1862-1863, Gotha, chez Perthès.) Les cartes nos x, xi, xii, avec les plans de la Rome primitive et de la Rome républicaine, sont spécialement recommandées. La perfection des détails, la netteté typographique et le bon marché font de l'*Atlas antiquus* une publication essentiellement utile *.

* On peut facilement se le procurer, notamment à la librairie Hérold, rue Richelieu, 67.

MOMMSEN

A SON AMI

MORITZ HAUPT[1]

A BERLIN

---

[1] Membre des Académies de Berlin et de Vienne. — Il a publié de nombreux travaux de philologie allemande et latine. (V. son article au *Dict. universel des Contemporains*, de Vapereau.)

PRÉFACE

DE LA DEUXIÈME ÉDITION (ALLEMANDE)

Cette nouvelle édition de l'*Histoire romaine* diffère sensiblement de celles qui l'ont précédée. Elle s'en écarte surtout dans les deux livres qui comprennent les cinq premiers siècles de la République. Quand s'ouvre plus tard la série des faits historiques certains, notre œuvre s'ordonne et se limite suivant la forme même et le contenu du récit; mais pour les époques antérieures, les difficultés de l'investigation des sources, sans base et sans règle déterminée, le décousu des matériaux, sous le rapport des temps et de l'ensemble, sont, en vérité, trop grands pour que l'auteur, peu content de lui-même, ose espérer de contenter ceux qui le liront. Certes, il a lutté de son mieux contre tous les obstacles que rencontraient ses études et son récit; mais, quoi qu'il ait fait, il reste encore beaucoup à faire, beaucoup à corriger. Cette édition comprend une suite de recherches nouvelles, notamment en ce qui concerne la condition politique des sujets de Rome, les progrès et les productions de la poésie et des arts du dessin. En maint endroit, des lacunes moins importantes ont été remplies; les tableaux ont été rehaussés de ton et enrichis de plus nombreux détails; toute l'ordonnance du livre mieux disposée pour la clarté et l'intelligence plus haute de l'ensemble. Dans le troisième livre, on ne s'est plus borné, comme dans la première édition, à ne faire qu'esquisser l'état intérieur de la république au temps des guerres carthaginoises : toute cette partie a été refondue, et traitée avec soin et étendue, comme le voulaient l'importance et la difficulté du sujet.

Nous faisons appel au juge impartial, à celui-là surtout qui déjà, comme nous, a tenté de résoudre tous ces problèmes. Il s'empressera de nous excuser, et de dire combien il n'y a pas lieu de s'étonner de tant de remaniements. En tous cas, l'auteur remercie son public, qui lui a pardonné des lacunes et des imperfections trop visibles, pour ne faire porter son assentiment, et aussi sa sa critique, que sur les parties achevées et complètes de l'œuvre.

Il s'est efforcé de rendre ce livre commode, jusque dans sa forme extérieure. Conservant dans le corps du texte la computation Varronienne à dater de la fondation de la ville, il a placé en marge les chiffres correspondants de la période comptant par années avant la naissance du Christ. Dans ce calcul comparé, la première année de Rome correspond à l'an 753 avant J.-C., et à la sixième année de la 4e olympiade : quoique, à vrai dire, l'année solaire romaine commençant au 1er mars, et l'année grecque au 1er juillet, la première année de Rome, pour compter exactement, devrait ne comprendre que les dix derniers mois de 753, avec les deux premiers de 752, avant J.-C., ou encore que les quatre derniers mois de la troisième année, avec les huit premiers de la quatrième de la sixième olympiade. Les valeurs sont énoncées en *livres* et en *sesterces*, en *deniers* romains, et en *drachmes* attiques. Au-dessus de 100 deniers, l'or au taux actuel; au-dessous, l'argent en poids égal, sont pris pour étalons comparatifs, en sorte que la livre d'or romaine, de 4,000 sesterces, ou du poids de 327 grammes 46 centigrammes, est évaluée (le rapport de l'or à l'argent étant de 1 : 155 à 286 *thalers* prussiens (ou 1,072 fr. 50 c.).

Une petite carte, dressée par Kiepert, a été placée à la fin du premier volume; elle fera mieux comprendre encore que notre récit, comment s'est opérée la réunion militaire de l'Italie. De courtes indications en marge faciliteront au lecteur ses recherches. Enfin, au volume qui se termine par la chute de la république, sera jointe une table alphabétique. L'auteur ne veut pas la rejeter plus loin, des travaux autres et multiples ne lui permettant pas d'achever son livre aussi vite qu'il le voudrait.

Breslau. — Novembre 1856.

PRÉFACE

DE LA TROISIÈME ÉDITION

Cette troisième édition ne s'éloigne pas considérablement de la seconde, ce dont les juges sérieux et expérimentés ne feront point un reproche à l'auteur. Ils n'exigeront pas de lui qu'à chaque tirage de son livre, il le reprenne en sous-œuvre, et y introduise tous les résultats nouveaux, si minces qu'ils soient, des recherches particulières accomplies dans l'intervalle. Les oublis ou les méprises que la critique nationale ou étrangère a pu signaler dans l'édition dernière, nous les avons réparés, cela était juste : mais nous n'avions à refaire dans son ensemble aucune des parties de l'ouvrage. Le 14ᵉ chapitre du IIIᵉ livre contenait, sur les bases de la chronologie romaine, une dissertation, que nous avons transportée dans un ouvrage spécial plus étendu et mieux approprié à la matière *(Die Rœmische Chronologie bis auf Cæsar. — Chronologie rom. jusqu'aux temps de César,* 2ᵉ édition, Berlin, 1859). Aussi l'avons-nous resserrée ici dans un cadre plus étroit, en nous bornant aux résultats généraux les plus importants. — Rien n'a, d'ailleurs, été changé dans l'ordonnance de l'ouvrage. — Des empêchements imprévus ont arrêté la publication de l'*Index* que nous avions promis de placer à la suite de ces volumes : nous espérons pouvoir le donner bientôt dans une livraison de supplément.

Berlin, 1er février 1861.

LIVRE PREMIER

DEPUIS ROME FONDÉE JUSQU'A LA SUPPRESSION DES ROIS

Τὰ παλαιότερα σαφῶς μὲν εὑρεῖν διὰ χρόνου πλῆθος ἀδύνατα ἦν. Ἐκ δὲ τεκμηρίων ὧν ἐπὶ μακρότατον σκοποῦντί μοι πιστεῦσαι ξυμβαίνει, οὐ μεγάλα νομίζω γενέσθαι, οὔτε κατὰ τοὺς πολέμους, οὔτε ἐς τὰ ἄλλα.

Quant aux faits plus anciens, ils ne pouvaient, à la distance des temps, nous être exactement connus. Toutefois, après avoir jeté le plus loin possible mes regards, et à en juger par les indices les plus dignes de foi, je n'y ai pas trouvé de grands événements, faits de guerre ou autres. »

THUCYD., I, 1.

HISTOIRE ROMAINE

LIVRE PREMIER

DEPUIS ROME FONDÉE JUSQU'A LA SUPPRESSION DES ROIS

CHAPITRE PREMIER

INTRODUCTION

La mer Intérieure a des multiples bras qui s'enfoncent au loin dans le continent pour y découper le plus vaste des golfes océaniques. Tantôt elle se rétrécit devant les îles ou les saillies des promontoires : tantôt elle élargit l'immensité de sa nappe, formant à la fois la séparation et le lien des trois parties de l'ancien monde. Tout alentour, sont venus s'asseoir des peuples, divers de race, à les considérer du seul point de vue des origines et de la langue, mais qui, historiquement parlant, ne constituent qu'un seul et même système. La civilisation des peuples méditerranéens dans ce qu'on appelle assez improprement l'*histoire ancienne*, fait passer devant

L'histoire ancienne.

nos regards, divisée en quatre grandes périodes, l'histoire de la race *copte* ou *égyptienne*, au sud; celle de la nation *araméenne* ou *syriaque*, qui occupe la côte orientale, et va s'enfonçant dans l'intérieur de l'Asie jusque sur les bords de l'Euphrate et du Tigre; et enfin l'histoire des deux peuples jumeaux, les *Hellènes* et les *Italiotes*, sur les rivages européens de la même mer. Chacune d'elles à ses débuts touche sans doute à d'autres cycles historiques, à d'autres champs d'étude; mais bientôt elle prend sa voie et la suit séparément. Quant aux nations de races étrangères ou apparentées qui se montrent autour de ce vaste bassin, Berbères et Nègres en Afrique, Arabes, Perses et Indiens en Asie, Celtes et Germains en Europe, elles sont venues souvent se heurter contre les peuples méditerranéens, sans leur donner, ni recevoir d'eux, les caractères de leur propre progrès. Et s'il est vrai de dire que jamais le cycle d'une civilisation s'achève, on ne peut refuser le mérite d'une complète unité à celui où brillèrent tour à tour les noms de Thèbes, de Carthage, d'Athènes et de Rome. Il y a là quatre peuples, qui, non contents d'avoir, chacun à part soi, fourni leur grandiose carrière, se sont encore transmis dans de nombreux échanges, en les perfectionnant chaque jour, tous les éléments les plus riches et les plus vivaces de la culture humaine, jusqu'à ce qu'ils eussent pleinement accompli la révolution de leurs destinées. Alors se levèrent des familles nouvelles, qui n'avaient encore effleuré les terres méditerranéennes que comme les vagues qui viennent mourir sur la plage. Elles se répandirent sur l'une et l'autre rive. A ce moment la côte sud se sépare de la côte nord dans les faits de l'histoire; et la civilisation, dont le centre se déplace, quitte la mer Intérieure pour se porter vers l'océan Atlantique. L'histoire ancienne a pris fin : l'histoire moderne commence, non pas seulement dans l'ordre des accidents et des dates. C'est une toute autre époque de la civilisation qui s'ouvre, quoique elle se rattache maintes fois encore à la civilisation disparue ou sur son déclin des États méditerranéens, comme celle-ci s'était jadis reliée à l'antique culture indo-germanique. Cette civilisation nouvelle aura à son tour sa carrière propre et ses destinées; elle fera passer les peuples par l'épreuve du bonheur et des souffrances : avec elle ils franchiront encore les âges de la croissance, de la maturité et de la vieillesse; les travaux et les joies de l'enfantement, dans la religion, dans la politique et dans l'art; avec elle ils jouiront de leurs richesses acquises dans l'ordre matériel et dans l'ordre moral; jusqu'à ce que viennent aussi, peut-être, au lendemain du but atteint, l'épuisement de la séve féconde, et les langueurs de la satiété ! N'importe, le but n'est lui-même qu'un temps d'arrêt rapide; et si, quelque grand qu'il soit, le cercle parcouru se referme, l'humanité ne s'arrête pas pour cela : on la croit au bout de sa carrière, que déjà une idée plus haute, de nouveaux horizons la sollicitent, et son antique mission se rouvre devant elle.

Le sujet de ce livre est le dernier acte du grand drame de l'histoire générale ancienne. Nous voulons dire ici l'histoire de la péninsule située entre les deux autres prolongements méditerranéens du continent septentrional. L'Italie est formée par un rameau puissant détaché du contre-fort des Alpes occidentales, et se dirigeant vers le sud. L'Apennin (tel est son nom) court d'abord au sud-est entre deux des bassins de la mer Intérieure, l'un plus large à l'ouest, l'autre plus étroit à l'orient, et il touche aux rives mêmes de ce dernier par le massif montagneux des Abruzzes, où il atteint son point culminant, et s'élève presque à la ligne des neiges éternelles. Après les Abruzzes, la chaîne s'avance au sud, toujours unique et toujours haute:

L'Italie.

puis elle se déprime, s'éparpille en un massif mamelonné ; puis, se séparant enfin en deux chaînons, l'un moins élevé, qui va vers le sud-est, l'autre plus escarpé, qui va droit au Sud, elle se termine de chaque côté par deux étroites presqu'îles. Les plaines du nord, entre les Alpes et l'Apennin, vont se continuant jusqu'aux Abruzzes. Géographiquement parlant, et jusque fort tard en ce qui touche l'histoire, elles n'appartiennent point au système de ce pays de montagnes et de collines, à cette Italie proprement dite, dont nous voulons raconter les destinées. Ce ne fut, en effet, qu'au VIIe siècle de Rome que la côte située entre *Sinigaglia* et *Rimini* [1] fut incorporée au territoire de la République : la vallée du Pô n'a été conquise qu'au VIIIe siècle. L'ancienne frontière de l'Italie au nord, ce ne sont pas les Alpes, c'est l'Apennin. Celui-ci, d'ailleurs, ne forme nulle part une arête abrupte, il couvre le pays, au contraire, de son large massif ; ses vallées et ses plateaux se relient par de faciles passages, offrant ainsi aux populations un terrain commode ; et quant aux côtes et aux plaines en avant de la montagne, au sud, à l'est et à l'ouest, leur disposition est plus propice encore. A l'orient, néanmoins, l'Apulie fait exception, avec son sol plat, uniforme, mal arrosé ; avec sa plage sans découpures, fermée qu'elle est au nord par le système montagneux des Abruzzes ; interrompue ailleurs par l'îlot abrupte du *Monte-Gargano* [2]. Mais entre les deux presqu'îles du sud qui terminent la chaîne Apennine, s'étend, jusqu'au fond de leur angle, une contrée basse, très-irriguée et fertile quoique aboutissant à une côte où les havres sont rares. Enfin, le rivage au couchant se lie à une contrée large que sillonnent d'importantes rivières, le Tibre, par exemple, et que

---

[1] *Sena-Gallica*, et *Ariminum*.
[2] *Garganus mons*.

les flots et de nombreux volcans se sont jadis disputée.
On y rencontre en foule les collines et les vallées, les
ports et les îles. Là sont l'Étrurie, le Latium, la Campanie, ce noyau de la terre italique; puis, au sud de la
Campanie, la plage disparaît, et la montagne tombe
presque à pic dans la mer Tyrrhénienne. Enfin, de même
que la Grèce a son Péloponèse, l'Italie aussi confine
à la Sicile, la plus belle, la plus grande des îles de la Méditerranée, montueuse dans l'intérieur, et souvent stérile;
mais qu'entoure, du côté de l'est et du sud notamment
une large et riche ceinture de terres presque entièrement
volcaniques. Et de même que ses montagnes continuent
la chaîne de l'Apennin, dont un pas étroit seulement
la sépare (Ῥηγίον, la *fracture, Rhegium* ou *Reggio*); de
même qu'elle a joué son rôle marqué dans l'histoire de
l'Italie ; de même aussi le Péloponèse a fait partie de la
Grèce, et a servi d'arène aux révolutions des races
helléniques, dont la civilisation, comme dans la Grèce du
Nord, y a un jour magnifiquement fleuri. La péninsule
italique jouit d'un climat sain et tempéré, pareil à celui
de la Grèce : l'air est pur dans ses montagnes moyennes
et dans presque toutes ses plaines et ses vallées. Ses côtes
sont moins heureusement découpées ; elles ne touchent
point à une mer couverte d'îles, comme celle qui a fait
des Hellènes un peuple de marins. En revanche, l'Italie
l'emporte en ce qu'elle a de vastes plaines sillonnées par
ses fleuves : les contre-forts de ses montagnes sont plus
fertiles, plus tapissés de verdure, et se prêtent mieux à
l'agriculture et à l'élève du bétail. Comme la Grèce
enfin, elle est une belle contrée, propice à l'activité de
l'homme, récompensant son travail, ouvrant à l'esprit
d'aventures de faciles et lointaines issues, donnant aux
ambitions plus calmes des satisfactions faciles et sur
place. Mais tandis que la péninsule grecque est tournée
vers l'orient, c'est à l'occident que l'Italie regarde. Les

rivages moins importants de l'Epire et de l'Acarnanie sont à la Grèce ce que les côtes Apuliennes et Messapiennes sont à l'Italie : là l'Attique et la Macédoine, ces deux nobles champs de l'histoire, se dirigent vers l'est : ici, l'Étrurie, le Latium, la Campanie sont situés au couchant. Ainsi donc, ces deux terres voisines et jumelles se tournent le dos l'une à l'autre; et quoique à l'œil nu on puisse d'Otrante apercevoir les monts Acrocérauniens, ce n'est point sur la mer Adriatique qui baigne leurs communs rivages, que les deux peuples se sont rencontrés : leurs relations se sont établies et concentrées d'abord sur une tout autre route; nouvelle et incontestable preuve de l'influence de la constitution physique du sol sur la vocation ultérieure des peuples ! Les deux grandes races qui ont fait la civilisation de l'ancien monde ont projeté leurs ombres et leurs semences dans deux directions opposées.

C'est l'histoire de l'Italie et non pas seulement l'histoire de Rome que nous voulons raconter. A ne consulter que les apparences du droit politique externe, la ville romaine a conquis d'abord l'Italie, puis le monde. Il n'en est point ainsi pour qui va jusqu'au fond des secrets de l'histoire. Ce qu'on appelle la domination de Rome sur l'Italie est bien plutôt la réunion en un seul État de toutes les races italiques, parmi lesquelles sans doute les Romains sont les plus puissants, mais sans cesser d'être autre chose qu'un rameau de la souche commune. — L'histoire italique se partage en deux grandes périodes : celle qui va jusqu'à l'union de tous les Italiens sous l'hégémonie de la race latine, ou l'histoire italique intérieure; et celle de la domination de l'Italie sur le monde. Nous aurons donc à dire l'établissement des peuples italiotes dans la Péninsule : les dangers que courut leur existence nationale et politique, leur assujettissement partiel à des peuples d'une autre origine et d'une autre civilisation, tels que les Grecs et les Étrusques; leurs soulèvements contre l'étranger; l'anéantissement ou l'assujettissement de celui-ci; enfin la lutte des deux races principales, latine et samnite, pour l'empire de l'Italie, et la victoire des Latins à la fin du ive siècle avant Jésus-Christ, ou du ve siècle de Rome. Tous ces événements rempliront les deux premiers livres de cette histoire. Les guerres puniques ouvrent la seconde période, qui renferme les accroissements rapides et irrésistibles de la domination romaine jusqu'aux frontières naturelles de l'Italie, puis bien loin au delà de ces frontières; puis, après le long *statu quo* de l'empire, vient la chute du colossal édifice. Les livres troisième et suivants seront consacrés au récit de ces faits.

CHAPITRE II

PREMIÈRES IMMIGRATIONS EN ITALIE

Nul récit, nulle tradition ne fait mention des plus anciennes migrations de la race humaine en Italie. L'antiquité, là comme partout ailleurs, croyait les premiers habitants sortis du sol. Laissons au naturaliste à décider, dans sa science, de l'origine des diverses races, et de leurs rapports physiques avec les climats qu'elles ont traversés. L'histoire n'a pas d'intérêt, pas plus qu'elle n'en a le pouvoir, à rechercher si la population originaire d'une contrée a été autochthone, ou si elle est venue d'ailleurs. Ce qu'elle doit tenter de retrouver, ce sont les couches successives des peuples qui se sont superposés sur le sol. Par là seulement, et en remontant aussi loin que possible en arrière, il lui sera donné de constater les étapes de toute civilisation quittant son berceau pour parcourir sa carrière de progrès, et d'assister à l'anéantissement des races mal douées ou incultes sous l'alluvion de celles marquées au coin d'un plus haut génie.

L'Italie est tout à fait pauvre en monuments de l'époque primitive, différant notablement en cela d'avec d'autres contrées, illustres au même titre. A en croire les recherches des antiquaires allemands, l'Angleterre, la France, l'Allemagne du Nord et la Scandinavie auraient été occupées, avant les migrations des peuples indo-germaniques, par un rameau de la branche *tchoude* [1], par un peuple-nomade encore peut-être, vivant de la chasse et de la pêche, fabriquant ses instruments usuels avec la pierre, les os ou l'argile, se parant avec des dents d'animaux ou des bijoux d'ambre, ignorant l'agriculture et le travail des métaux. Dans l'Inde aussi, les migrations indo-germaines rencontrèrent devant elles une population de couleur brune et moins accessible à la culture. Mais vous chercheriez en vain en Italie les vestiges d'une nation autochthone dépossédée de son ancienne demeure, tandis qu'on rencontre encore ceux des Lapons et des Finnois dans les contrées celtiques et germaniques, ou ceux des races noires dans les montagnes de l'Inde. Vous n'y trouveriez pas davantage les débris d'une nation primitive éteinte, ces squelettes, singulièrement conformés, ces tombeaux, ces salles de banquet appartenant à *l'âge de pierre* de l'antiquité germaine. Rien jusqu'ici n'est venu faire croire à l'existence en Italie d'une race antérieure à l'âge de l'agriculture, et du travail des métaux. S'il était vrai qu'il y ait jamais eu dans ce pays une famille humaine appartenant à l'époque première de la civilisation, à celle où l'homme vit encore à l'état sauvage, cette famille n'a laissé d'elle absolument aucun témoignage, si mince qu'il puisse être.

Les races humaines ou les peuples appartenant à un type individuel, constituent les éléments de la plus

---

[1] Ou appartenant à la grande famille boréale dite *ongrienne*, et venue des steppes européo-asiatiques du Nord. (V. MAURY, *la Terre et l'Homme*. Paris, 1857, p. 381.)

ancienne histoire. Parmi ceux que l'on trouve en Italie plus tard, les uns, comme les *Hellènes*, sont certainement venus par immigration ; les autres, comme les *Brutiens* et les habitants de la *Sabine*, procèdent d'une dénationalisation antérieure. En dehors de ces deux groupes, nous entrevoyons encore un certain nombre de peuplades, dont l'histoire ne nous apprend pas les migrations, mais que nous reconnaissons *à priori* pour immigrées, et qui assurément ont subi du dehors une atteinte profonde à leur nationalité primitive. Quelle a été cette nationalité ? C'est à la science de le rechercher et de le dire. Tâche impossible, d'ailleurs, et dont il faudrait se hâter de désespérer, si nous n'avions pour guides d'autres indications que le ramas confus des noms de peuples, et des vagues traditions soi-disant historiques, puisées dans les maigres esquisses de quelques voyageurs plus éclairés, et dans des légendes sans valeur, conventionnellement rassemblées ou fixées, et le plus souvent contraires au sens vrai de la tradition et de l'histoire. Une source seule nous reste, d'où nous puissions tirer quelques documents, partiels sans doute, mais du moins authentiques : nous voulons parler des idiomes primitifs des populations assises sur le sol de l'Italie, dès avant les commencements de l'histoire. Constitués au jour le jour avec la nation à laquelle ils appartenaient, ces idiomes portaient trop bien l'empreinte du progrès et de la vie pour pouvoir être jamais totalement effacés par les civilisations postérieures. De toutes les langues italiennes, il n'en est qu'une qui nous soit entièrement connue ; mais il reste assez de débris des autres pour fournir à la science des éléments utiles. A la faveur de ces données, l'historien discerne encore entre les races italiques les différences et les affinités, et le degré même de parenté des idiomes et des races. La philologie enseigne donc qu'il a existé en Italie trois races primitives, les *Japyges*, les *Etrusques*, et les *Italiotes* (c'est le nom que nous réservons au troisième groupe); et ceux-ci, à leur tour, se divisent en deux grandes branches, l'une se rattachant à l'idiome latin, l'autre au dialecte des *Ombriens*, des *Marses*, des *Volsques* et des *Samnites*.

Des Japyges nous ne savons que peu de chose. A l'extrémité sud-est de l'Italie, dans la péninsule *messapienne* ou *calabraise*, on a retrouvé des inscriptions assez nombreuses, écrites dans une langue toute particulière, et aujourd'hui disparue[1], débris certains de l'idiome japyge, que la tradition affirme avoir été totalement étranger à la langue des Latins et à celle des Samnites. De plus, à en croire aussi des traces assez fréquentes, et d'autres indications non dépourvues de vraisemblance, la race et la langue de ce peuple ont aussi primitivement fleuri en Apulie. Nous sommes d'ailleurs assez renseignés sur les Japyges pour les distinguer nettement des autres Italiotes; mais quelle serait la place de leur nationalité ou de leur langue dans l'histoire de la famille humaine? c'est ce que nous ne saurions affirmer. Les inscriptions qui leur appartiennent n'ont point été déchiffrées, et ne le seront sans doute jamais. Leur idiome toutefois semble remonter vers la source indo-germanique; témoins leurs formes *génitives* AIHI et IIII, correspondant à l'ASYA du sanscrit, à l'οιο du grec. D'autres indices, l'usage par exemple des *consonnes aspirées*, l'absence complète des lettres *m* et *t* dans les terminaisons, établissent entre le dialecte japyge et les langues latines une notable différence, et le font au contraire se rapprocher en cela des langues helléniques. Cette parenté même semble

Japyges.

---

[1] Citons deux inscriptions tombales, afin d'en donner une idée, du moins pour l'oreille : « θeotoras artahiaihi bennarrihino, » ou encore : « Dazihonas platorrihi bolliki. »

attestée encore par deux faits : d'une part, on lit souvent dans les inscriptions les noms de divinités appartenant à la Grèce ; et, de l'autre, tandis que l'élément italiote a opiniâtrément résisté aux influences helléniques, les Japyges, au contraire, les ont acceptées avec une facilité surprenante. Au temps de Timée (vers l'an 400 de Rome), l'Apulie est décrite encore comme une terre barbare ; au VIe siècle, sans le fait d'aucune colonisation directe par les Grecs, elle est devenue grecque à peu près complétement, et le rude peuple messapien laisse voir aussi les marques d'une semblable transformation. Nous croyons d'ailleurs que la science doit provisoirement arrêter ses conclusions à cette sorte de parenté générale ou d'affinité élective entre les Japyges et les Grecs ; en tous cas, il serait téméraire d'affirmer que la langue des Japyges n'a été qu'un rude idiome appartenant à la branche hellénique. Il conviendra d'ajourner tout système jusqu'à la découverte de documents plus concluants et plus sûrs [1]. Cette lacune nous cause après tout peu de regrets : quand l'histoire ouvre ses pages, déjà nous voyons cette race à demi éteinte descendre à jamais dans l'oubli. Absence de ténacité, fusionnement facile avec d'autres nations, tel est le caractère des Japyges : joignez-y la position géographique de leur contrée, et vous tiendrez pour vraisemblable

---

[1] On est allé jusqu'à admettre aussi l'existence d'une affinité quelconque entre l'idiome des Japyges et l'albanais moderne ; mais les points de comparaison sur lesquels s'appuie une telle doctrine sont vraiment en petit nombre et peu significatifs. Que si cette affinité de race était jamais reconnue ; que si, d'une autre part, les Albanais, qui, comme les Hellènes et les Italiotes, appartiennent à la souche indo-germanique, n'étaient qu'un débris de ces anciens peuples helléno-barbares, dont les traces fourmillent dans toute la Grèce, et surtout dans la région nord, il faudrait conclure de là que les races antéhelléniques devraient être aussi classées parmi les antéitaliques, sans que pour cela on dût aussitôt dire que les Japyges seraient venus en Italie par la voie de la mer Adriatique.

qu'ils ont été sans doute les plus anciens immigrants, ou les autochthones historiques de la Péninsule. Les premières migrations des peuples ont eu lieu par les voies de terre, cela est certain : et l'Italie elle-même, avec ses côtes étendues, n'aurait été accessible par mer qu'à des navigateurs habiles, comme il n'y en avait point alors. Nous savons qu'au temps d'Homère encore, elle était totalement ignorée des Hellènes. Les premiers immigrants seraient donc venus par l'Apennin ; et de même que le géologue sait lire tous leurs soulèvements dans les couches des montagnes, de même le critique peut hardiment soutenir que les races refoulées au bout de l'Italie en ont été les plus anciens habitants. Or, tel est le lot échu aux Japyges ; ils occupent, quand l'histoire les rencontre, la pointe extrême sud-orientale de la contrée.

Quant à l'Italie centrale, si loin que la tradition remonte, on la trouve habitée par deux peuples, ou plutôt par deux groupes d'un même peuple, dont la place dans la grande famille indo-germanique se détermine mieux que celle des Japyges. Ce peuple, nous l'appellerons *Italien* par excellence : c'est sur lui que se fonde essentiellement la grandeur historique de la Péninsule. Il se divise en deux branches : celle des *Latins* et celle des *Ombriens*, avec leurs rameaux méridionaux des *Marses*, des *Samnites*, et des peuplades issues des Samnites, depuis l'ère historique. L'analyse de leurs idiomes, à tous, démontre qu'ils n'ont formé jadis qu'un seul et même anneau dans la chaîne des Indo-Germains, et qu'ils ne s'en sont séparés qu'assez tard, pour aller constituer ailleurs le système un et distinct de leur nationalité. On remarque tout d'abord dans leur alphabet la consonne *aspirante* toute spéciale *f*, qu'ils possèdent en commun avec les Étrusques, mais par laquelle ils se distinguent des races helléniques, hellénico-barbares, et aussi même

Italiotes.

de celles parlant le sanscrit. En revanche, les *aspirées* proprement dites leur sont primitivement inconnues, quand les Grecs et les Étrusques en font constamment usage, ces derniers mêmes ne reculant pas devant leurs sons les plus rudes. Seulement, les Italiens les remplacent par l'un de leurs éléments, tantôt par la consonne *moyenne*, tantôt par l'aspiration simple *f* ou *h*. Les aspirées plus délicates, les sons, *s*, *v*, *j*, dont les Grecs s'abstiennent le plus qu'ils peuvent, se maintiennent presque inaltérés dans les langues italiques, et parfois même y reçoivent certains développements. Elles ont aussi cela de commun avec quelques idiomes grecs et l'étrusque, qu'elles retranchent l'*accent*, et arrivent ainsi souvent à la destruction des *désinences;* mais elles vont moins loin dans cette voie que le second, et elles y vont plus loin que les premiers. Si cette loi des éliminations des *finales* s'observe à un degré démesuré chez les Ombriens, il faut dire que cet excès n'est point un résultat propre à leur langue, et qu'il dérive d'influences étrusques plus récentes, qui se sont de même, mais plus faiblement, fait sentir à Rome. Par cette raison encore, dans les langues italiques, les *voyelles* brèves sont régulièrement supprimées à la fin des mots; les *longues* disparaissent fréquemment aussi; et, quant aux *consonnes*, tandis qu'elles persistent à cette même place dans le latin et le samnite, l'ombrien les élimine encore. De plus, le verbe du mode *moyen* n'a laissé que peu de vestiges dans les idiomes italiques : il y est suppléé par un *passif* tout particulier en *r*. Les *temps* y sont formés, pour la plupart, à l'aide des racines *es* et *fu* ajoutées au mot principal; tandis que les Grecs, grâce à leur *augment* et à la richesse de leurs terminaisons vocales, ont presque toujours pu se passer des *verbes auxiliaires*. Comme l'*éolien*, les dialectes italiques n'usent pas du *duel;* ils ont, en revanche, toujours, l'*ablatif* que les Grecs ont perdu, et quelquefois même le *locatif*. Avec leur logique droite et nette, ils se refusent, dans la notion du *multiple*, à séparer le *duel* et le *pluriel* proprement dits; conservant d'ailleurs, avec soin, tous les rapports des mots selon les inflexions de la phrase. Notons enfin, dans l'italique, une forme toute particulière, inconnue même au sanscrit, celle du *gérondif* et du *supin* : nulle langue, à cet égard, n'a jamais poussé aussi loin la transformation du *verbe* en *substantif*.

Ces quelques exemples, choisis dans une foule de phénomènes identiques, démontrent l'individualité bien tranchée de l'idiome italique, comparé à toute autre langue indo-germaine. Ils font voir que, par le langage, les Italiotes sont les proches parents des Hellènes, comme ils en sont les proches voisins géographiques : on peut dire des deux peuples qu'ils sont frères. Avec les *Celtes*, les *Germains* et les *Slaves*, leur affinité va, au contraire, s'éloignant. Cette unité primitive des races et des idiomes grecs et italiques semble, d'ailleurs, s'être de bonne heure révélée clairement à chacune des deux nations. Nous trouvons chez les Romains le vieux mot d'origine incertaine, *Graius* ou *Graïcus*, servant à désigner les Hellènes; et, de même chez les Grecs, par une désignation analogue, le mot Ὀπικός *(Opique)* s'applique à toutes les races *latines* ou *samnites* connues d'eux, les *Japyges* et les *Étrusques* laissés en dehors.

Rapports entre les Italiotes et les Grecs.

A son tour, le latin, dans le système italique, se distingue nettement des dialectes ombro-samnites. De ceux-ci, d'ailleurs, nous ne connaissons guère que deux idiomes, *l'ombrien* et le *samnite* ou *l'osque* ; et notre science encore est-elle, à leur égard, fort hésitante et pleine de lacunes. Quant aux autres, ou bien comme le *volsque* ou le *marse*, ils ne nous ont transmis que de trop minces débris pour qu'il nous soit possible de constater leur individualité même, ou de leur assigner un classement

Rapports entre les Latins et les Ombro-Samnites.

quelconque avec un peu de sûreté ou d'exactitude ; ou bien, comme le *sabin*, ils se sont totalement perdus, sauf peut-être quelques traces légères *d'idiotismes* conservés dans le latin provincial. Il suffira d'affirmer, en toute certitude, en s'appuyant sur les faits historiques et philologiques, que tous ils ont appartenu au groupe ombrosamnite, et que celui-ci, à son tour, plus voisin du latin encore que du grec, n'en avait pas moins son caractère et son génie tout particuliers. Dans les *pronoms*, et souvent aussi ailleurs, l'ombro-samnite met le *p* là où le romain emploie la lettre *q* (exemple : *pis*, pour *quis*), phénomène qui se retrouve dans toutes les langues sœurs, et tardivement séparées. C'est ainsi qu'au *p* celtique, bas-breton et gallois, se substitue le *k* dans le gaélique et l'irlandais. Le système des voyelles offre aussi ses particularités. Les dialectes latins, ceux du Nord surtout, altèrent les *diphthongues*, qui demeurent presque entières dans les dialectes du Sud : dans les composés, le romain affaiblit aussi la voyelle fondamentale qu'il conserve si fortement ailleurs. Les autres idiomes de sa famille ne l'imitent point en cela. Chez ceux-ci, le *génitif* des *noms* en *a* se termine en *as*, comme chez les Grecs : à Rome, la déclinaison perfectionnée est en *æ*. Les noms en *us* finissent leur génitif en *eis* chez les Samnites, en *es* chez les Ombriens, en *ei* chez les Romains. Pendant qu'il demeure en pleine vigueur dans les autres dialectes italiques, le *locatif* tombe peu à peu en désuétude à Rome ; enfin, le latin seul a le *datif* du pluriel en *bus*. L'*infinitif* ombro-samnite en *um* est étranger aux Romains ; et pendant que les Osques et les Ombriens forment leur *futur*, comme les Grecs, au moyen de la racine *es* (*her-est*, en grec λέγ-σω), les Romains encore semblent l'abandonner tout à fait, et lui substituent l'*optatif* du verbe simple *fuo*, ou ses formations analogues *(ama-bo)*. Souvent, d'ailleurs, et, par exemple, pour les désinences des *cas*, la diversité n'existe dans les dialectes que quand ceux-ci se sont développés chacun dans sa voie : aux débuts, ils concordent.—Constatons-le donc : la langue italique a sa place toute indépendante à côté de la langue hellénique ; puis, dans son sein même, le latin et l'ombro-samnite se comportent entre eux comme l'ionien et le dorien ; enfin, l'osque, l'ombrien et les dialectes analogues sont les uns aux autres, à leur tour, ce que sont entre eux les dialectes doriens de la Sicile et de Sparte.

Toutes ces formations idiomatiques ont été les produits et les témoins d'un grand fait historique. Ils conduisent en effet à affirmer avec toute certitude, qu'à un jour donné, il est sorti de la contrée, mère commune des peuples et des langues, une grande race, comprenant tout ensemble les aïeux des Grecs et des Italiens ; qu'un autre jour ceux-ci ont pris une direction séparée ; puis, qu'ils se sont ensuite divisés en Italiotes orientaux et occidentaux ; puis, qu'enfin, le rameau oriental a projeté d'un côté, les Ombriens, et de l'autre les Osques. Où, quand ont eu lieu ces séparations ? les langues ne l'enseignent point. La critique la plus hardie tente à peine de pressentir des révolutions dont elle ne peut suivre le cours, et dont les premières remontent sans nul doute jusqu'aux temps antérieurs à la grande migration, qui fit passer les cols de l'Apennin aux ancêtres des peuples italiotes. Du moins la philologie, sainement et prudemment étudiée, nous fait assez exactement connaître à quel degré de culture étaient arrivés ces peuples, au moment même où ils quittèrent leurs frères ; et par là elle nous fait assister aux commencements de l'histoire, qui n'est autre chose que le tableau progressif de la civilisation humaine. Le langage, à de telles époques, est en effet l'image vraie et l'interprète des succès obtenus ; c'est en lui que les révolutions des arts, des mœurs, déposent tous leurs secrets : archive vivante où l'avenir ira encore chercher la science, quand la tradition directe des temps passés se sera évanouie.

<small>Civilisation indo-germanique.</small>

Les peuples indo-germaniques ne formaient qu'un seul corps et parlaient encore la même langue, alors que déjà ils avaient conquis une certaine civilisation; et leur vocabulaire, dont la richesse était en rapport avec leurs progrès, formait un trésor commun où chacun d'eux puisait selon des lois précises et constantes. Nous n'y trouvons pas seulement l'expression des idées simples, de l'*être*, de l'*action*, la perception des *rapports* (*sum*, *do*, *pater*); c'est-à-dire l'écho des premières impressions que le monde extérieur apporte à la pensée de l'homme; nous y rencontrons aussi un grand nombre d'autres mots impliquant une certaine culture, tant par les radicaux eux-mêmes que par les formes que l'usage leur a déjà données. Ces mots appartiennent à toute la race, et sont antérieurs soit à des emprunts faits au dehors, soit aux effets du développement simultané des idiomes secondaires. C'est ainsi qu'à cette époque si reculée, les progrès de la vie pastorale chez les peuples nous sont attestés par des dénominations invariables, servant à désigner les animaux devenus domestiques : le *gâus* du sanscrit est le *boûs* des Grecs, le *bos* des Latins. On dit en sanscrit *ovis*, *avis* en latin, ὄις en grec; et dans le même ordre, nous avons encore les mots comparés, *açvas*, *equus* et ἵππος; *hánsas*, *anser*, χήν; *âtis*, *anas*, νῆσσα. De même encore les mots latins *pecus*, *sus*, *porcus*, *taurus*, *canis* sont du pur sanscrit. Ainsi donc, déjà la race à laquelle est due la fortune morale de l'humanité depuis les temps d'Homère jusqu'à l'ère actuelle, avait franchi le premier âge de la vie civilisée, l'époque de la chasse et de la pêche : elle cessait d'être nomade et entrait dans les habitudes sédentaires d'une culture meilleure. Pourtant il ne serait point sûr d'affirmer que l'agriculture ait été dès lors trouvée. La langue semblerait même attester le contraire. Les noms gréco-latins des céréales ne se retrouvent point dans le sanscrit; sauf le grec ζεά, et le sanscrit *yavas*, qui désignent *l'orge* chez les Indiens, l'*épeautre* (*triticum spelta*) chez les Grecs. Non que de cette concordance remarquable dans les noms d'animaux d'une part, et de cette dissemblance absolue dans ceux des plantes utiles, il faille nécessairement conclure à la non-possession par la race indo-européenne des éléments d'une agriculture commune. Les migrations et l'acclimatation des plantes sont en effet, dans les temps primitifs, bien plus difficiles que celles des animaux : puis la culture du riz par les Indiens, celle du froment et de l'épeautre par les Grecs et les Romains, et celle du seigle et de l'avoine par les Germains, peuvent fort bien se rattacher à un ensemble de connaissances pratiques appartenant originairement à la race mère. D'un autre côté la même appellation, donnée par les Indiens et les Grecs à une graminée, fait voir seulement qu'avant la séparation des peuples, ceux-ci recueillaient et mangeaient déjà l'orge et l'épeautre croissant à l'état sauvage dans les plaines de la Mésopotamie; mais elle ne prouve pas qu'ils les aient spécialement cultivés [1]. Ne tranchons donc rien témérairement; mais notons encore un certain nombre de mots également empruntés au sanscrit, et qui, dans leur acception toute générale sans doute, se rattachent pourtant à une culture déjà avancée. Tels sont : *agras*, la *plaine*, la *campagne* : *kûrnu*, mot à mot, le *trituré*, ou le *broyé* : *aritram*, le *gouvernail*, ou le *navire* : *venas*, la *chose agréable*, et surtout la *boisson*

---

[1] Au nord-est d'*Anah*, sur la rive droite de l'Euphrate, poussaient à l'état sauvage l'orge, le froment et l'épeautre (Alph. DE CANDOLLE, *Géographie politique raisonnée*, t. II, p. 934). L'orge et le froment, indigènes en Mésopotamie, sont mentionnés par l'historien babylonien Bérose. (V. *George le Syncelle*, éd. de Bonn, p. 50.)

agréable. L'antiquité de ces mots est certaine; mais leur sens spécial n'a point encore apparu : ils ne signifient pas encore le *champ labouré* (*ager*), le *grain pour moudre* (*granum*), l'instrument qui sillonne le sol comme le vaisseau sillonne les flots (*aratrum*), et le jus de la grappe (*vinum*). Ce n'est qu'après la dispersion des peuples qu'ils reçoivent leur acception définitive; de là les différences que présentera celle-ci chez les diverses nations : le *kûrnu* du sanscrit désignera tantôt le *grain à moudre*, et tantôt même la *pierre à moudre*, la *meule* (*quairnus*, en gothique, *girnôs*, en lithuanien). Tenons-le donc pour vraisemblable, le peuple indo-germain primitif n'a pas connu l'agriculture proprement dite ; ou s'il en a su quelque chose, elle n'a joué, dans sa civilisation, qu'un rôle sans importance. Elle n'a jamais été pour lui ce qu'elle fut, plus tard, en Grèce et chez les Romains; autrement sa langue en eût conservé des traces plus profondes.—Mais déjà les Indo-Germains s'étaient construit des huttes et des maisons (*dam(as)*, lat. *domus*, gr. δομος; *veças*, lat. *vicus*, gr. οἶκος; *dvaras*, lat. *fores*, gr. θύρα) : ils ont construit des bateaux à rames; ils ont le mot *nâus* (lat. *navis*, gr. ναῦς) pour désigner l'embarcation ; le mot *aritram* (gr. ἐρετμός, lat. *remus*, *tri-res-mus*) pour désigner la rame. Ils connaissaient l'usage des chars; ils attelaient les animaux comme bêtes de trait et de course. *L'akshas* du sanscrit (*essieu* et *char*) correspond au latin *axis*, au grec ἄξων, ἅμαξα; et le joug se dit en sanscrit *jugam* (lat. *jugum*, gr. ζυγόν). Le vêtement se désigne en sanscrit, en grec et en latin de la même manière, *vastra*, *vestis*, ἐσθής. *Siv* en sanscrit, *suo* en latin, veulent dire *coudre*; de même que *nah*, sansc.; *neo*, lat.; νήθω, gr. Toutes les langues indo-germaines offrent de semblables points de comparaison. L'art du tissage, en revanche, n'existait peut-être point encore; du moins rien ne le prouve¹. Mais les Indo-Germains savaient user du feu, pour la cuisson des aliments ; du sel, pour l'assaisonnement des mets : ils travaillaient enfin les métaux que l'homme a les premiers utilisés pour s'en faire des ustensiles ou des ornements. Le cuivre (*œs*), l'argent (*argentum*), l'or même peut-être, ont leurs dénominations spéciales en sanscrit ; celles-ci, à leur tour, n'ont pu naître chez ces peuples avant qu'ils eussent appris à séparer les minerais et à les employer. Enfin, le mot sanscrit *asis* (lat. *ensis*) indique l'usage des armes en métal.

L'édifice de la civilisation indo-européenne repose sur la base de notions et d'usages également contemporains de ces époques primitives. Tels sont les rapports établis entre l'homme et la femme; la classification des sexes, le sacerdoce du père de famille; l'absence d'une caste sacerdotale exclusive, ou de castes séparées; l'esclavage à l'état d'institution légale; les jours légaux et publics, et la distinction entre la nouvelle et la pleine lune. Quant à l'organisation positive de la cité, et au partage du pouvoir entre la royauté et les citoyens; quant à la prééminence entre les races royales et nobles, en face même de l'égalité absolue appartenant à tous, ce sont là autant de faits plus récents, en tous pays.

La science et la religion portent aussi la trace de l'antique communauté des origines. Jusqu'au nombre *cent*, les nombres s'appellent de même : (sansc. *çatam*,

---

¹ On a bien voulu rattacher les mots *vieo*, *vimen*, du latin, à un radical primitif, qui serait aussi celui du mot *weben* (en allem., *tisser*) et de ses similaires; mais tout au plus les premiers avaient-ils, avant la séparation des groupes hellénique et italique, la signification générale de *tresser* ; ce n'est que plus tard, vraisemblablement, que le sens plus spécial, se référant au *tissage*, leur aura été ajouté par le mouvement séparé des idiomes, dans chaque contrée. Toute ancienne qu'elle est, la culture du lin ne remonte point jusqu'aux temps primitifs. Si les Indiens ont connu cette plante, ils n'en ont jamais fait, même de nos jours, qu'extraire l'huile. Quant au chanvre, les Latins l'ont cultivé plus tard encore que le lin; du moins, leur mot *canabis* a tout l'aspect d'un emprunt assez récent.

êkaçatam; lat. *centum;* gr. ἑ-κατον; goth. *hund*) : la lune tire son nom de ce fait, qu'elle sert à mesurer le temps (*mensis*). La notion de la divinité (sansc. *dévos;* lat. *deus;* gr. θεός), les plus anciennes conceptions religieuses, et les images mêmes des phénomènes naturels sont déjà dans le vocabulaire commun de ces peuples. Le ciel est pour eux le père des êtres : la terre est leur mère. Le cortége solennel des dieux, qui, montés sur des chars, se transportent d'un lieu à un autre, par des routes soigneusement unies; la vie des âmes dans l'empire des ombres, après la mort, sont aussi des croyances ou des conceptions qui se retrouvent dans l'Inde, dans la Grèce, en Italie. Le nom des dieux est souvent le même sur les bords du Gange, de l'Ilissus et du Tibre. L'*Ouranos* grec est le *Varounas* des Indiens : le *Djâuspitá* des Védas correspond à Ζεύς, *Jovis pater* ou *Diespiter*. Telle création de la mythologie grecque est demeurée une énigme, jusqu'au jour où l'étude des anciens dogmes de l'Inde est venue jeter sur elle une lumière inattendue. Les vieilles et mystérieuses figures des Erinnyes ne sont point filles de la poésie grecque; elles sont venues du fond de l'Orient avec le flot des émigrants. Le lévrier divin *Saramâ*, qui garde pour le souverain du ciel les troupeaux dorés des étoiles et des rayons solaires, qui ramène aux étables où on les trait les vaches célestes, les nuages nourrissants de la pluie, qui enfin conduit aussi les morts pieux dans le monde des bienheureux, se transforme chez les Grecs en fils de *Saramâ, Saraméyas* (l'*Hermeias* ou l'*Hermès*). Et vraiment, n'est-ce point là qu'on pourrait trouver la clef de la légende du vol des bœufs du Soleil; peut-être même celle de la légende latine de Cacus, où il ne faudrait plus rien voir qu'un vague ressouvenir poétique et symbolique du naturalisme de l'Inde?

Civilisation gréco-italique.

Tout ce que nous venons de dire de la civilisation

indo-européenne avant la séparation des peuples, appartient davantage à l'histoire universelle de l'ancien monde : mais le sujet même de ce livre nous impose la tâche de rechercher plus particulièrement à quel point en étaient arrivées les nations gréco-italiques, lorsqu'elles se séparèrent à leur tour. Étude assurément importante, et qui, prenant sur le fait la civilisation italienne à son début, fixe en même temps le point de départ de l'histoire nationale de la Péninsule.

On se souvient que, suivant toute probabilité, la vie des Indo-Germains a été purement pastorale, et qu'ils connurent à peine l'usage de quelques graminées encore sauvages. De nombreux vestiges attestent, au contraire, que les Gréco-Italiotes ont cultivé les céréales, et peut-être même déjà la vigne. Nous ne parlerons pas de la communauté de leurs pratiques agricoles; c'est là un fait trop général pour qu'on en puisse déduire la communauté des origines nationales. L'histoire nous signale en effet d'incontestables rapports entre l'agriculture indo-germanique et celle des Chinois, des Araméens et des Égyptiens; il est certain pourtant que tous, ils n'ont aucune parenté de race avec les Indo-Germains, ou que, du moins, ils ne se seraient séparés d'avec eux qu'à une époque bien antérieure à l'invention de la culture rurale. Les races douées d'un certain génie ont de tout temps, autrefois et aujourd'hui, échangé entre elles les instruments et les plantes agricoles. Quand les annalistes chinois font remonter l'agriculture de leur pays à l'introduction, à une certaine date, de cinq espèces de céréales, par un roi qu'ils nomment; leur récit n'est autre chose que l'expression frappante du fait tout général de la propagation des procédés de la primitive agriculture. Agriculture commune, alphabet commun, emploi commun des chars de combat, de la pourpre, de certains ustensiles ou de certains ornements,

Agriculture.

tout cela prouve le commerce international, mais nullement l'unité originaire des peuples. En ce qui touche les Grecs et les Romains, et malgré les rapports suffisamment connus qui existent entre leurs deux civilisations, il serait absolument téméraire de soutenir que l'agriculture chez les seconds, pas plus que l'écriture et la monnaie, aurait été importée de chez les premiers. Nous n'y méconnaissons pas pourtant les nombreux points de contact, la communauté même des plus anciens termes techniques (*ager*, ἀγρός; *aro, aratrum*, ἀρόω, ἄροτρον; *ligo*, rapproché de λαχαίνω; *hortus*, χόρτος; *hordeum*, κριθή; *milium*, μελίνη; *rapa*, ῥαφανίς; *malva*, μαλάχη; *vinum*, οἶνος). Nous voyons aussi ces ressemblances se produire jusque dans la forme de la charrue, qui est la même sur les monuments anciens de l'Attique et de Rome; dans le choix des céréales primitives, le millet, l'orge, l'épeautre; dans l'emploi de la faucille pour couper les épis; dans le battage des grains foulés par le bétail sur l'aire unie; enfin même jusque dans leurs préparations alimentaires (*puls*, πόλτος; *pinso*, πτίσσω; *mola*, μύλη); la cuisson du pain au four est de date plus récente, et nous voyons dans le rituel romain figurer seulement la *pâte*, ou la *bouillie de farine*. La vigne a de même précédé en Italie les premiers contacts de la civilisation grecque : aussi les Grecs ont-ils appelé cette terre *OEnotrie* (Οἰνωτρία, *pays du vin*), et cela, ce semble, dès l'arrivée de leurs premiers immigrants. On sait aussi de science certaine que la transition du régime pastoral nomade au régime de l'agriculture, ou plutôt que la fusion de tous les deux, pour s'être effectuée après le départ des Indo-Germains de la patrie d'origine, remonte cependant à une date antérieure à la division du rameau italo-hellénique. A cette même époque les deux peuples se confondaient avec d'autres encore dans une seule et grande famille : et la langue de leur civilisation, tout à fait étrangère à celle des rameaux asiatiques de la même souche indo-germaine, renferme des mots communs aux Romains, aux Hellènes, aux Celtes, aux Germains, aux Slaves et aux Lettes [1].

Faire dans les mœurs et dans la langue le partage de ce qui a appartenu à tous ces peuples, ou de ce qui a été la conquête propre à chacun d'eux, constitue la plus épineuse des tâches : la science n'a pu descendre encore tous les échelons, et suivre tous les filons de la mine : la critique philologique commence à peine ; et l'historien trouve plus souvent commode d'emprunter le tableau des anciens temps aux muettes pierres de la légende, au lieu d'aller fouiller les couches fécondes des idiomes primitifs. Contentons-nous, en ce moment, de bien marquer la différence des caractères de l'époque gréco-italique d'avec ceux de l'époque antérieure, alors que la famille indo-germaine réunissait encore tous ses membres. Constatons dans une vue d'ensemble l'existence des rudiments d'une civilisation à laquelle les Indo-Asiatiques sont demeurés étrangers : lot commun au contraire de tous les peuples de l'Europe, et que chacun de leurs groupes, les Helléno-Italiques, les Slavo-Germains ont agrandi

---

[1] *Aro, aratrum*, se retrouvent dans *aran*, ou *eren* selon quelques dialectes (*labourer*), et dans *erida*, de l'idiome germanique primitif; dans les mots slaves *orati, oradlo*, dans ceux lithuaniens *arti, arimnas*, dans ceux celtiques *ar, aradar*. — A côté de *ligo*, cf. *rechen*; à côté de *hortus*, cf. *garten* en allem. — *Mola*, en latin, se dit *mühle* en allem., *mlyn* en slavon, *malunas* en lithuanien, *malin* en celtique. — Quoi qu'il en soit, nous ne pouvons admettre qu'il ait été un temps où les Hellènes, dans toutes les contrées de la Grèce, aient uniquement vécu de la vie pastorale. La richesse en bétail, en Grèce et en Italie, bien plus que la propriété foncière, a sans doute été le point de départ, et l'intermédiaire de la richesse privée ; mais il n'en faut point conclure que l'agriculture ne soit née que plus tard. Il est vrai seulement qu'elle a commencé par la communauté des terres. Ajoutons qu'avant la séparation des races, il n'y a pas eu d'agriculture proprement dite : l'élève du bétail y entra toujours pour une proportion variable suivant les localités, mais, en tous cas, bien plus grande que dans les temps postérieurs.

dans la direction propre à leur génie. Plus tard l'étude des faits et des langues en apprendra sans doute davantage. L'agriculture a certainement été pour les Gréco-Italiens comme pour tous les autres peuples, le germe et le noyau de la vie publique et privée ; et elle est restée l'inspiratrice du sentiment national. La maison, le foyer que le laboureur s'est construits à demeure, au lieu de la hutte et de l'âtre mobile du berger, prennent bientôt place dans le monde moral, et s'idéalisent dans la figure de la déesse *Vesta*, ou Ἑστία, la seule peut-être du panthéon helléno-grec qui ne soit pas indo-germaine, alors pourtant qu'elle est nationale chez les deux peuples. Une des plus anciennes traditions italiques fait honneur au roi *Italus*, ou, pour parler comme les indigènes, au roi *Vitalus* (ou *Vitulus*), d'avoir substitué le régime agricole à la vie pastorale : elle rattache, non sans raison, à ce grand fait la législation primitive de la contrée. Il faut attribuer le même sens à une autre légende ayant cours chez les Samnites : « *Le bœuf de labour a conduit*, disent-ils, *les premières colonies;* » enfin on trouve dans les plus anciennes dénominations du peuple italiote celles des *Siculi* ou des *Sicani (faucilleurs),* celles des *Opsci (travailleurs des champs)*. La légende des origines romaines est donc en contradiction avec les données de la légende commune, lorsqu'elle attribue la fondation de Rome à un peuple de pasteurs et de chasseurs : La tradition et les croyances, les lois et les mœurs, tout fait voir dans les Helléno-Italiens une famille essentiellement agricole [1].

[1] En veut-on une preuve plus saisissante encore? On la trouve dans les rapports étroits par lesquels, dans les idées anciennes, *le mariage et la fondation des villes* se rattachaient aux usages agricoles. Les divinités qui président directement au mariage sont, chez les Italiens, *Cérès et la Terre (Tellus)*, ou l'une ou l'autre des deux (PLUTARCH. *Romul.* 22 ; SERVIUS, *ad OEneid.* 4, 166 ; ROSSBACH, *Rœm. Ehe (mariage romain)*, p. 257, 301); chez les Grecs, *Déméter* (PLUTARCH. *Conjug. præc.;* préam-

De même qu'ils possèdent en commun les procédés de la culture rurale, les deux peuples mesurent et limitent les champs selon les mêmes règles : on ne conçoit pas en effet le travail de la terre sans un arpentage, si grossier qu'il soit. Le *vorsus*, de cent pieds au carré, des Osques et des Ombriens, répond exactement au *pléthron* des Grecs. Le géomètre s'oriente vers l'un des points cardinaux : il tire deux lignes, l'une du nord au midi, l'autre de l'est à l'ouest : il se place au point de rencontre *(templum*, τέμενος, de τέμνω) ; puis, de distance en distance, il trace des lignes parallèles aux perpendiculaires principales, couvrant ainsi le sol d'une multitude de rectangles, délimités par des pieux ou *pieds corniers (termini*, τέρμονες dans les inscriptions siciliennes ; ὅροι, dans la langue usuelle). Ces *termes* existent aussi en Étrurie, bien qu'ils ne soient pas d'origine étrusque : les Romains, les Ombriens, les Samnites en font usage ; on les trouve même jusque dans les anciens documents des *Héracléotes Tarentins;* et certes, ceux-ci ne les ont pas plus empruntés aux Italiens, que les Italiens aux habitants de Tarente : c'est là une pratique commune à tous. En revanche, les Romains ont poussé loin l'application toute spéciale et très-caractéristique du système rectangulaire : là même où les flots et la mer viennent former une limite naturelle, ils n'en tiennent pas compte, et le dernier carré plein de leurs figures planimétriques constitue seul la limite de la propriété.

L'affinité étroite des Grecs et des Italiens se manifeste aussi dans les autres détails primitifs de l'activité humaine. La maison grecque, telle que la décrit Homère,

Vie domestique.

---

bul.). Dans l'ancien formulaire grec, la production des enfants s'appelle « *une moisson* » (V. *infrà*. p. 33, en note); enfin, les formalités du mariage romain primitif, la *confarreatio*, empruntent leur nom et leurs rites à la culture des céréales. — On sait aussi l'usage fait de la charrue au moment de la fondation des villes.

diffère peu de celle que les Italiens ont de tout temps construite. La pièce principale, celle qui comprenait originairement l'habitation tout entière dans la maison latine, est l'*atrium (chambre obscure)* avec l'autel domestique, le lit conjugal, la table des repas et le foyer. Or l'*atrium*, c'est aussi le *mégaron* d'Homère, également pourvu de son autel, de son foyer, et recouvert de son toit enfumé. En matière de navigation, les mêmes rapprochements ne sont plus possibles. Le canot à rames est bien d'origine indo-germaine : mais on ne saurait soutenir que l'invention de la voile se rapporte à l'époque gréco-italique : le vocabulaire de la mer ne contient pas de mots qui n'étant pas indo-germains, soient, d'un autre côté, propres et communs tout à la fois aux seuls Italo-grecs. Les paysans dînaient tous ensemble au milieu du jour ; et cet antique usage se rattachant au mythe de l'introduction de l'agriculture, a été comparé par Aristote aux *syssities crétoises* : de même aussi les premiers Romains, les Crétois et les Laconiens mangeaient assis, et non couchés sur un lit, comme ils l'ont fait plus tard. Le feu allumé par le frottement de deux morceaux de bois d'essences différentes, a été dans la pratique commune de tous les peuples ; mais le hasard n'a certes pas fait que les Grecs et les Italiens aient employé les mêmes mots pour désigner le *trépan* (τρύπανον, *terebra*) et le *plateau* (στόρευς, ἐσχάρα, *tabula*, qui vient de *tendere*, ou τέταμαι), les deux instruments producteurs du feu. Le vêtement est identique aussi chez les deux peuples : la tunique *(tunica)* n'est autre que le *chitôn* des Grecs : la *toge* n'est aussi que leur *himation* à plis plus amples : et il n'est pas jusqu'aux armes, sujettes à tant de changements selon le pays, qui ne se ressemblent chez eux. Ils ont du moins pour principales armes offensives, l'*arc* et le *javelot* : d'où chez les Romains les noms donnés à ceux qui les portent : *quirites, samnites, pilumni*, ar-

quites[1] : il est vrai de dire aussi qu'alors, on ne combattait guère de près.

Ainsi donc, dans la langue et les usages des Grecs et des peuples italiques, tout ce qui se rattache aux bases matérielles de l'existence humaine, trouve une commune et élémentaire expression : et les deux peuples vivaient encore dans le sein d'une société unique, quand il leur a été donné de franchir ensemble les premières étapes de la condition terrestre.

Dans le domaine de la culture intellectuelle, la scène change.

L'homme doit vivre en harmonieuse entente avec lui-même, avec son semblable, avec le monde qui l'entoure : mais la solution de ce problème peut varier autant de fois qu'il y a de provinces dans l'empire de notre Père céleste ; et le caractère et le génie des peuples et des individus se diversifient surtout dans l'ordre moral. Durant la période gréco-italique, les oppositions ne pouvaient encore se faire jour : elles n'avaient alors point de cause : mais à peine la séparation a-t-elle eu lieu, qu'on voit se manifester un contraste profond, dont les effets se sont perpétués jusqu'à nos jours. Famille et état, religion, beaux-arts, se développent et progressent chez l'un et l'autre peuple, dans un sens éminemment national et propre à chacun d'eux : et il faut à l'historien une clairvoyance grande parfois, pour retrouver le germe commun sous la végétation puissante qu'il a devant les yeux. Les Grecs tendent à sacrifier l'intérêt général à *l'individu ;* la nation à *la commune ;* la commune au *citoyen* : leur idéal dans la vie, c'est le culte du beau et

Les Italiens et les Grecs. Leurs caractères opposés.

---

[1] Les armes à l'usage des deux peuples, durant l'époque primitive, ne semblent pas, d'ailleurs, pousser cette ressemblance jusqu'à l'affinité du *nom :* sans doute, il y a quelque rapport entre la *lancea* et la λόγχη ; mais le mot latin est d'une date bien plus récente ; il a été emprunté peut-être aux Germains ou aux Espagnols, et enfin, il paraît avoir son similaire dans le grec σαυνίον.

du bien-être, souvent même la jouissance du doux loisir : leur système politique consiste à approfondir chaque jour au profit du *canton* ou de la *tribu*, le fossé séparatif du *particularisme* primitif ; à dissoudre même dans chaque localité tous les éléments du pouvoir municipal. Dans la religion ils font des hommes de leurs dieux ; puis bientôt ils les nient : ils laissent à l'enfant toujours nu le libre jeu de ses membres ; à la pensée humaine l'indépendance absolue d'un essor majestueux, parfois même effrayant. Les Romains au contraire garrottent le fils dans la crainte du père, le citoyen dans la crainte du chef de l'État, et eux tous dans la crainte des dieux ; ils ne veulent rien, n'honorent rien que les actes qui sont utiles. Pour le citoyen, tous les instants de sa courte vie doivent être remplis par un travail sans relâche. Chez les Romains, dès le plus bas âge, d'amples vêtements doivent voiler et protéger la chasteté du corps ; c'est être mauvais citoyen que de vouloir vivre autrement que tous les citoyens. Chez eux enfin l'État est tout, et la seule haute pensée permise est celle de l'agrandissement de l'État. Certes, il est difficile, après tant de contrastes, de remonter jusqu'aux souvenirs de l'unité primitive, où les deux peuples un instant confondus avaient puisé les éléments de leur civilisation postérieure. Bien téméraire serait celui qui essayerait de lever ces voiles. Nous esquisserons pourtant en quelques mots les commencements de la nationalité italique, et les traits par où elle se rattache à l'époque plus ancienne ; non point tant pour abonder dans les idées préconçues du lecteur, que pour lui montrer du doigt la direction à suivre.

La famille et l'État.

L'élément patriarcal dans l'État, ou ce qui peut s'appeler de ce nom, repose en Grèce et en Italie sur les mêmes fondements. Et tout d'abord, le régime conjugal y est institué selon les règles de l'honnête et de la loi.

morale[1]. La monogamie est prescrite au mari : l'adultère de la femme est puni sévèrement. La mère de famille a autorité dans l'intérieur de la maison : ce qui atteste à la fois l'égalité de la naissance chez les deux époux, et la sainteté du lien qui les associe. Mais aussitôt, l'Italie se sépare de la Grèce en conférant à la puissance maritale, et surtout à la puissance paternelle, des attributions absolues et indépendantes de toute acception de personnes : la subordination morale de la famille se transforme en un véritable servage légal. De même chez les Romains, l'*esclave* n'a pas de droits, conséquence naturelle de l'état de servitude, et qui se poursuit jusqu'à la plus extrême rigueur : chez les Grecs, au contraire, les faits et la loi apportant de bonne heure des adoucissements à la condition servile, le mariage conclu avec une esclave fut reconnu comme légitime.

La famille ou l'association formée de tous les descendants du père commun, a sa base dans la maison commune : et à son tour, en Grèce comme en Italie, c'est de la famille que naît l'État. Mais chez les Grecs, où l'organisation politique se développe moins puissante, le pouvoir familial persiste fort tard à l'égal d'un véritable corps constitué en face même de l'État; en Italie au contraire l'État surgit immédiatement, et prédomine. Neutralisant complétement l'influence politique de la famille, il ne représente plus l'association des familles réunies, mais seulement la communauté de tous les citoyens. Aussi l'individu lui-même atteint-il bien plus vite en Grèce à la pleine indépendance de sa condition et de ses actes : il se développe librement en dehors même de la famille. Et ce fait si important se reflète jusque dans le

---

[1] La ressemblance des principes se continue d'ailleurs jusque dans les détails, comme, par exemple, dans la définition des *justes noces*, ayant pour but « la *procréation des enfants légitimes* » (γάμος ἐπὶ παίδων γνησίων ἀρότῳ — *matrimonium liberorum quærendorum causa*). [Remarquer le mot ἀρότῳ, qui signifie *labourage, ensemencement*.].

système des noms propres, lequel, semblable à l'origine chez les deux peuples, s'est diversifié singulièrement plus tard: Les Grecs, dans les anciens temps, soudent fréquemment, et comme un adjectif, le nom de la famille à celui de l'individu : les lettrés romains au contraire attestent que, chez leurs ancêtres, on ne portait qu'un nom, celui qui devint ensuite le *prénom*. Puis, tandis qu'en Grèce le nom de famille adjectif est abandonné de bonne heure, à Rome et aussi chez tous les Italiotes il devient l'appellation principale, à laquelle se subordonne le nom individuel, le *prénom*. Ici, le prénom perd son importance, et on le retrouve chaque jour moins souvent accolé à l'autre : là, au contraire, il se produit plein et poétique dans son sens et dans sa résonnance, nous faisant ainsi voir comme dans une image palpable, à Rome et dans l'Italie, le niveau social passé sur toutes les têtes ; en Grèce, les franchises entières laissées à l'individu. On se peut figurer par la pensée les communautés patriarcales de la période helléno-italique : appliqué aux systèmes ultérieurs des sociétés grecque et italienne une fois séparées, ce tableau ne serait plus suffisant, sans doute ; mais il contiendrait encore les linéaments premiers des institutions édifiées en quelque sorte nécessairement chez l'un et l'autre peuple. Les prétendues « *lois du roi Italus* » restées en vigueur au temps d'Aristote contenaient des prescriptions qui étaient au fond communes. La paix et l'ordre légal au dedans de la cité, la guerre et le droit de la guerre au dehors, le gouvernement domestique du chef de la famille, le Conseil des anciens, l'assemblée des hommes libres et pouvant porter les armes, la même constitution primitive enfin, s'étaient à la fois établis en Grèce et en Italie. L'accusation (*crimen*, κρίθειν), la peine (*pœna*, ποίνη), la réparation (*talio*, ταλάω, τλῆναι) dérivent de notions communes. Le droit si rigoureux appartenant au créancier qui s'en prend au corps même du débiteur en cas de non payement de la dette, est en vigueur à la fois chez les Italiques et chez les Tarentins d'Héraclée. S'il en faut croire les détails fournis par Aristote sur l'ancienne constitution de la cité, le sénat, l'assemblée du peuple, maîtresse de rejeter ou d'accepter les propositions émanées du sénat et du roi, toutes ces institutions, si exclusivement romaines, se rencontrent aussi chez les Crétois, puissantes et vivaces autant que nulle part. Chez les Latins et les Grecs on distingue à un degré égal la tendance à former de grandes fédérations d'États ; ils affichent entre eux la fraternité politique et s'efforçent de fondre en un même corps les races voisines jusque-là indépendantes (*symmachies, synœcisme,* συνοικισμός), tendances communes d'autant plus remarquables qu'elles ne se révèlent pas chez les autres peuples indo-germaniques ! C'est ainsi, par exemple, que la *commune* germanique ne ressemble en rien à la *cité* gréco-italique avec son roi électif au sommet. Mais pour reposer sur les mêmes bases, les institutions politiques n'en différaient pas moins beaucoup chez les Grecs et les Italiens : avec les progrès et les perfectionnements dus au temps, elles revêtirent même en chaque pays un caractère tranché et exclusif, que nous aurons lieu de constater plus amplement. [1]

Dans les choses de la religion, il en a été de même. Les croyances populaires de l'Italie et de la Grèce reposent sur un fond commun de notions puisées dans l'ordre physique, et transformées en allégories et en

Religion.

---

[1] Mais n'oublions pas que l'identité des conditions premières conduit toujours à des conséquences identiques. Le plébéien de Rome est vraiment le fils des institutions politiques de la cité romaine ; et pourtant il rencontre aussi son pareil dans toute cité qui admet une classe de domiciliés non citoyens, à côté des citoyens proprement dits. Concédons pourtant son influence au hasard. Il ne se fait pas faute d'intervenir dans les faits, avec ses caprices et ses contradictions ; nous nous empressons de le reconnaître.

symboles : aussi l'analogie est-elle grande entre les Panthéons grec et romain ; et l'on sait quel rôle immense a joué plus tard chez les deux peuples le monde des dieux et des esprits. Ce n'est point le pur hasard qui produit de telles ressemblances ; qui crée ces figures divines si souvent pareilles, *Jupiter (Zeus, Diovis), Vesta (Hestia, Vesta)*; qui apporte la notion commune de l'espace sacré (*templum*, τέμενος), des sacrifices et des cérémonies appartenant aux deux cultes. Et pourtant, chacune de ces religions se fit nationale et exclusivement grecque ou italienne : plus tard même, toute trace de cet ancien patrimoine commun y devint à peu près méconnaissable, et il fut, du moins, ou ignoré ou compris à rebours. Quoi d'étonnant à cela ? De même que chez les deux peuples les contrastes principaux de leur génie, masqués d'abord sous l'écorce primitive de la civilisation helléno-italique, vont se séparant et s'approfondissant chaque jour davantage, de même, dans l'ordre religieux, les idées et les images, perdues en un tout confus dans l'âme humaine, se dégagent peu à peu et apparaissent au jour. Quand ils voyaient les nuages chassés dans le ciel, les paysans incultes s'écriaient que « *la chienne céleste poussait devant elle les vaches effrayées des troupeaux d'en haut.* » Le Grec oublia bientôt que ce nom donné aux nuages n'était qu'une naïve métaphore, et du fils de leur gardienne, chargé comme elle d'une mission toute spéciale, il fit le *messager des dieux, apte à tout faire, et toujours agile*. Quand le tonnerre retentissait sur les montagnes, il croyait voir Jupiter (*Zeus*) assis sur l'Olympe, et lançant la foudre : quand le ciel redevenu bleu lui souriait de nouveau, il lui semblait se mirer dans les yeux brillants d'*Athéné, fille de Zeus*. Mais les créations de son esprit étaient si vives qu'il ne vit plus bientôt en elles que des figures humaines revêtues de tout l'éclat et de toute la puissance des forces naturelles ; et dans la libre richesse de sa fantaisie il les façonna encore, et les dota de tous les attributs compatibles avec les lois de la beauté. Le sens religieux chez les Italiotes ne fut pas moindre, mais il suivit une autre direction : attaché fortement à l'Idée, il ne la laissa pas s'obscurcir sous la forme extérieure. Le Grec, quand il sacrifie, a les yeux tournés au ciel ; le Romain, lui, se voile la tête : l'un contemple quand il prie ; l'autre pense. Au milieu de la nature, le Romain voit toujours l'*universel* et l'*immatériel*. Toute chose physique, l'homme et l'arbre, l'État et le magasin domestique ont pour lui leur génie qui naît et périt avec eux [1] : toute la nature physique enfin se répercute et revit dans les esprits qu'il imagine ; il a un *Génie viril* pour l'homme, une *Junon* pour la femme, un dieu *Terme* pour la limite des champs, un *Sylvain* pour la forêt, un *Vertumne* pour l'année et ses saisons changeantes ; et ainsi de suite. Il a des divinités même pour les fonctions et les actes spéciaux : le cultivateur invoque le dieu de la *jachère*, celui du *labour*, des *sillons*, des *semailles* ; il en invoque d'autres encore quand il *recouvre les semences*, quand il *herse;* et plus tard encore quand il *enlève la moisson*, quand il *engrange*, quand il *ouvre ses greniers* [2]. Enfin le mariage, la naissance et tous les autres événements de la vie ont dans son rituel une consécration pareille. Plus l'abstraction s'étend loin, plus aussi s'élève le dieu, et plus s'accroît la crainte qu'il inspire : Jupiter et Junon deviennent l'idéal de l'homme et de la femme ; la *Dea Dia* ou *Cérès* représente la force productive, *Minerve* la puis-

---

[1] [*Genius publicus, patrius, etc., arculus, etc.*]

[2] [V. sur tous ces détails Preller, *Rœmische Mythologie*, Berlin, 1858. Ch. x, *Schicksal und Leben*, et surtout les §§ 3 et 4. Il cite les divinités agricoles, les *Dea Runcina, Messia, Tutulina, Terensis*, etc., et le *Tellumo* ou *Saturnus vervactor, obarator, occator, messor, convector, promitor*, etc.]

sance de la mémoire ; et la *bona Dea* ou *Dea cupra* des Samnites est la *bonne déesse*. Chez les Grecs tout est concret : tout prend un corps ; chez les Romains l'abstraction et ses formules parlent seules à l'esprit : les premiers rejettent en grande partie les légendes des anciens temps, parce qu'elles sont trop simples, et que leur plastique est trop nue : le Romain les repousse bien davantage encore, parce que l'allégorie, même sous le plus léger de ses voiles, vient obscurcir la sainteté sévère de ses idées pieuses. Il n'a pas conservé le plus lointain souvenir des mythes primitifs qui ont couru le monde ; il ne sait rien, par exemple, du Père commun des hommes survivant à un immense déluge, alors que la tradition s'en est conservée chez les Indiens, les Grecs, et même chez les Sémites. Les dieux de Rome ne se marient pas : ils n'engendrent point d'enfants comme les dieux grecs ; ils ne circulent pas invisibles parmi les mortels ; ils n'ont pas besoin de boire le nectar. Ces notions immatérielles sembleront bien effacées à des critiques superficiels : et pourtant tout démontre quelle impression profonde et vivace elles avaient faite sur les âmes. Si l'histoire ne disait pas combien elles ont exercé plus de puissance que n'en eurent jamais en Grèce les figures divines créées à l'image des hommes, le nom tout romain de la *Religion* (*Religio*), expression du lien moral par lequel elle nous attache, nous apporterait aussitôt une idée et une appellation qui n'ont rien de commun avec la langue et la pensée des Hellènes. Comme l'Inde et l'Iran avaient puisé aux mêmes sources, l'une, les formes pleines et splendides de son épopée religieuse ; l'autre les abstractions du Zend-Avestâ, ainsi les mêmes notions religieuses ont été le point de départ des mythologies grecque et romaine. Mais, tandis qu'en Grèce on s'attache davantage à la *personne* des dieux, à Rome l'*idée* de la Divinité prédomine. En Grèce, l'imagination se meut dans la liberté : à Rome, elle s'arrête devant un type obligé.

Les arts sont l'expression de la vie d'un peuple, non pas seulement dans leurs travaux sérieux, mais aussi quand ils la reflètent dans les *jeux* et la *plaisanterie*. En tout temps, et surtout aux époques où, pour la première fois, l'homme est entré dans l'entière et naïve possession de son existence, ces jeux, loin d'exclure la pensée sérieuse, l'enveloppent et la vêtissent. Les éléments primitifs de l'art ont été les mêmes en Grèce et en Italie; la danse grave *des armes*, et les « sauts déréglés » (*triumpus*, θρίαμβος, δι-θύραμβος); les mascarades des « hommes au ventre plein » (σάτυροι *satura*), qui terminent la fête, affublés de peaux de brebis ou de bouc, et se livrant à des jeux de toutes sortes; le joueur de flûte accompagnant ou réglant la danse solennelle ou folle des accents mesurés de son instrument, tous ces détails sont communs aux Italiques et aux Hellènes.

L'art.

Nulle part autant qu'ici n'apparaît en plein jour l'étroite affinité des Hellènes et des Italiotes; et nulle part aussi les deux peuples ne se sont jetés dans des directions plus opposées. Chez les Latins, l'éducation des jeunes gens se fait à huis clos, dans l'étroite enceinte de la maison paternelle : en Grèce, on poursuit avant tout les perfectionnements multiples et harmonieux de l'esprit et du corps; l'on invente la *gymnastique* et la *pædeutique*, ces deux sciences nationales que tous pratiquent à l'envi, et qu'ils estiment comme les institutions les meilleures. Le Latium est stérile en productions artistiques : les peuples sans culture ont fait autant de progrès que lui : en Grèce, une rapide et incroyable fécondité fait jaillir les mythes et la plastique sacrée des notions religieuses populaires; puis bientôt surgit tout ce monde merveilleux de la poésie et de la statuaire que nous n'avons plus revu depuis. Dans le Latium, les vérités puissantes et reconnues de la vie publique et privée sont la *prudence*, la *richesse*, la *force* : Il a été donné aux Grecs d'obéir par-dessus tout à la bienheureuse suprématie du *beau*. Sensuel et idéal tout ensemble, leur culte enthousiaste s'attache au brillant et toujours jeune *Erôs;* et quand leur courage faiblit dans les combats, la voix d'un *chantre divin* les ranime.

Telles étaient les deux nations par qui l'antiquité a atteint le point culminant de sa civilisation; il y a chez elles parité de naissance, et divergence des voies parcourues. Les Hellènes ont eu sur leurs rivaux l'avantage de l'intelligence plus compréhensive, et d'un plus lumineux éclat: mais le sentiment profond de l'universel dans le particulier; l'abnégation volontaire et le sacrifice personnel; la croyance sévère et ferme dans les dieux du pays, sont restés la richesse de la nation italique. L'un et l'autre peuple a suivi chacun sa route, et chacun aussi avec un égal et complet succès! Il y aurait petitesse d'esprit à reprocher à l'Athénien de n'avoir pas su comprendre la *cité* comme les Fabius et les Valérius; ou au Romain de n'avoir pas appris à sculpter comme Phidias, à écrire les vers comme Aristophane.

Ce furent ses qualités les meilleures et les plus exclusives qui rendirent impossible au peuple grec le passage de l'unité nationale à l'unité politique, sans échanger aussi les libertés civiques contre le despotisme. Le monde du beau idéal était tout pour l'Hellène, et compensait ce qui lui faisait défaut dans le cercle de la vie réelle. Quand nous voyons les aspirations vers l'unité en Grèce se manifester dans les tendances populaires, tenons pour certain qu'elles ont bien moins pour mobiles les conseils directs de la politique, que l'entraînement des jeux et des arts. Les luttes olympiques, les chants des homérides, la tragédie d'Euripide, voilà les liens qui rattachaient les Grecs en un seul faisceau. L'Italien, au contraire, immola sans réserve son libre arbitre à la liberté politique : il apprit de bonne heure à obéir à son père, pour que celui-ci sût obéir à l'État. L'individu asservi disparaissait sans doute ; les germes les plus riches du génie humain pouvaient être étouffés dans son âme : mais il y gagnait une *patrie*, un *patriotisme* inconnu de la Grèce ; et c'est aussi pour cela que, seul entre tous les peuples civilisés de l'ère antique, le peuple romain, avec un gouvernement fondé sur le pouvoir populaire, sut conquérir l'unité nationale ; et par l'unité, en passant par-dessus les ruines de l'édifice hellénique lui-même, arriver à la domination du monde.

CHAPITRE III

ÉTABLISSEMENTS DES LATINS

<small>Migrations indo-germaniques.</small>

Les races indo-germaniques ont leur patrie dans la région occidentale du centre de l'Asie. C'est de là qu'elles se sont étendues, les unes au sud et dans l'Inde; les autres au nord-ouest vers l'Europe. Dire plus exactement le pays qu'elles habitèrent, serait chose bien difficile : on conjecture seulement qu'il était situé dans l'intérieur des terres, loin de la mer, celle-ci n'ayant point de nom qui appartienne à la fois aux idiomes de l'Asie et à ceux de l'Europe. Des indications assez nombreuses semblent désigner les espaces qui avoisinent l'Euphrate; d'où, la coïncidence remarquable qui rattacherait à une même contrée les origines des deux races les plus importantes dans l'histoire, celles des Araméens et des Indo-Germains, et qui, si l'on se reporte jusqu'à l'ère inconnue où naquirent les langues et la civilisation, semblerait aussi attester la communauté première des uns et des autres. Ne tentons rien de plus; nous nous égarerions en voulant aussi les suivre dans leurs migrations extérieures. Il se peut qu'après le départ de la famille indienne, les Européens aient encore séjourné en Perse et en Arménie : la culture des champs et de la vigne y a été inventée, dit-on. L'orge, l'épeautre, le froment sont, en effet, indigènes en Mésopotamie : la vigne croît naturellement au sud du Caucase et de la mer Caspienne, en même temps que le prunier, le noyer, et un certain nombre d'autres arbres à fruits d'une acclimatation facile. Chose remarquable aussi, le mot *mer* est commun à la plupart des races européennes, aux Latins, aux Celtes, aux Germains et aux Slaves; d'où l'on conclut qu'avant leur séparation, ils ont dû toucher ensemble les rivages de la Caspienne ou de la mer Noire. Mais quelle route ont suivie les Italiotes pour gagner les contrées alpestres? En quel lieu se sont-ils un instant arrêtés avec leurs co-émigrants les Hellènes? On ne le saura dire que quand on dira aussi par quelle voie les Hellènes sont arrivés en Grèce, par la route de l'Asie Mineure, ou par celle qui franchit le Danube. Il est certain, en tous cas, que comme les Indiens sont entrés dans leur péninsule par le Nord, c'est également par le Nord que les Italiens ont pénétré dans l'Italie. (*V. sup.*, p. 15.) On suit à la trace les étapes de la famille ombro-sabellique le long des crêtes montueuses de l'Italie centrale : elle marche du Nord au Sud, et ses derniers déplacements appartiennent déjà à l'ère historique. On connaît moins la route suivie par les Latins. Ils avaient pris sans doute une direction semblable le long de la côte occidentale, même avant les irruptions des peuples sabelliques. Le flot ne couvre les hauteurs que quand la plaine est inondée; et puisque ces derniers se contentèrent d'abord du rude asile des montagnes, ne cherchant que plus tard à se frayer la voie au milieu des Latins, c'est qu'évidemment les Latins occupaient depuis longtemps toute la région des côtes.

Tout le monde sait qu'une peuplade latine s'était établie entre la rive gauche du Tibre et la montagne des

<small>Extension des Latins en Italie.</small>

Volsques, laquelle aurait été dédaignée alors que les plaines du Latium et de la Campanie s'ouvraient encore à l'immigration. Elle fut ensuite occupée, les inscriptions volsques le démontrent, par une petite nation plutôt sabellique que latine. En Campanie, au contraire, habitaient aussi des Latins, antérieurement aux invasions grecques et samnites. Certains noms italiques qu'on y rencontre, *Novla* ou *Nola* (*ville neuve*), *Campani, Capua, Volturnus* (de *volvere, rouler*, comme *Juturna* de *juvare*), *Opsci* (*travailleurs*), etc., sont antérieurs aux incursions samnites, et attestent qu'à l'époque de la fondation de *Cymé* (*Cumes*), le pays appartenait à un peuple de race vraisemblablement latine, les *Ausones*. Et quant aux habitants anciens de la contrée qui, plus tard, fut la demeure des *Lucaniens* et des *Brutiens*, ils portaient l'appellation même d'*Italiens* (*Itali*, « *peuple de la terre des bœufs* ») : aussi, pour beaucoup de bons juges, convient-il de les rattacher aux Italiotes, bien plutôt qu'aux Japyges : peut-être même, rien ne démontrant le contraire, faut-il encore les compter parmi les Latins. Toute trace, d'ailleurs, de leur antique nationalité, s'était évanouie bien avant les premiers progrès de l'organisation politique de l'Italie. L'hellénisme déjà les avait absorbés; et, plus tard encore, l'essaim des peuplades samnites était venu s'abattre sur toute la contrée. Les antiques traditions de Rome l'apparentaient aussi avec la nation également éteinte des *Sicules*. Un vieil historien de l'Italie, Antiochus de Syracuse[1], raconte qu'au temps où le roi Morgès régnait sur les *Itales* (dans la péninsule brutienne), un transfuge romain, nommé *Sikelos*, vint dans ces pays. Une telle fable repose évidemment sur la notion,

---

[1] [Contemporain de la guerre du Péloponèse, historien de la Sicile et de l'Italie. — Il attribuait la fondation de Rome à Romus, fils de Jupiter, antérieur à la guerre de Troie. (V. Müller : *Fragmenta Hist. græc.*, p. 45.)]

alors acceptée, de la parenté de race entre les *Sicules*, dont il existait encore quelques-uns en Italie, au temps de Thucydide [1], et les Latins. Que si, dans certains dialectes grecs de la Sicile, on rencontre en grand nombre des idiotismes quasi-latins, ceux-ci ne tiennent pas non plus le moins du monde à une prétendue communauté de langue entre les Latins et les Sicules; ils sont tout simplement le résultat de rapports commerciaux anciens entre Rome et la Grèce sicilienne. Nous croyons d'ailleurs volontiers que la famille latine a occupé, dans les temps tout à fait reculés, le Latium, la Campanie, la Lucanie, l'Italie propre entre les golfes de Tarente et de Laüs [2], et même la moitié orientale de la Sicile.

Le sort de toutes ces races a beaucoup varié. Celles qui avaient émigré en Sicile, dans la Grande-Grèce et en Campanie, se trouvèrent en contact avec les Hellènes à une époque où elles durent subir leur civilisation sans aucune résistance possible : elles furent, ou complétement *grécisées*, comme en Sicile, ou grandement affaiblies et mises hors d'état de lutter utilement contre l'invasion des peuplades samnites, plus jeunes et plus vigoureuses. Les Sicules, les Itales et les Morgètes, pas plus que les Ausones, n'ont donc joué aucun rôle dans l'histoire de la Péninsule.

Il en fut tout autrement du Latium, où nulle colonie grecque ne s'était fondée : là, les habitants surent, après de longs combats, repousser l'invasion des Sabins et de leurs voisins du Nord. Jetons un coup d'œil sur cette petite contrée, dont le peuple a, plus que nul autre, influé sur les destinées du monde.

A une époque reculée, la plaine du Latium a été le théâtre de bouleversements géologiques formidables. Les lentes formations neptuniennes, les éruptions plutonien-

Le Latium.

---

[1] [Thucyd., liv. VI, c. II.]
[2] [*Baie de Policastro.*]

nes des volcans, ont produit couches par couches, ce remarquable territoire, où se décida un jour la fortune du peuple auquel était promis l'empire de la terre. Il est fermé à l'est par la chaîne des monts Sabins et Éques, laquelle se relie à l'Apennin; au sud, par les pics du pays des Volsques, hauts de quatre mille pieds, et qui, laissant s'étendre entre eux et l'Apennin l'antique territoire des Herniques (ou le val supérieur du *Sacco* (*Trérus*, affluent du *Liris*), courent vers l'ouest, et vont se terminer au promontoire de Terracine. Il est borné au couchant par la mer, qui n'a découpé sur la côte que des havres étroits et rares; au nord enfin, il va se perdre dans la région accidentée de l'Étrurie. C'est dans ce cadre qu'il étale ses plaines majestueuses, parcourues par le *Tibre* ou *torrent de la montagne*, lequel descend du massif ombrien; et par l'*Anio*, qui vient de la *Sabine*. Au nord-est surgit l'îlot calcaire et escarpé du Soracte; au sud-ouest s'élève l'arête du promontoire Circéien; et tout près de Rome, la colline semblable, quoique plus humble, du Janicule. Ailleurs se projettent des soulèvements volcaniques, dont les cratères éteints se sont jadis changés en lacs, souvent remplis encore. Citons le plus important parmi ces derniers, le cône du mont Albain, qui se dresse abrupte entre le chaînon volsque et le Tibre.

C'est là que vint s'établir un jour la race connue dans l'histoire sous le nom de *latine*; la race des « anciens Latins » *(prisci latini)*, ainsi qu'ils s'appelèrent plus tard, pour se distinguer des autres peuplades de la même famille, qui s'étaient fixées ailleurs. Le Latium n'embrasse qu'une partie de la plaine de l'Italie centrale. Toute la région située au nord du Tibre est restée étrangère, hostile même, aux Latins. Une alliance perpétuelle, une paix durable n'a jamais existé entre les deux contrées : de courtes trêves ont pu seules interrompre un instant les guerres presque quotidiennes. La frontière latine a été posée sur les bords du Tibre dès les temps les plus anciens, sans que l'histoire ou la tradition aient jamais pu indiquer une date précise à ce fait important. Quand notre récit commence, les terres basses et marécageuses au sud du mont Albain appartiennent à des peuplades ombro-sabelliques, aux *Rutules* et aux *Volsques* : déjà *Ardée* et *Vélitres* ne sont plus purement latines. Le Latium propre ne s'étend donc pas au delà de la région étroite qu'enveloppent le Tibre, les contre-forts de l'Apennin, le mont Albain et la mer. Vue du sommet du *monte Cavo*, « *la large plaine* » (*Latium* [1]) n'a guère en étendue que trente-quatre milles allemands carrés [2] : c'est un peu moins que le canton de Zurich actuel. Le pays n'est point absolument plat : sauf le long des côtes sablonneuses, et que les crues du Tibre inondent parfois, il est entrecoupé de ravins profonds, et de collines enlacées, peu élevées d'ordinaire, mais souvent fort abruptes. Cette constitution du sol a pour effet la formation de vastes flaques d'eau durant l'hiver, s'évaporant pendant l'été, et chargeant alors l'atmosphère des miasmes fiévreux qui se dégagent des matières organiques tenues en décomposition. Aussi, de tout temps, autrefois, comme de nos jours, l'été a-t-il été fort malsain autour de Rome. C'est bien à tort qu'on a attribué l'insalubrité du sol à la décadence de l'agriculture, soit dans le dernier siècle de la République, soit sous le gouvernement actuel : elle tient surtout à une cause persistante, le défaut de pente, et la stagnation des eaux. Sans doute la culture intensive peut contribuer jusqu'à un certain point à chasser le mauvais

---

[1] *Latium*, avec l'*a* bref, peut, sans doute, dériver de la même racine que πλατύς, *latus* (côté) ; mais il se rapproche aussi de *latus*, large (avec l'*a* long).

[2] [Ou 272 kilom. carrés environ.]

air, et sans qu'on ose affirmer que cette raison seule suffise pour l'explication du phénomème, il est vraisemblable pourtant que le sol, ainsi ameubli à la surface, se prêterait mieux à l'épuisement des eaux mortes qu'il recèle. Quoi qu'il en soit, un fait constant et qui nous étonnera toujours, c'est l'accumulation au temps passé, d'une population agricole nombreuse, dans un pays qui aujourd'hui ne la comporte plus sans qu'aussitôt la maladie la dévore, et où le voyageur ne peut séjourner une seule nuit sans être atteint. Telles ont été pourtant la campagne de Rome, et les terres basses de Sybaris et de Métaponte. Faut-il expliquer ce problème en disant-qu'à l'état semi-barbare, les peuples ont l'instinct plus vrai des conditions physiques au milieu desquelles ils vivent; qu'ils s'accommodent plus docilement à leurs exigences ; et qu'ils jouissent même d'une constitution corporelle plus élastique, ou mieux appropriée au sol? Nous voyons aujourd'hui encore le laboureur de la Sardaigne accomplir sa tâche au milieu des mêmes dangers : là aussi, l'*aria cattiva* règne; et pourtant il sait échapper à son influence, soit par le mode de son vêtement, soit par le choix intelligent de sa nourriture et de ses heures de travail. De fait, les meilleurs moyens de défense consistent à porter la toison des animaux, à allumer des feux qui flambent : or, nous savons que le paysan romain ne sortait que couvert d'épaisses étoffes de laine, et ne laissait jamais s'éteindre son foyer. Du reste, la campagne Latine avait son charme pour un peuple laboureur : sans être d'ailleurs d'une fertilité surprenante pour l'Italie, le sol y est léger : la pioche et la houe de l'émigrant ont pu l'entamer sans peine; il ne demandait que peu ou point de fumure; et le froment y rend environ cinq grains pour un [1]. Quant à l'eau potable, elle est assez rare : de

---

[1] Un statisticien français, M. Dureau de la Malle (*Econom. polit. des*

là, le haut prix, la sainteté même attachée à toutes les sources vives.

Nul récit venu jusqu'à nous ne fait connaître la série des migrations à la suite desquelles les Latins se sont établis dans le pays qui porte leur nom. Toutefois, réduits que nous sommes à remonter jusqu'à ces temps par la voie de l'induction, nous arrivons encore à certaines constatations, tout au moins à des conjectures non dénuées de vraisemblance.

Établissements latins.

La terre romaine se divisait dans l'origine en un certain nombre de circonscriptions appartenant chacune à une même famille, et qui se groupaient entre elles pour former les anciens cantons, ou *tribus villageoises* (*tribus rusticæ*). Ainsi, l'on rapporte que la tribu Claudienne s'est constituée par l'établissement de la famille *Claudia* sur les bords de l'Anio; l'on en peut dire autant, d'après les noms qu'elles portent, de toutes les autres tribus existant alors. Les dénominations ne sont point encore empruntées aux localités, comme cela se fera un jour pour les agglomérations plus récentes; elles ne font toutes que reproduire le nom même

Villages-familles.

Romains, t. II, p. 226), compare la Limagne d'Auvergne à la campagne de Rome : là aussi, l'on rencontre une plaine vaste, mais inégale et ravinée, et dont le sol est un amas de cendres et de laves décomposées, provenant d'anciens volcans éteints. La population (2,500 âmes par lieue carrée, au moins) est l'une des plus denses qui se voient en pays purement agricole. La propriété y est extrêmement divisée. La culture ne s'y fait presque que de main d'homme, avec la bêche, le hoyau et la pioche; quelquefois, mais rarement, une charrue légère, attelée de deux vaches, les remplace; ou même encore, à côté de la bête unique de trait, la femme du paysan tire la charrue. L'attelage y est à deux fins : il donne son lait et travaille à la culture. Le champ donne deux récoltes annuelles : une en blé, une en fourrages, sans jamais se reposer par la jachère. Le fermage moyen annuel est de 100 fr. par arpent. Si cette même contrée appartenait à six ou sept grands propriétaires, les régisseurs et les ouvriers à la journée y remplaceraient bientôt la main-d'œuvre du petit labour, et l'on verrait, en moins d'un siècle, nul n'en peut douter, la riche Limagne transformée en un désert triste et misérable autant que l'est aujourd'hui la campagne de Rome.

de la famille : et de même les familles qui ont ainsi attaché leur appellation aux quartiers où elles vivent cantonnées dans la campagne romaine, deviendront plus tard les anciennes *gentes patriciæ*, les *Æmilii*, les *Cornelii*, *Fabii*, *Horatii*, *Menenii*, *Papirii*, *Romilii*, *Sergii*, *Veturii*; à moins que comme plusieurs autres (les *Camilii*, *Galerii*, *Lemanii*, *Pollii*, *Papinii*, *Voltinii*, par exemple), elles ne s'éteignent tout d'abord. Chose remarquable, il n'en est aucune parmi elles, que l'on voie venir plus tard et pour la première fois, s'installer dans Rome. Là, comme dans le reste de l'Italie, et aussi, sans doute, comme en Grèce, chaque canton se forme peu à peu d'un certain nombre de petites communautés habitant le même lieu, et appartenant aux mêmes familles. C'est bien la *maison* (οἰκία) ou la *famille hellénique*, d'où sortent le *Cômé* ou le *Dème* (κώμη, δῆμος, bourg, tribu), et aussi la tribu des Romains. En Italie, les noms sont analogues : le *vicus* (οἶκος, signifiant aussi la *maison*), et le *pagus* (de *pangere*, *bâtir*) indiquent visiblement la réunion du *clan* sous les mêmes toits ; ce n'est qu'à la longue et par une dérivation du sens littéral que l'usage explique, qu'ils signifieront *bourg* et *village*. De même que la maison a son champ, de même le village ou les maisons de la communauté ont leur territoire délimité ; lequel, ainsi que nous le verrons plus loin, sera cultivé longtemps encore comme champ patrimonial, c'est-à-dire, d'après la loi de la communauté agraire. La *maison-famille* des Latins, n'a-t-elle donné naissance à l'agglomération par tribus, que dans les temps postérieurs ? Les Latins n'ont-ils pas plutôt apporté avec eux cette institution toute faite ? Nous ne le saurions dire ; pas plus que nous ne savons si la *famille*, à côté des parents du sang, n'a pas aussi admis quelquefois dans son sein, des individus d'un sang étranger.

Dans l'origine, ces communautés de famille n'ont pas formé autant de centres indépendants les uns des autres : elles ne furent d'abord considérées que comme les éléments intégrants d'un *corps politique* (*civitas, populus*). La *cité* se compose d'un certain nombre de *pagi* ayant une souche commune, parlant la même langue, obéissant aux mêmes usages, obligés les uns envers les autres à se prêter l'assistance d'une justice et d'une loi pareilles, associés ensemble, enfin, pour la défense et pour l'attaque. La cité, de même que la *gens* (*famille*) a toujours sur un point du territoire son emplacement déterminé. Mais comme les citoyens, membres des diverses *gentes*, habitent dans leurs villages respectifs, il se peut faire que le *chef-lieu* de la cité ne constitue pas à proprement parler une agglomération d'habitants : il peut n'être que le *forum* de l'assemblée générale, enfermant le *lieu du conseil et de la justice*, et les *sanctuaires communs*, où les citoyens se réunissent tous les huit jours pour leur plaisir ou pour les affaires ; où, en cas de guerre, ils trouvent, pour eux et leur bétail, dans une enceinte fermée, un plus sûr abri contre les incursions de l'ennemi. Mais ce *chef-lieu* n'est encore ni régulièrement, ni beaucoup peuplé. Son emplacement s'appelle en Italie, la *hauteur* (*capitolium*, ἄκρα, le sommet du mont) ; ou la *citadelle* (*arx*, d'*arcere*, repousser) : il n'est point une ville : il le deviendra plus tard, quand les maisons allant s'appuyer à la citadelle, se seront entourées d'un *ouvrage* (*oppidum*) ou d'une *enceinte* (*urbs*, voisin de *urvus, curvus, orbis*). La différence essentielle entre la citadelle et la ville tient surtout au nombre des portes : la première n'en a que le moins possible, une seule d'ordinaire ; la seconde en a beaucoup, trois au moins. La forteresse centrale avec les *pagi* bâtis au dehors constitue un système propre à l'Italie : on en retrouve encore la tradition et les vestiges

La cité.

manifestes dans les parties du pays où les villes ne se sont formées et accrues que fort tard, où les agglomérations d'habitants ne se sont que partiellement effectuées. Dans l'ancienne contrée des Marses, par exemple, et dans les petits cantons des Abruzzes, quand on parcourt le pays des Équicules, lesquels, au temps des empereurs, n'avaient point de villes, mais demeuraient dans de nombreux bourgs ouverts, on retrouve une multitude d'anciennes *enceintes murées*, sortes de *cités désertes*, avec leur sanctuaire particulier debout encore, et qui firent l'étonnement des archéologues romains, comme de ceux de nos jours. Les Romains les attribuaient à leurs *Aborigènes (aborigines)*: les modernes ne manquent jamais de les assigner aux Pélasges. N'est-il pas plus exact d'y voir, non pas d'anciennes villes fermées, mais bien plutôt les *réduits* ou *refuges* des habitants des *pagi* qui en relevaient. De tels refuges, plus ou moins artistement construits, ont existé sans nul doute dans toute l'Italie à une époque où quelques peuplades, passant de la vie des champs à la vie urbaine, entouraient d'une muraille de pierre les villes à population agglomérée : on doit tout naturellement penser que celles aussi qui continuèrent de demeurer dans les villages ouverts ont dû remplacer par des ouvrages de pierre les remparts de terre et les lignes de pieux de leurs forteresses. Mais plus tard, la paix et la sécurité régnant dans les campagnes, les refuges devinrent inutiles; ils furent abandonnés; et leur destination première devint une sorte d'énigme pour les générations postérieures.

Premières villes.

Les *pagi*, avec leurs forteresses pour chef-lieu, ou les associations formées par un certain nombre de *gentes*, sont donc de véritables unités politiques, déjà constituées au moment où va s'ouvrir l'histoire de l'Italie. En ce qui touche le Latium, nous ne pouvons dire avec certitude en quel lieu elles se sont formées, ni quelle a été leur importance. Peu importe, d'ailleurs. Le mont Albain, avec son massif isolé au milieu de la plaine, offrait comme un refuge naturel et sûr, où les habitants trouvaient un air sain, et les sources d'eau vive les plus pures : il a dû être occupé le premier. C'est sur le plateau étroit qu'il supporte, au-dessus de *Palazzuola*, entre le lac (*lago di Castello*) et la montagne (*monte Cavo*), qu'a dû s'étendre la ville d'Albe, regardée par tous comme la plus ancienne cité latine, et comme la métropole de Rome et des autres établissements latins. Au même point, et sur les contreforts des collines, se dressaient aussi les antiques murs de *Lanuvium*, d'*Aricia*, de *Tusculum*. On y retrouve, de nos jours, ces constructions primitives, œuvres d'une civilisation encore à ses débuts, mais faisant bien voir, en même temps que Pallas Athéné, quand elle se montre aux peuples, n'hésite pas à se montrer adulte et toute formée. Au-dessous du lieu où fut *Albe*, du côté de *Palazzuola*, le rocher a été taillé à pic : au sud, le *monte Cavo* tombe brusquement, et la nature en a rendu l'accès impraticable. Au nord, un travail d'art a établi une pareille défense, et n'a laissé libres que deux passages étroits et faciles à intercepter, aux côtés de l'est et de l'ouest. Il faut admirer surtout le *tunnel* creusé à hauteur d'homme dans un dur massif de laves de six mille pieds d'épaisseur. Ce canal a procuré, jusqu'à leur niveau actuel, l'écoulement des eaux formant lac dans l'ancien cratère, et a donné à l'agriculture un territoire fertile en pleine montagne. — Les collines avancées de la chaîne sabine étaient aussi des forteresses naturelles. Les villes prospères de *Tibur* et de *Préneste* sont évidemment nées des cités qu'y formèrent d'antiques *pagi*. *Labicum*, *Gabies*, *Nomentum*, dans la plaine, entre le mont Albain, la Sabinie et le Tibre; *Rome*, à son tour, sur le fleuve; *Laurentum* et *Lavinium*,

Albe.

près de la côte, ont une origine semblable : elles ont été toutes, plus ou moins, des centres divers de la colonisation latine, sans parler d'autres lieux, en assez grand nombre, dont le nom moins illustre s'est à toujours perdu. Toutes ces cités furent d'abord autonomes : chacune était régie par son prince avec l'assistance des anciens et de l'assemblée des citoyens portant les armes. La communauté de la langue et de la race produisit encore d'autres effets : une institution politique et religieuse de la plus haute importance, le *pacte d'éternelle alliance* entre toutes les cités latines, a évidemment sa cause dans l'étroite affinité qui les unissait. La préséance dans la fédération appartint, suivant l'usage latin et grec, à la cité sur le territoire de laquelle était le sanctuaire fédéral. Ce privilége échut à Albe, la plus ancienne et la plus importante des villes latines. Dans les premiers temps, il y eut trente cités fédérées : le nombre *trente* se retrouve sans cesse en Italie et en Grèce comme expression du nombre des parties intéressées dans toute association politique. L'histoire ne nous a pas légué les noms des trente cités de l'ancien Latium, ou des trente colonies albaines, car elles durent être tenues pour telles à cette époque. De même que les Béotiens et les Ioniens, également fédérés, avaient leurs fêtes *panbéotiennes* et *panioniques*, de même l'association latine eut aussi ses solennités annuelles (*latinæ feriæ*), célébrées sur le *mont Albain* (*mons Albanus*), au jour désigné par le chef fédéral, et dans lequel les Latins réunis immolaient un taureau au Dieu du Latium (*Jupiter Latiaris*). Chaque cité contribuait, pour sa part et selon une règle invariable, à l'approvisionnement des banquets de la fête : elle y apportait du bétail, du lait, du fromage ; et, de même, elle recevait aussi sa part des viandes rôties au moment du sacrifice. Tous ces usages ont longtemps duré et sont bien connus ; quant aux effets légaux d'une telle association politique, on ne les sait guère que par conjecture. — De toute ancienneté, outre les solennités religieuses qui appelaient la foule sur le mont Albain, il y eut encore des assemblées fréquentes en un lieu voisin assigné aux délibérations d'intérêt public. Nous voulons parler des *conseils* tenus par les représentants des diverses cités, près de la source *Ferentina* [1] (non loin de *Marino*). On ne peut, en effet, se représenter une confédération quelconque sans une tête, sans un pouvoir dirigeant et tenant la main au maintien d'un certain ordre dans tout le territoire fédéré. La tradition, d'accord avec la vraisemblance, nous apprend que les infractions au droit fédéral étaient poursuivies devant une juridiction régulièrement constituée, et ayant même le droit de prononcer la sentence capitale. La jouissance d'une loi commune, la communauté des mariages entre les cités latines sont évidemment des institutions du code fédéral. Tout citoyen latin, en épousant une femme latine, donnait naissance à des enfants légitimes : il pouvait acquérir des terres dans toute l'étendue du Latium, et y vaquer librement à ses affaires. Si les cités avaient quelques différends entre elles, le pouvoir fédéral les tranchait sans doute par sa sentence, ou par voie d'arbitrage. Mais ses attributions allaient-elles jusqu'à restreindre, au détriment des cités, leur souveraineté individuelle, leur droit de paix et de guerre? c'est ce que rien ne démontre. On n'en peut douter, d'ailleurs; par le fait de la confédération, une guerre locale pouvait devenir fédérale, qu'elle fût offensive ou défensive; et en pareil cas, les troupes unies obéissaient à un général commun. Mais on n'en peut pas conclure que toutes les

---

[1] [Nom spécial de la Vénus latine. Elle avait son bois sacré et sa source sainte. — *Lucus Ferentinæ* (Tit. Liv. I, 50, 52). — *Caput Ferentinum* Tit. Liv. II, 28). On la retrouve chez les Osques et les Herniques, sous le nom dérivé du sanscrit d'*Herentalis*. — Preller, V. *Vénus*, p. 383!]

cités, fussent, dans tous les cas et de par la loi, astreintes
à fournir leur contingent; ou qu'à l'inverse, il ne leur fût
jamais permis de mener, pour leur propre compte, une
guerre particulière, fût-ce même contre un membre de
la fédération. Du moins, pendant les *fêtes latines*, à en
croire certains indices, comme en Grèce durant les fêtes
fédérales, il régnait dans tout le Latium une sorte de
trêve de Dieu[1] : les belligérants alors devaient se donner
mutuellement des saufs-conduits. Quant aux droits appartenant à la cité ayant la préséance, il est impossible d'en
déterminer la nature et l'étendue : je ne connais nulle
raison qui autorise à considérer les Albains comme ayant
exercé une *hégémonie* véritable sur le Latium; et très probablement leurs priviléges ressemblaient à la *présidence
honoraire* accordée par les Grecs à l'Élide[2]. Dans ses
commencements, la confédération n'eut point, à vrai
dire, un droit stable et coordonné : tout y fut variable
ou indéterminé; mais comme elle ne fut jamais une
aggrégation, due au hasard, de peuplades plus ou moins
étrangères, elle devint promptement et nécessairement
la représentation, dans l'ordre politique et légal, de la

[1] Aussi a-t-on donné le nom de *Trêve* à la Fête latine (*Indutiæ*; Macrob. *sat.* 1, 16; ἐκεχειρίαι; Dionys. 4, 49); il était interdit de faire la guerre durant sa célébration.
[2] On a souvent soutenu, parmi les anciens et les modernes, que la cité d'Albe a exercé dans le Latium, sous la forme d'une *symmachie*, une prépondérance dont les recherches mieux conduites de la critique historique ne laissent pas apercevoir la moindre trace. Au début de son histoire, une nation n'est jamais une; elle est, au contraire, fractionnée; et il serait bien étonnant que les Albains eussent tout d'abord résolu le problème de l'*unification* du Latium; qui a demandé plus tard à Rome tant de siècles et de combats acharnés. Quand Rome, se disant *aux droits* de la ville d'Albe, revendiqua l'héritage de celle-ci, elle demanda moins la suprématie directe sur les cités qu'une sorte de *pré-séance honorifique*, sachant bien, il est vrai, que cette préséance, jointe à la puissance matérielle, la conduirait rapidement à une *hégémonie* réelle. Sur toutes ces questions, d'ailleurs, les témoignages directs font défaut, il n'est pas besoin de le dire; et l'on aurait tort, en s'appuyant sur quelques textes (Festus, V. *Prætor*, p. 241; Dionys. 3, 10), de transformer ainsi la cité d'Albe en une sorte d'Athènes latine.

nationalité latine. Elle a pu ne pas enfermer toujours dans son alliance la totalité des cités du Latium ; mais elle n'a non plus jamais admis des non-Latins dans son sein. Elle a eu ses pareilles en Grèce, non point tant dans l'Amphyctionie delphienne, que dans les ligues béotienne et étolienne.

Nous nous en tenons à ces quelques linéaments : ne pas se contenter d'une simple esquisse, et vouloir le tableau complet, c'est s'exposer à l'erreur. Nous ne décrirons pas le mouvement et le jeu de ces éléments anciens de l'unité latine : nul témoin n'est venu dire comment les cités se sont tour à tour rapprochées ou évitées. Mais un fait important demeure : c'est que, sans abandonner à jamais, au profit du centre commun, leur autonomie séparée, elles ont cependant éprouvé et activé en elles-mêmes le sentiment d'une commune et réciproque dépendance, et préparé la transition nécessaire du *particularisme* cantonal, par où commence l'histoire de tous les peuples, à celui de l'*unité nationale*, par où ils achèvent, ou doivent achever la révolution de leur progrès.

CHAPITRE IV

LES COMMENCEMENTS DE ROME

Les Ramniens. A quelques trois milles allemands (six lieues) en amont de l'embouchure du Tibre, s'élèvent, près de ses rives, un certain nombre de collines, plus hautes sur la rive droite, plus humbles sur la rive gauche : à ces dernières, depuis deux mille cinq cents ans, s'est attaché le grand nom de Rome. D'où est venu ce nom ? quand est-il apparu ? L'histoire l'ignore : selon les premières notions qui nous parviennent, les habitants de la cité fondée en ce lieu, ne s'appellent point les Romains, mais les *Ramniens (Ramnes)*, suivant la règle grammaticale de l'élision des voyelles, familière aux langues primitives, et que les Latins ont d'ailleurs promptement abandonnée [1]. L'orthographe du mot *Ramnes* est par elle-même un sûr témoin de son antiquité immémoriale. D'où est-il dérivé ? quel sens a-t-il ? Rien ne nous l'indique d'une façon sûre : peut-être, par *Ramnes*, faut-il entendre « les *hommes de la forêt* ou *des bois.* »

---

[1] On trouve dans nombre de mots d'ancienne formation des altérations et des changements analogues. Cf. *pars, portio; mars, mors; farreum,* antique forme d'*horreum; Fabii, Fovii; Valerius, Volesus; vacuus, vocivus.*

Les Ramniens n'occupaient point seuls les collines Tibérines. La division administrative de l'ancienne Rome la montre sortie de la fusion de trois tribus, peut-être indépendantes à l'origine, celle des *Ramniens*, celle des *Titiens* et celle des *Lucères*. Il s'est passé là un phénomène de *synœcisme* pareil à celui qui a donné naissance à Athènes [1].

Les Titiens et les Lucères.

Cette triple division de la cité romaine remonte si haut, qu'elle est passée dans la langue politique. Les mots *partager* et *partie*, chez les Romains, expriment à proprement dire le partage *par tiers (tribuere, tribus)* : seulement et à la longue, comme pour le mot *quartier*, chez les modernes, le sens primitif spécial s'est perdu dans une acception toute générale, et qui ne tient plus compte du nombre [2]. L'union accomplie, chacune des trois tribus primitives posséda son tiers du territoire commun, et fut également représentée, soit à l'armée, soit dans le conseil des anciens. L'on retrouve aussi la trace du partage tripartite dans tout le système du culte. Les membres des anciens colléges sacerdotaux, les Vierges sacrées, les Saliens, les frères Arvales, les Lupercales, les Augures, sont toujours en nombre divi-

---

[1] Le fait de s'établir ensemble sur le même lieu n'entraîne point forcément le *synœcisme*, et chaque tribu peut encore demeurer maîtresse sur son propre terrain ; mais bientôt il n'y a plus qu'une seule *maison commune* pour le *conseil* et les *magistrats*. — (Thucyd. 2, 15. — Hérod. 1, 170.)

[2] Quand l'on rapproche le mot attique τρίττύς du mot ombrien *trifo*, on se demande aussitôt si la triple division de la Cité n'est pas d'institution purement gréco-italique. S'il en était ainsi, il faudrait alors ne plus voir dans la cité romaine l'ensemble d'un certain nombre de races indépendantes qui se seraient fondues en une seule société politique. Mais, pour en arriver là, il conviendrait de ne plus tenir aucun compte de la tradition. Et puis, comment alors la triple division ne se retrouverait-elle pas plus généralement dans les cités gréco-italiques, à l'état, on le répète, d'institution fondamentale ? Ce n'est peut-être qu'à leurs contacts avec Rome, et à l'influence prédominante des Romains, que les Ombriens ont dû l'usage du mot *tribu* : on ne le trouve pas, ce semble, chez les Osques.

sible par trois. Combien d'erreurs et d'absurdités ont été d'ailleurs entassées dans les livres à l'occasion du triple élément de la cité romaine? Il est le point de départ de la critique inintelligente qui a voulu faire sortir la nation romaine d'un *mélange* d'hommes accourus de divers côtés, ou qui, ailleurs, s'efforce de représenter les trois grandes races italiques comme ayant fourni chacune son contingent à la Rome primitive. Le peuple romain, à un tel compte, ce peuple, qui fut exclusif entre tous, qui a façonné à lui seul sa langue, sa constitution et sa religion, ne serait plus qu'un informe ramas de débris étrusques, sabins, helléniques ou même pélasgiques! Laissons de côté toutes ces hypothèses fondées sur le vide, ou contraires au bon sens, et disons en peu de mots tout ce que l'on peut savoir de l'origine des peuplades qui ont constitué la cité romaine.

Les *Romains* étaient latins : cela ne peut faire un doute; ils ont donné leur nom à la cité romaine nouvelle; ils ont essentiellement contribué à fixer la nationalité formée de l'union de ses divers membres. Des Lucères il est difficile de dire quelque chose. Rien d'ailleurs ne défend de voir aussi en eux une peuplade latine. Quant à la seconde tribu, celle des Titiens, les traditions sont unanimes à leur assigner la Sabinie pour lieu d'extraction. L'une de ces traditions, source de toutes les autres peut-être, appartenait à la confrérie appelée aussi *Titienne* [1], laquelle aurait été fondée à l'occasion même de l'entrée des Titiens dans la cité, et en vue *d'assurer la conservation des rites sabins* qu'ils avaient apportés avec eux. Il est donc présumable qu'à une époque reculée, alors que les races latines et sabelliques n'étaient point encore aussi fortement séparées par la langue et les

---

[1] [*Sodales Titii* institués par Tatius, dit Tacite, *retinendis Sabinorum sacris.* (Annal. 2, 54. — Varr. I, 1, v, 85.) — V. Preller, *Rœm. Mythologie,* au mot *Sodales Titii.*]

mœurs, que le furent plus tard les Romains et les Samnites, une tribu sabellique quelconque est entrée dans le sein d'une communauté latine. En outre, comme d'après les données de leur tradition la plus ancienne et la plus vraisemblable, les Titiens ont maintenu leur existence indépendante en face des Ramniens, il faut croire qu'ils ont obligé ceux-ci à subir leur cohabitation (*synœcisme*). A ce point de vue, nous en convenons, il y a eu là mélange de deux nationalités; mais mélange superficiel, et dont, quelques siècles plus tard, l'établissement à Rome du Sabin *Attus Clauzus* (ou *Appius Claudius*), suivi de sa nombreuse clientèle, rappellera la forme et les conditions. Ni l'accueil fait aux Titiens parmi les Ramniens, ni le droit de cité donné aux Claudiens dans Rome, ne peuvent permettre de classer les Romains parmi les peuples de sang mêlé. A l'exception de quelques détails introduits dans le cérémonial religieux, vous ne trouvez nulle part chez eux les manifestations de l'élément sabellique : rien enfin dans la langue latine ne révèle l'atteinte sérieuse qu'elle en aurait dû recevoir dans une telle hypothèse [1]. Il serait étonnant, répétons-le, que l'introduction parmi les Latins d'une seule tribu non latine ait suffi pour altérer d'une façon sensible le caractère national. Ajoutons aussi, car il ne faut point oublier ce fait, qu'au temps où les Titiens sont venus se fixer à côté des Ramniens, la nationalité latine avait le

---

[1] Aujourd'hui que l'on a de tous côtés abandonné l'ancienne opinion suivant laquelle l'idiome latin n'eût été qu'un mélange du grec avec d'autres idiomes, il s'est encore rencontré des savants éclairés pourtant (*sic*, Schwegler, *Rœm. Gesch.* (*Hist. Rom.*), I, 184, 193) selon lesquels la langue des Romains se serait formée du mélange de deux dialectes italiens, rapprochés d'abord par une mutuelle affinité. Mais, pour croire à ce phénomène, il faudrait en trouver la raison dans les nécessités philologiques ou historiques. Or, cette preuve nous la cherchons en vain. Et puis, quand une langue se fait mixte, et exprime la fusion de deux autres langues, il n'est point de philologue qui ne le sache, cela peut tenir autant à un certain développement organique qu'à un mélange purement extérieur.

Latium tout entier, et non point seulement le territoire romain, pour centre. La cité nouvelle et tripartite de Rome, nonobstant l'immixtion de quelques éléments d'origine sabellique, n'a donc point cessé d'être ce qu'elle était en tant que cité des Ramniens, à savoir une fraction pure de la nation latine.

Rome, marché du Latium.

Longtemps avant l'établissement d'une ville proprement dite sur les bords du Tibre, les Ramniens, les Titiens et les Lucères paraissent avoir occupé séparément d'abord, et plus tard en commun, les diverses collines Tibérines. Ils avaient leurs forteresses sur les sommets, et leurs villages dans la plaine inférieure, où ils cultivaient leurs champs. Nous voyons un vestige traditionnel de ces anciens temps dans la *fête du loup (lupercalia)*. C'était bien là la fête des laboureurs et des pasteurs : elle était célébrée sur le *Palatin* par la *gens Quinctia*, avec ses jeux et ses récréations d'une simplicité naïve et patriarchale. Chose remarquable, elle s'est perpétuée, plus qu'aucune autre des solennités païennes, jusque dans la Rome christianisée.

Tels furent les premiers établissements d'où semble être sortie la cité de Rome. La ville ne fut point, à proprement parler, fondée tout d'une pièce ainsi que le raconte la légende : bâtir Rome n'a pu être l'œuvre d'un jour. D'où vient donc sa prééminence politique si précoce parmi les autres villes latines, alors que tout semblait la lui interdire dans la constitution physique du sol? Le sol en effet est moins sain, moins fertile à Rome que dans le voisinage des autres anciennes localités du Latium. La vigne et le figuier n'y prospèrent point : les sources vives y sont rares et maigres. La source, excellente d'ailleurs, des *Camènes* devant la porte *Capène*, ne fournit que peu d'eau : et il en faut dire autant de la *fontaine Capitoline*, plus tard enfermée dans le *Tullianum* [1]. De

---

[1] [On donnait ce nom à la prison creusée sous le Capitole. (V. *infra*, aux notes du ch. VII.)]

plus, le territoire était exposé aux fréquentes inondations du fleuve, qui, grossi par les torrents descendus de la montagne dans la saison des pluies, n'avait point un écoulement suffisamment rapide vers la mer, et refluant alors dans les vallées et les dépressions du terrain entre les collines, y formait de nombreux marais. Cette région n'offrait par elle-même aucun attrait à l'émigrant, et les anciens eux-mêmes reconnaissent que si la colonisation est venue s'établir sur ce sol malsain et infertile, elle ne s'y est point spontanément et naturellement portée ; qu'il a, en un mot, fallu la nécessité ou un motif spécial et impérieux pour déterminer la fondation de Rome. La légende aussi semble témoigner de l'étrangeté du fait : de là, la fable de la construction de la ville par une bande de transfuges venus d'Albe sous la conduite de deux princes de race royale, Romulus et Rémus. Ne faut-il point voir, dans ce conte, l'effort naïf de l'histoire primitive essayant d'expliquer l'établissement singulier de Rome en un lieu aussi peu favorisé par la nature, et voulant en même temps rattacher les origines romaines à l'antique métropole du Latium? La véridique et sévère histoire doit avant tout faire bon marché de toutes ces fables, qui n'ont pas même les mérites d'une poétique ébauche. Mais, allant plus loin, ensuite, il ne lui sera pas refusé de tirer de l'examen des circonstances locales, sinon le récit de la fondation de Rome, du moins la raison de ses progrès si étonnants, si rapides; et l'explication du rang tout spécial qu'elle a occupé dans le Latium.

Parcourons d'abord les limites primives du territoire romain. A l'est, nous rencontrons les villes d'*Antemnæ*, de *Fidènes*, de *Cœnina*, de *Collatie*, de *Gabie*, situées dans un rayon tout rapproché, à moins de deux lieues des portes de l'enceinte de Servius. La frontière romaine devait donc presque toucher l'emplacement de cette enceinte. A l'est encore, on rencontrait, à six lieues, les cités puissantes de Tusculum et d'Albe ; de ce côté, le territoire n'a pas dû aller au delà de la *fossa Cluiliana* (à deux lieues). A l'ouest, la frontière était à la sixième borne milliaire, entre Rome et *Lavinium*. Mais pendant qu'il est ainsi renfermé dans des frontières étroites, du côté de la terre, le domaine primitif de la ville s'étend, sans obstacle, le long des rives du Tibre, en allant vers la mer. Entre Rome et la côte, on n'a jamais connu ni une cité antique quelconque, ni une localité, ni une limite de bourgade indépendante. La légende, qui sait toutes les origines à sa manière, raconte comment le roi Romulus a enlevé aux Véiens les possessions romaines de la rive droite, les sept bourgs (*septem pagi*) et les salines importantes placées à l'embouchure du Tibre ; comment le roi *Ancus* a fortifié la tête de pont, le *mont de Janus* (ou *Janicule*) sur la rive droite, et a construit, sur la rive gauche, le Pirée romain, le port et la cité commandant les bouches du fleuve (*Ostia*). Les campagnes longeant la rive étrusque ont tout d'abord, on le voit, appartenu à Rome : ce que rien ne démontre mieux que l'existence d'un sanctuaire consacré dans un temps reculé à la bonne *déesse* (*Dea Dia*[1]), et placé à la hauteur de la quatrième borne milliaire sur la route plus tard construite pour aller au port (*via portuese*). Là se célébraient les grandes fêtes de l'Agriculture, et les processions des frères Arvales. Là vivait, de temps immémorial, la *gens Romilia*, la plus illustre entre toutes les familles romaines. Le Janicule fit donc originairement partie de la ville, et Ostie fut sa *colonie*, son faubourg, allais-je dire. Qu'on ne croie pas que le hasard a été pour quelque chose dans toutes ces créations. Le Tibre était

[1] [V. sur la *Dea Dia* et ses rites, comme aussi sur le *lucus* à elle dédié, Preller, *Rœm. Myth.* p. 425 et s.]

pour le Latium, la route naturelle du commerce : son embouchure, sur une côte sans découpures, y offrait au navigateur un unique et nécessaire ancrage. Le Tibre aussi constitua, de tout temps, pour les Latins, une utile défense contre l'invasion des peuples établis au Nord. Il y fallait bien un entrepôt pour la traite fluviale et maritime, et une citadelle pour assurer aux Latins la possession de leur frontière du côté de la mer. Or, quel lieu était plus propre à cette destination que l'emplacement de Rome, réunissant à la fois les avantages d'une forte position et du voisinage du fleuve; de Rome, qui commandait les deux rives jusqu'à l'embouchure : qui offrait une escale facile aux bateliers descendus par le Tibre supérieur ou l'Anio, et un refuge, plus sûr que les autres refuges de la côte, aux petits navires d'alors fuyant devant les pirates de la haute mer? Rome doit donc sa précoce importance, sinon sa fondation même, à des circonstances toutes commerciales et stratégiques. Citons-en d'autres preuves, bien plus concluantes que les contes faits à plaisir et jadis acceptés par l'histoire. Notons d'abord les anciennes et étroites relations avec Cœré, qui jouait, en Étrurie, le rôle de Rome dans le Latium; relations créées par le voisinage et l'amitié commerciale. Notons l'attention singulière prêtée au pont du Tibre, à sa construction et à son entretien; regardés comme l'un des objets intéressant la république [1] : notons la galère placée dans les armes de la ville; les droits de douanes prélevés dès cette époque sur toutes les importations ou exportations d'Ostie destinées à la vente (*promercale*); celles réservées à la consommation personnelle du maître de la cargaison, en demeurant affranchies (*usuarium*). De même encore,

---

[1] [Les ingénieurs du pont exercent un sacerdoce : d'où *pontifex*, *pontife*. V. infrà, ch. xii.]

l'argent monnayé a été de bonne heure en usage à
Rome, et des traités de commerce avec les places trans-
maritimes y ont déjà été conclus. Tout cela fait comprendre, ce que d'ailleurs la légende confirme, comment Rome n'a pas été fondée et bâtie d'un seul coup ;
comment elle s'est faite peu à peu ; comment enfin,
parmi les villes latines, elle fut la plus récente, peut-être,
au lieu d'être la plus vieille. Avant l'établissement du
grand marché (*emporium*) sur les bords du Tibre, les
terres intérieures ont été occupées et peuplées ; le mont
Albain et les autres collines de la *campagne* s'étaient
couronnées de leurs citadelles. Que Rome ait été créée
en vertu d'une décision prise par les Latins confédérés ;
qu'elle doive plutôt sa naissance au coup d'œil et à l'entreprise d'un fondateur oublié depuis ; ou qu'elle soit le
produit naturel de ce mouvement commercial, attesté
par de sûrs indices, peu importe après tout : nous ne
tenterons pas, à cet égard, une conjecture peut-être
impossible.

À ces considérations sur l'heureuse situation commerciale de Rome, d'autres observations viennent utilement
s'ajouter. Quand l'histoire éclaire ces temps de ses premières lueurs, la ville apparaît déjà dans son unité
exclusive, avec son enceinte fermée, au milieu de la confédération latine. Tandis que les Latins persistent à habiter des villages ouverts, et ne se rassemblent dans la
citadelle commune qu'aux jours de fêtes ou de conseil,
ou qu'en cas de péril imminent, il semble probable que
ces habitudes de vie à l'extérieur ont été plus tôt et plus
facilement abandonnées chez les Romains. Loin de
nous de prétendre que le Romain ait pour cela cessé
d'occuper sa maison des champs, et qu'il n'ait pas continué d'y voir son véritable foyer domestique : mais l'air
de la campagne était malsain, et les habitants se sentirent
entraînés souvent à se bâtir aussi une demeure sur les

collines, où ils respiraient dans une atmosphère plus pure et plus salubre. Puis, à côté des paysans se faisant citadins, vint bientôt s'établir une population non agricole nombreuse, composée à la fois d'indigènes et d'étrangers. C'est là ce qui fait comprendre l'intensité même de la population totale de l'ancien territoire romain qui, n'ayant au plus que onze lieues carrées d'étendue, sur un sol moitié marais et moitié sable, pouvait déjà, sous l'empire de la constitution politique primitive, fournir trois mille trois cents hommes libres armés pour la défense de la ville, et contenait une population de 10,000 habitants libres, au moins. Ce n'est pas tout. Quand on connaît Rome et son histoire, on sait que le trait le plus frappant de ses institutions publiques et privées y a été l'organisation fortement exclusive du droit de cité et de commerce : au regard des autres Latins et, notamment, de tous les Italiques, elle se distingua surtout par la séparation tranchée qu'elle avait établie entre les *citoyens* proprement dits et les *paysans*. N'allons pas pourtant chercher dans Rome une place de négoce à la façon de Corinthe ou Carthage; le Latium était, avant tout, pays agricole; et Rome a été et est demeurée ville latine. Mais elle a dû, à sa position commerciale, et par là même, à l'esprit exclusif de ses citoyens, de prendre un rang à part et à la tête des autres cités latines. Comme elle était le marché du pays, les pratiques de la vie urbaine s'y sont rapidement et puissamment développées à côté et au-dessus de celles de la vie des champs, auxquelles les Latins étaient demeurés fidèles. Ces pratiques lui ont fait une condition plus haute. Certes, la recherche et l'étude des progrès commerciaux et stratégiques de la cité Tibérine sont autrement fécondes et importantes que l'analyse minutieuse des conditions à peu près invariables dans lesquelles ont végété tant d'autres sociétés des anciens temps. Nous retrouvons enfin la trace, et comme les étapes du progrès de Rome dans les traditions relatives à ses diverses enceintes, et à ses fortifications successives. Leur construction a effectivement marché pas à pas, et au fur et à mesure des agrandissements de la cité elle-même.

La ville Palatine et les sept collines

La première ville, noyau de la Rome future que de longs siècles viendront agrandir, n'a dû occuper, s'il faut en croire des témoignages très-plausibles, que le sommet du Palatin : elle s'appela un peu plus tard *Rome carrée (Roma quadrata)*, à raison de la forme même de la colline, qui s'étendait alors en un carré irrégulier. Les portes et les murs de l'enceinte primitive étaient encore visibles au temps des empereurs : l'emplacement de deux de ces portes, celui de la *Porta Romana* (non loin de *Santo-Georgio in Velabro*), et celui de la *Porta Mugionis* (près de l'*arc de Titus*), nous sont connus : et Tacite décrit, comme l'ayant vu, le mur de l'enceinte Palatine du côté de l'*Aventin* et du *Cœlius*. C'est là, de nombreux vestiges l'indiquent, que furent l'emplacement et le centre primitif de l'ancienne Rome. Sur le Palatin se trouvait le symbole sacré de la ville, le *Mundus* [*mundus*, κόσμος, *ordonnance de l'univers*] où chacun des premiers habitants avait enfoui en quantité suffisante tous les objets de nécessité domestique, et une motte de terre apportée du champ patrimonial. C'est aussi là qu'était le bâtiment public où se réunissaient toutes les *curies (curiæ veteres)*, chacune à son *foyer* particulier, pour les choses du culte ou pour toute autre cause. C'est là que se voyait l'édifice, où s'assemblaient les *Saliens* ou *sauteurs (curia saliorum)*, où l'on conservait les boucliers sacrés de Mars ; c'est là, enfin, qu'était placé le *sanctuaire du loup (lupercal)*, et la demeure du prêtre de Jupiter. Sur cette même colline, ou autour d'elle, la légende de la fondation de la ville avait en outre arrangé toute la scène, tous les souvenirs de ses fables.

On y montrait aux croyants la chaumière de Romulus; la cabane de berger de son père nourricier Faustulus; l'olivier sacré près duquel le berceau des deux jumeaux avait été apporté sur les eaux; le cornouiller né du javelot que Romulus lança de l'Aventin, par-dessus la vallée du *Grand Cirque*, et qui était allé tomber dans l'intérieur de l'enceinte Palatine : sans compter d'autres monuments non moins merveilleux encore. De temples proprement dits, pareils à ceux bâtis plus tard, il n'y en avait alors ni sur le Palatin ni ailleurs : l'époque ne les comportait pas. Le lieu du *conseil* a été changé de bonne heure, et le souvenir s'en est perdu; on peut conjecturer pourtant que le sénat et les citoyens s'assemblèrent primitivement, sur la place laissée libre autour du *Mundus*, et appelée plus tard *place d'Apollon* : le théâtre postérieurement construit sur le *Mundus* lui-même a occupé sans doute l'emplacement du *conseil de la cité*.

Plus tard, l'établissement romain s'étend autour du Palatin. La « fête des sept montagnes » *(septimontium)* atteste les accroissements successifs par l'effet desquels les faubourgs s'ajoutent à la ville, chacun avec son enceinte séparée, quoique moins forte sans doute, et s'appuyant aux hauts murs du Palatin : dans le marais en bas, les digues extérieures s'appuyent aussi à la digue principale. Les sept enceintes sont alors celles du Palatin; du *Cermale*, contre-fort du Palatin descendant vers le marais jadis existant entre lui et le Capitolin (*Velabrum*); de la *Vélie*, qui joint le Palatin à l'*Esquilin*, et que les constructions impériales ont plus tard complétement aplanie; celles du *Fagutal*, de l'*Oppius* et du *Cispius*, formant les trois têtes de l'*Esquilin* : celle enfin de la *Sucusa* ou *Subûra*, dans la vallée située entre l'*Esquilin* et le *Quirinal*, et en dehors du mur de terre qui défendait la ville neuve du côté des *Carines* (au-dessous de *San Piëtro in Vincoli*). Toutes ces constructions nous font en quelque sorte assister aux progrès de l'ancienne Rome Palatine : et leur histoire se complète par la division des quartiers attribués à Servius Tullius, laquelle, aussi, prit pour base l'ancienne distribution des sept collines.

Le Palatin a donc été le site primitif de la cité romaine; il a été enfermé par sa première et alors unique enceinte : mais ici comme ailleurs, les habitants, non contents de demeurer à l'intérieur de la ville, ont en outre construit leurs maisons au dehors, et au-dessous de la forteresse. Les plus anciens *faubourgs*, ceux qui plus tard sont entrés dans le *premier* et le *second* quartier Servien, s'étalèrent en cercle au bas du Palatin. Tel était celui qui occupait les pentes du Cermale, et la *rue des Étrusques*, et dont le nom rappelle d'anciennes et fréquentes relations de commerce entre la ville Palatine et les habitants de *Cœré;* tel encore celui de la Vélie. Ces deux faubourgs réunis à la colline Palatine fortifiée, ont formé plus tard l'un des quartiers de la ville de Servius. Un autre quartier engloba de même le faubourg bâti sur le *Cœlius*, et qui probablement n'en couvrait que la pointe extrême, au-dessus de l'emplacement du *Colysée;* celui construit aux *Carines*, ou sur la hauteur qui prolonge l'*Esquilin* vers le *Palatin*; et enfin celui compris dans la vallée, avec l'ouvrage avancé de la *Subûra*, qui plus tard lui a donné son nom. Ces deux quartiers réunis étaient toute la ville ancienne; et quant à la Subura, qui, partant d'au-dessous de la citadelle, allait de l'*Arc de Constantin* jusqu'à *S. Pietro in Vincoli*, et remplissait toute la dépression intermédiaire, elle semble avoir alors constitué une localité plus importante, et primant, par son ancienneté, les autres parties comprises ensuite dans la circonscription palatine de Servius. Elle passe du moins avant le Palatin dans la liste des quartiers. Le souvenir de ces deux localités, alors séparées et distinctes, s'est perpétué dans l'un des plus anciens rites de Rome, le *Sacrifice du cheval*[1], qui se célébrait au Champ de Mars, au mois d'octobre de chaque année. Dans cette fête, on vit longtemps les hommes de la Subura disputer la tête du cheval aux hommes de la *rue Sacrée* (*via Sacra*); et, suivant que les uns ou les autres l'emportaient, cette même tête était clouée à la tour Mamilienne (dont on ignore l'emplacement), ou contre la demeure royale, sur le Palatin. C'était donc les deux moitiés de la vieille ville qui luttaient ensemble, à armes et droits égaux. A cette époque, les *Esquilies* (*Ex-quiliæ*), dont le nom, pris à la lettre, exclut complétement les *Carines*, étaient réellement ce que leur appellation indique, des *constructions extérieures* (*exquiliæ*, *in-quilinus*, de *colere*), un *faubourg*. Elles devinrent le troisième quartier dans l'organisation postérieure; et, à côté du *Palatin* et de la *Subura*, elles furent toujours tenues en moindre estime. Nous croyons enfin que la ville aux sept monts a pu encore englober d'autres hauteurs voisines, le Capitole et l'Aventin. Mais le pont sur pilotis (*pons sublicius*), venant se soutenir sur l'étai naturel de l'île Tibérine, existait aussi dès époque : le *collége des Pontifes*, déjà institué, l'atteste; et je crois même volontiers que les Romains n'avaient pas dû négliger le Janicule, cette tête de pont commandant la rive étrusque. Ni l'un ni l'autre pourtant n'étaient compris dans l'enceinte de la cité. Il demeura toujours de rite religieux qu'il n'entrât aucun morceau de fer dans la construction ou dans l'entretien du pont; ce que l'on conçoit, en se reportant aux nécessités de la défense de la Rome ancienne. Il fallait là un pont volant, qui pût être rapidement abattu ou brûlé : ce qui prouve que pendant longtemps la possession du passage du fleuve demeura incertaine, ou qu'elle fut souvent interrompue.

---

[1] [*Equus bellator*. — Preller, p. 399.]

On a vu que la cité romaine se divisait en trois tribus, dès une époque fort reculée. Les établissements et les enceintes actuels avaient-ils quelque rapport avec cette division? Rien n'autorise à le croire. Que les Ramniens, les Titiens et les Lucères, puisqu'ils ont été indépendants les uns des autres, se soient aussi fixés chacun à part, nous le croyons; mais ils n'ont point eu leurs forteresses séparées sur les sept collines; et tout ce qui a été imaginé à cet égard dans les anciens temps, ou chez les modernes, paraît, aux yeux de la critique prudente, devoir être rejeté bien loin, avec la fable du combat sur le Palatin, et l'agréable roman de la trahison de *Tarpéia*. Peut-être que déjà chacun des deux quartiers de la ville primitive, la *Subura* et le *Palatin*, et même aussi les faubourgs, se subdivisaient en trois districts affectés aux Ramniens, aux Titiens et aux Lucères. Du moins, on pourrait le conjecturer quand on voit, dans l'un et l'autre de ces deux quartiers, et dans tous ceux ajoutés plus tard à la ville ancienne, s'élever *en triple couple* les chapelles des *Argées*[1]. La ville Palatine aux sept collines a peut-être eu son histoire. Pour nous, il n'en reste rien que la tradition de son existence à une date reculée. Mais, de même que les feuilles des bois sont un message envoyé au printemps futur, alors qu'elles tombent sans attirer le regard des hommes, de même la ville oubliée du *Septimontium* a préparé la place à la Rome de l'histoire.

<small>Les Romains des collines sur le Quirinal.</small>

La Rome palatine n'a point seule été enfermée dans les murs de Servius : tout près et en face d'elle, il existait une autre cité sur le Quirinal. L'ancienne citadelle (*Capitolium vetus*), avec ses sanctuaires dédiés à

---

[1] [On sait assez mal ce qu'étaient les Argées et leurs chapelles, et leur culte attribué à Numa. Ils étaient probablement des génies *protecteurs* des *Quartiers*. La légende en fait des compagnons d'Hercule, venus avec lui d'Argos à Rome. (Varro. I, ı, v, 45. — V. Preller. p. 514, 515.)]

Jupiter, Junon et Minerve, avec son temple du Dieu de la *fidélité* (*Deus fidius*), où se concluaient publiquement tous les contrats politiques, a sa contre-partie exacte dans le *Capitole nouveau*, avec ses temples de Jupiter, de Junon et de Minerve; avec son autel dédié à la *bonne foi* romaine, où sont de même établies les archives du Droit des gens international. Le Quirinal fut donc bien certainement le chef-lieu d'une cité indépendante. Ce qui le prouve encore, c'est le culte de Mars établi sur le Quirinal aussi bien que sur le Palatin : Mars est le prototype de l'homme de guerre; il est en même temps le dieu principal de toute communauté italique. Ajoutons que les corporations de ses *serviteurs*, les deux antiques colléges des Saliens et des Luperques, existaient encore *en double* dans la Rome républicaine; qu'il y avait à la fois les *Saliens du Palatin*, et les *Saliens du Quirinal;* et qu'à côté des *Loups* ou *Luperques Quinctiens* du Palatin, il y avait aussi les *Loups Fabiens*, dont les rites se célébraient probablement sur l'autre colline [1] [2]. Tous ces indices sont bien décisifs par eux-mêmes : ils le deviennent plus encore, lorsque l'on voit

---

[1] [Sur les Luperques ou Lupercales, V. Preller, *hoc verbo*.]

[2] Les Luperques Quinctiens avaient rang avant les Fabiens. Ce qui le démontre, c'est que la légende attribue la création des premiers à Romulus, celle des seconds à Rémus. (Ovid. *Fast.*, 2, 373 et s.; Victor, *de Orig.*, 22.) Les Fabiens appartenaient aux *Romains de la Colline*; on le voit par le lieu de leurs sacrifices, le Quirinal. (Liv. V, 46, 52.) Peu importe que, dans l'exemple cité, il se soit ou non agi des fêtes *Lupercales*. — Les inscriptions nomment le Luperque Palatin, *Quinctialis*: *Lupercus Quinctialis vetus*. (Orelli, 2253.) Le prénom *Cæso*, qui, très-probablement, se rattache à leur culte (V. *Rhein. mus.* (musée rhénan) N^{lle} suite : 15, 179) se rencontre exclusivement chez les Fabiens et les Quinctiens. — Du reste, on commet une grave et fréquente faute en écrivant, avec d'anciens auteurs, *Lupercus Quinctilianus*, ou *Quinctilius*. Le collège des Luperques n'appartenait pas aux *Quinctiliens*, *gens* relativement récente, mais bien à celle des *Quinctiens*, infiniment plus ancienne. Que si, au contraire, les Quinctiens (liv. I, 30) ou Quinctiliens devaient être rangés tous parmi les familles albaines (Dionys., 3, 29), il faudrait alors préférer la seconde leçon, et ne plus voir dans le mot *Quinctii* qu'un mode d'écrire *palæo-Romain*.

l'enceinte exactement connue de la ville *aux sept monts*, laisser le Quirinal en dehors ; et, plus tard, celui-ci joint au *Viminal*, son voisin, former le quatrième quartier de la ville de Servius Tullius ; les trois premiers comprenant exclusivement l'ancienne cité Palatine. On s'explique aussi, désormais, les motifs de la construction de la forteresse avancée de la Subura, dans la vallée située entre l'Esquilin et le Quirinal. Les limites des deux territoires se touchaient ici ; et les Palatins, maîtres du vallon, avaient dû le fortifier et le défendre contre les gens du Quirinal. — Enfin, ceux-ci se distinguaient encore par le nom des habitants de l'autre colline. La ville Palatine est la *ville des sept monts*. Ses citoyens s'appellent les *montagnards* (*montani*), et ce nom de *montagne* (*mons*), appliqué d'ailleurs à toutes les collines qui en dépendent, est surtout donné au Palatin. D'autre part, le Quirinal avec le Viminal, son appendice, quoique plus élevé que les sept monts, est spécialement tenu pour une *colline* (*collis*) ; et, de plus, dans la langue des rites religieux, la *colline*, tout court, le désigne particulièrement. De même, la porte par où l'on descend de la hauteur, est appelée la *porte de la colline* (*porta collina*) ; le collége des Prêtres de Mars s'appelle le collége des *Saliens de la colline* (*Salii collini*), par opposition aux *Saliens du Palatin* (*Salii Palatini*) ; et, enfin, la *Tribu colline* (*Tribus collina*), est la dénomination ordinaire du quatrième quartier de Servius [1]. Quant au nom

---

[1] Si, plus tard, cette *colline* a été appelée *colline de Quirinus*, il n'en faut nullement conclure que, par une sorte de privilége, les citoyens établis sur le Quirinal auraient gardé pour eux l'ancien nom de *Quirites*, qu'ils avaient originairement porté. En effet, le seul nom qu'ils ont eu au début est celui de *Collini* ; les plus anciens monuments en font foi ; et il n'est pas moins certain que le mot *Quirites* n'a jamais voulu dire autre chose que les *citoyens ayant la plénitude des droits de cité*. Il n'a rien de commun avec les *montani* et les *collini* (V. infrà, chap. v.). Dans l'origine d'ailleurs, le *Mars Quirinus*, le *Dieu de la mort, armé de la lance*, a été adoré à la fois sur le Quirinal et sur le Palatin. Les inscriptions les plus anciennes trouvées dans les ruines du temple appelé

de *Romains*, comme il était attaché à toute la contrée, les habitants de la *colline* l'ont pris (*Romani collini*), aussi bien que les gens du Palatin. Il se peut, d'ailleurs, que les deux cités aient eu une population d'origine différente, sans que rien vienne indiquer, pourtant, qu'il y ait jamais eu là une immigration d'une peuplade étrangère à la souche latine [1].

Ainsi donc, à l'époque où nous sommes, deux cités séparées et souvent luttant entre elles, occupaient l'emplacement de Rome; celle des montagnards du Palatin,

Temple de Quirinus, dans les temps postérieurs, donnent au dieu le nom de Mars, seulement. Ce n'est que pour les distinguer qu'à une époque relativement récente, le Dieu des Romains *montagnards* a été appelé plus spécialement Mars, et celui des Romains *de la colline*, Quirinus. — Quelquefois enfin, le Quirinal porte le nom de *colline Agonale* (*collis Agonalis*, colline *des Sacrifices*), par allusion à la religion des Romains *collins* qui y avaient leurs principaux sanctuaires. [V. Preller, V° *Agonia, Agonius*, etc , p. 159, note 2, et 320, et 321.]

[1] La théorie contraire (V. Schwegler, par ex., *Hist. R.* I, 480) repose sur une hypothèse mise en avant par Varron, et adoptée à l'envi par tous les historiens. Cette hypothèse à la fois étymologique et historique, rattache les mots latins *Quiris*, *Quirites* à l'appellation de la ville sabine de *Cures*. Dès lors, dit-on, ce sont les Sabins de *Cures*, qui sont venus peupler le Quirinal. Qu'il y ait entre ces mots une affinité philologique, je le veux bien : mais qu'on en déduise, comme conséquence historique, l'immigration Sabine, c'est ce que je n'admets pas en l'absence de toute raison sérieuse. On a soutenu, sans le prouver, que les sanctuaires du Quirinal avaient été *sabins*. Mais on trouvait au Quirinal aussi, une colline dite *Latine* (*Latiaris*). *Mars Quirinus*, le Soleil (*Sol*), la *déesse de la Santé* (*Salus*), *Flore* (*Flora*), *Semo sancus* ou le *Deus Fidius* [*v.* Preller, *his v^{is}*], sont à la fois des divinités sabines et latines, inventées par la piété, à l'époque où Sabins et Latins ne s'étaient point encore séparés. Plus tard, sans doute, certains noms de dieux sont restés particulièrement attachés aux sanctuaires du Quirinal, rejetés cependant au dernier rang (citons, par ex., le *Semo sancus*; d'où la *porta Sanqualis*, à laquelle il a donné son nom); mais, ces noms se retrouvent parfois ailleurs (comme le *Semo sanctus*, dans l'île Tibérine). Puis, cette circonstance, tout en démontrant aux yeux d'une critique impartiale l'antiquité même du culte, ne sera nullement la preuve d'un emprunt fait en pays voisin. Je ne nie pas la possibilité de certains antagonismes de race, et de leurs effets naturels; mais, s'ils se sont réellement produits, leur écho n'est même pas arrivé jusqu'à nous; et les considérations à perte de vue auxquelles nos contemporains s'abandonnent au sujet de *l'élément sabin* dans la cité romaine, me semblent devoir être écartées. Tout nous avertit ici qu'il faut craindre d'entasser le vide sur le vide.

et celle des Romains de la colline du Quirinal (n'y a-t-il pas encore aujourd'hui les *Montigiani* et les *Trasteverini*?). La Rome des sept monts était bien plus forte que la Rome du Quirinal : elle avait poussé plus loin sa ville neuve et ses faubourgs : et plus tard, les Romains de la colline durent se contenter du rang inférieur dans l'organisation de la Rome unie de Servius. Mais dans la ville Palatine elle-même, on rencontre aussi les traces d'une lutte entre les divers éléments de la population. La fusion complète et l'uniformité des droits ne s'y sont opérées qu'à la longue. Nous avons déjà cité la lutte annuelle entre la *Subura* et le *Palatin* pour la possession de la tête du Cheval de Mars. Il y avait également des instincts et des intérêts divers dans chacune des sept montagnes, et dans les *curies* même, la ville n'avait point de foyer sacré commun : chaque curie avait le sien, placé dans la même localité, à côté de celui des autres. De là, un sentiment *séparatiste*, plutôt que d'union ; de là, dans cette Rome d'alors, un assemblage de petites communautés urbaines, plutôt qu'une cité agrégée en un seul corps. De nombreux indices nous disent enfin que les maisons des anciennes et plus puissantes familles étaient des espèces de forteresses, si pauvres qu'elles fussent. Pour la première fois, le mur monumental attribué à Servius a enfermé les deux villes du Palatin, du Quirinal, et les hauteurs du Capitole et de l'Aventin ; et définitivement fondé la Rome nouvelle, la Rome de l'histoire universelle. Mais une révolution nécessaire avait précédé cette grande entreprise : et la position de Rome, au milieu du pays environnant, s'était déjà modifiée. Durant une première époque, le paysan établi sur l'un des sept monts, mène sa charrue comme en toute autre terre latine : les lieux de refuge, au sommet des collines, sont vides en temps ordinaire, et n'offrent encore que des ébauches d'établissements à poste fixe, tels qu'ils existent partout dans le Latium, alors que ni le commerce, ni l'activité sociale ne viennent encore vivifier l'histoire. Plus tard, une cité s'est formée sur le Palatin; elle devient florissante, et s'enferme dans la « *septuple enceinte;* » elle s'assure en même temps la possession des bouches du Tibre. La Rome ancienne, et avec elle les Latins eux-mêmes, déploient alors un certain mouvement dans l'organisation de leurs libertés et de leur commerce. Les mœurs urbaines se développent à Rome; les peuplades séparées s'y réunissent en un centre plus compact, et s'allient entre elles; et, enfin, l'unité définitive de la grande ville se fonde, le jour où se construit le mur de Servius. A dater de ce moment, elle va prétendre à la préséance et à l'hégémonie dans la Confédération latine; elle luttera pour la conquérir, et elle deviendra assez forte pour achever enfin sa conquête.

CHAPITRE V

LES INSTITUTIONS PRIMITIVES DE ROME

La maison Romaine.   Le père et la mère, les fils et les filles, le domaine agricole et l'habitation de la famille, les serviteurs et le mobilier domestique, tels sont partout, hormis là où la polygamie fait disparaître la mère, les éléments naturels et essentiels de l'unité ménagère: La diversité qui se remarque entre les peuples doués du génie de la civilisation tient, avant toute chose, au développement de ces institutions; les uns y apportant un sens plus profond, des mœurs et des lois plus tranchées que ne le font les autres. Nul peuple n'a égalé les Romains dans la rigueur inexorable de leurs institutions du droit naturel.

Le père et sa famille.   La *famille*, composée de l'homme libre, que la mort de son père a fait maître de ses droits; de son épouse, que le prêtre lui a unie dans la *communauté du feu et de l'eau*, par le rit sacré du gâteau au sel (*confarreatio*); de ses fils; des fils de ses fils avec leurs femmes légitimes; de ses filles non mariées, et des filles de ses fils, avec tout le bien que chacun d'eux possède : telle est l'unité domestique, base de l'ordre social, à Rome. Les enfants de la fille en sont exclus, bien entendu, dès qu'elle est passée, par le mariage, dans la maison d'un autre homme; ou quand, procréés en dehors du légitime mariage, ils n'appartiennent à aucune famille. Une maison, des enfants, voilà, pour le citoyen romain, le but et l'essence de la vie. La mort n'est point un mal, puisqu'elle est nécessaire; mais que la maison ou la descendance périsse, voilà un vrai malheur. On l'empêchera à tout prix, dès les premiers temps, en donnant à l'homme sans enfants le moyen d'en aller solennellement chercher dans le sein d'une famille étrangère, et de les faire *siens* en présence du peuple. La famille romaine, ainsi constituée, portait en elle-même, grâce à cette subordination morale puissante de tous ses membres, les germes d'une civilisation féconde dans l'avenir. Un homme seul peut en être le chef: la femme, sans doute, peut aussi bien que lui acquérir et posséder la terre et l'argent: la fille a dans l'héritage une part égale à celle de son frère; la mère hérite aussi sur le même pied que les enfants. Mais cette femme ne cesse jamais d'appartenir à la maison : elle n'appartient point à la cité; et, dans sa maison, elle a toujours un maître, le père, quand elle est la fille; le mari, quand elle est l'épouse[1]; son plus proche agnat mâle, quand elle n'a plus son

---

[1] Et il n'en est point ainsi seulement au cas où le mariage a été consommé suivant l'ancien rite (*matrimonium confarreatione*); mais aussi quand il a eu lieu dans la forme purement civile (*matrimonium consensu*). Dans le mariage *consensuel* le mari acquérait de même un droit de propriété sur sa femme; aussi, ce mariage a-t-il emprunté tout d'abord les principes et les pratiques des *modes d'acquérir* ordinaires, l'*achat* et la *tradition formelle* (*coemptio*) ou la *prescription* (*usus*). Quand il y avait eu *consentement* simple, sans l'acquisition de la puissance conjugale; au cas, par exemple, où le temps voulu pour prescrire n'était point encore atteint, la femme n'était point *épouse* (*uxor*); elle était seulement tenue pour telle (*pro uxore*), absolument comme au cas de la *causæ probatio*, sous une loi postérieure (*loi Ælia Sentia*, v. Gaius, I. 29-66). *Uxor tantummodo habebatur*, dit Cicéron (*Top.* 3, 14); et cette règle s'est maintenue jusqu'aux temps brillants de la jurisprudence.

père et qu'elle n'est point mariée. Eux seuls, et non le prince, ont droit de justice sur elle.

Mais, sous le toit conjugal, loin d'être asservie, elle est maîtresse. Suivant l'usage romain, écraser le grain sous la meule, vaquer aux travaux de la cuisine, constituent la tâche imposée à la domesticité; ici, la mère de famille exerce une haute surveillance; puis elle tient le fuseau, qui, pour elle, est comme la charrue dans les mains du mari [1].

Les devoirs moraux des parents envers leurs enfants étaient profondément gravés dans le cœur du Romain. C'était un crime à leurs yeux que de négliger un fils, que de le gâter, que de dissiper le bien patrimonial à son préjudice. D'un autre côté, le père dirige et conduit la famille (*pater familias*) selon la loi de sa volonté suprême. En face de lui, tout ce qui vit dans la maison est absolument sans aucun droit : le bœuf comme l'esclave, la femme comme l'enfant. La vierge, devenue épouse par le libre choix de l'époux, a cessé d'être libre; l'enfant qu'elle lui donne, et qu'il s'agit d'élever, n'aura pas davantage son libre arbitre. Et qu'on ne suppose pas

---

[1] Citons une inscription funéraire, appartenant sans doute à une date plus récente, mais qui mérite peut-être de figurer ici. C'est la pierre tombale qui parle :

PASSANT : BREF EST MON DISCOURS. ARRÊTE-TOI, ET LIS :
CETTE PIERRE RECOUVRE UNE BELLE FEMME ;
SES PARENTS L'AVAIENT APPELÉE CLAUDIA ;
ELLE AIMA SON MARI DE SON SEUL AMOUR ;
ELLE ENGENDRA DEUX FILS ; ELLE EN A LAISSÉ UN VIVANT ;
ELLE A ENFOUI L'AUTRE DANS LE SEIN DE LA TERRE ;
ELLE FUT AIMABLE EN SES DISCOURS, ET NOBLE DANS SA DÉMARCHE ;
ELLE GARDA SA MAISON, ET FILA. — J'AI FINI ! PASSE !

D'autres et fréquentes inscriptions énumèrent d'un façon curieuse le talent de filer la laine parmi les *vertus morales* de la femme. (Orelli, 4639 : *optima et pulcherrima,* LANIFICA *pia pudica frugi casta domiseda.* — Ibid. 4861 : *Modestia probitate pudicitia obsequio* LANIFICIO *diligentia fide par similisque ceteris probeis femina fuit.*)

que cette loi ait eu sa source dans l'absence de tout souci pour la famille : les Romains croyaient fermement, au contraire, que fonder sa maison et procréer des enfans, constitue une nécessité, un devoir social. Nous ne rencontrons peut-être à Rome qu'un seul et unique exemple de l'immixtion du pouvoir public dans les choses de la famille, et il fut en même temps un acte d'assistance. Nous voulons parler des secours fournis au père ayant trois jumeaux. L'exposition des nouveau-nés donnait lieu à une loi caractéristique : interdite par rapport au fils, sauf au cas de difformité, elle était également défendue pour la première fille. Sauf ces restrictions, quelque blâmable en soi, quelque dommageable pour la société que fût un pareil acte, le père avait le droit de le consommer ; il était et devait rester maître absolu chez lui. Il tenait les *siens* assujettis à la règle d'une discipline sévère ; il avait le droit et le devoir d'exercer la justice parmi eux ; il prononçait même, s'il le jugeait à propos, la peine capitale. — Le fils, devenu adulte, fonde-t-il un ménage distinct, ou, pour parler comme les Romains, a-t-il reçu de son père un *troupeau (peculium)* en propre ? Peu importe ; dans la rigueur du droit, tout ce qu'il gagne par lui-même ou par les siens, qu'il le doive à son travail ou aux libéralités d'autrui, qu'il le gagne dans sa maison ou sous le toit paternel, appartient avant tout au père de famille. Tant que celui-ci est vivant, nul de ses subordonnés ne peut être propriétaire de ce qu'il possède ; nul ne peut aliéner, ou hériter, sans son assentiment. Sous ce rapport, la femme et l'enfant sont sur la même ligne que l'esclave, à qui souvent il est permis aussi de tenir un ménage, et d'aliéner même son pécule. Bien plus, comme il transfère souvent la propriété de son esclave à un tiers, le père peut en agir de même à l'égard de son fils : l'acheteur est-il un étranger, le fils devient son esclave ; le fils est-il cédé à un Romain, comme il est Romain lui-même, et ne peut être asservi à un concitoyen, il *tient seulement lieu d'esclave* à son acquéreur. On le voit donc, la puissance paternelle et conjugale du père de famille est absolue. La loi ne la limite point. La religion parfois a pu maudire ses excès : de même que le droit d'exposition a été restreint (p. 81), de même le père est excommunié quand il vend sa femme ou son fils marié. Enfin, la loi voulut encore que, dans l'exercice de son pouvoir de justice domestique, le père et surtout le mari ne pussent prononcer sur le sort des enfants et de la femme, sans avoir auparavant convoqué leurs proches, et au second cas, les proches aussi de la femme. Toutefois leur puissance n'était point pour cela amoindrie. Aux dieux seuls, et non à la justice humaine, appartenait l'exécution de la sentence d'excommunication qu'ils auraient pu encourir; et les *agnats*, appelés par lui au jugement domestique, ne faisaient que donner leur avis; ils ne jugeaient pas. De même qu'elle est immense et irresponsable devant les hommes, de même la puissance du père de famille est immuable et inattaquable tant qu'il n'a pas cessé de vivre. Dans le droit grec, dans le droit germanique, dès que le fils est adulte, dès que sa force physique lui a donné l'indépendance, la loi lui donne aussi la liberté. Chez les Romains, au contraire, ni l'âge du père, ni les infirmités mentales, ni même sa volonté expresse, ne peuvent affranchir sa famille. La fille seule sort de sa dépendance, quand elle passe par les *justes noces* sous la *main de son mari*; elle quitte alors la famille et les pénates paternels, pour entrer dans la famille de celui-ci, sous la protection de ses dieux domestiques; elle lui devient assujettie comme auparavant elle l'était à son père. La loi permet plus facilement l'affranchissement de l'esclave que celui du fils. De bonne heure, celui-là a été libéré, au moyen des formalités les plus simples. L'émancipation de celui-ci, au contraire, n'a pu avoir lieu que plus tard, et par toutes sortes de voies détournées.

Le père a-t-il vendu à la fois son fils et son esclave, et l'acquéreur les a-t-il affranchis tous les deux ? L'esclave est libre ; le fils, lui, retombe sous la puissance paternelle. La puissance paternelle et conjugale, fortement organisée comme elle l'était à Rome, avec tous ses attributs et ses conséquences d'une inexorable logique, constituait un véritable *droit de propriété*. Mais si la femme et l'enfant étaient, on le voit, la *chose* du père ; s'ils étaient sous ce rapport traités comme l'esclave et le bétail, sous d'autres rapports ils étaient loin de se confondre avec le patrimoine : en fait et en droit, leur position était bien tranchée. La puissance du père de famille ne s'exerce qu'à l'intérieur de la maison ; elle est viagère, elle est une fonction personnelle en quelque sorte. La femme et l'enfant ne sont point là pour le seul bon plaisir du père, comme la propriété pour le bon plaisir du propriétaire, comme le sujet pour celui du prince, dans un royaume absolu. Ils sont aussi des choses juridiques : mieux que cela, ils ont des droits actifs, ils sont des *personnes*. Ces droits actifs, sans doute, ils ne les peuvent exercer, parce que la famille est une et a besoin d'un pouvoir unique qui la gouverne ; mais, vienne la mort du chef, aussitôt les fils sont *pères de famille* à leur tour, et ils ont dès lors sur leurs femmes, leurs enfants et leurs biens, la puissance à laquelle ils étaient soumis tout à l'heure. Pour les esclaves, au contraire, rien n'est changé ; ils restent esclaves comme devant.

D'un autre côté, telle est la force d'unité de la famille que la mort même de son chef n'en dénoue pas le faisceau. Ses descendants, devenus libres, continuent, sous beaucoup de rapports, l'unité ancienne, pour le règlement, par exemple, des droits de succession et autres,

Familles et races (*gentes*).

et surtout en ce qui touche le sort de la veuve et des filles non mariées. Comme, dans les idées des anciens Romains, la femme n'est pas capable d'avoir la puissance sur autrui et sur elle-même, il faut bien que cette puissance, ou, pour parler en termes moins rigoureux, cette *tutelle (tutela)* soit donnée à la maison à laquelle la femme appartient. Dès lors elle est exercée, à la place du père de famille défunt, par tous les hommes membres de la famille, et plus proches *agnats*; par les fils sur la mère; par les frères sur la sœur. Et ainsi la famille dure immuable, jusqu'à l'extinction de la descendance masculine de son fondateur. Toutefois, après plusieurs générations, le lien qui l'attache devait se desserrer : la preuve de l'origine remontant à l'auteur commun devait aussi s'évanouir. Telles sont les bases de la famille romaine, qui se distingue en famille proprement dite, et en *race* ou *gens*; dans l'une sont compris les *agnats (adnati)*; dans l'autre, les *gentils (gentiles)*. Les uns et les autres remontent à la souche masculine commune ; mais, tandis que la famille ne contient que les individus pouvant établir le degré de leur descendance, la *gens* comprend aussi ceux qui, tout en se réclamant du même ancêtre commun, ne peuvent plus énumérer, ni les aïeux intermédiaires, ni leur degré par rapport à lui. Les Romains exprimaient clairement ces distinctions, quand ils disaient : « Marcus, fils de Marcus, petit-fils de Marcus, etc. » Les *Marciens*, voilà la famille; elle se continue tant que les ascendants peuvent être individuellement désignés par le nom commun ; elle finit et se complète par la race ou *gens*, qui remonte, elle aussi, à l'antique aïeul, dont tous les descendants ont hérité de même du nom d'*enfants de Marcus*.

Clientèle.

Ainsi concentrée autour de son chef, lorsque celui-ci est vivant, ou formée du faisceau des diverses maisons issues de la maison du commun aïeul, la famille ou la *gens* s'étend encore sur d'autres personnes. Nous n'y voulons pas compter les *hôtes (hospites)*, parce que, membres d'une autre communauté, ils ne s'arrêtent pas sous le toit où ils ont reçu accueil. Nous n'y comptons pas les esclaves, parce qu'ils font partie du patrimoine, et ne sont pas, en réalité, des membres de la famille. Mais nous devons y adjoindre la *clientèle (clientes, les clients, de cluere)*, c'est-à-dire tous ceux qui, n'ayant pas un droit de cité, ne jouissent à Rome que d'une liberté tempérée par le protectorat d'un citoyen père de famille. Les *clients* sont : ou des transfuges venus de l'étranger, et reçus par le Romain qui leur prête assistance; ou d'anciens serviteurs, en faveur desquels le maître a abdiqué ses droits, en leur concédant la liberté matérielle. La situation légale du client n'avait rien qui ressemblât à celle de l'hôte ou à celle de l'esclave : il n'est point un *ingénu (ingenuus)* libre, bien qu'à défaut de la pleine liberté, il pût jouir des franchises que lui laissait l'usage et la bonne foi du chef de maison. Il fait partie de la domesticité comme l'esclave, et il obéit à la volonté du *patron (patronus*, dérivé de la même racine que *patricius)*. Celui-ci, enfin, peut mettre la main sur sa fortune; le replacer même, en certains cas, en état d'esclavage; exercer sur lui le droit de vie et de mort. Si, enfin, il n'est pas, à l'égal de l'esclave, assujetti à toutes les rigueurs de la loi domestique, ce n'est que par une simple tolérance de fait qu'il reçoit cet adoucissement à son sort. Enfin, le patron qui doit à tous les *siens*, esclaves ou clients, sa sollicitude de père, représente et protége, d'une façon toute spéciale, les intérêts de ces derniers. Leur liberté de fait se rapproche peu à peu de la liberté de droit, au bout d'un certain nombre de générations : quand l'affranchissant et l'affranchi sont morts, il y aurait impiété criante, chez les successeurs du premier, à vouloir exercer les droits du patron sur les descendants du second. Aussi, voit-on peu à peu se relâcher le lien qui rattache à la maison les hommes libres et dépendants tout à la fois : ils forment une classe intermédiaire, mais nettement tranchée, entre les serviteurs esclaves et les *gentiles* ou *cognats*, égaux en droits au nouveau père de famille.

La cité romaine. Au fond et dans la forme, la famille romaine est la base de l'État romain. La société s'y compose de l'assemblage des anciennes associations familiales, Romiliens, Voltiniens, Fabiens, etc., qui se sont à la longue, ici comme partout ailleurs, fondues en une grande communauté. Le territoire romain se compose de leurs domaines réunis (p. 50); tout membre d'une de ces familles est citoyen de Rome. Tout mariage contracté suivant les formes voulues, dans le cercle de la cité, est un *juste mariage*; les enfants qui en proviennent seront également des citoyens. Aussi, les citoyens de Rome s'appellent-ils emphatiquement *pères, patriciens,* ou *enfants de pères (patres, patricii)* : eux seuls ont un père, selon le sens rigoureux du droit politique : eux seuls sont pères ou peuvent l'être. Les *gentes*, avec toutes les familles qu'elles embrassent, sont incorporées en bloc dans l'État. Dans leur constitution intérieure, les maisons et les familles restent ce qu'elles étaient auparavant; mais au regard de la cité, leur loi n'est plus la même : sous la main du père chez celui-ci, le fils de famille, au dehors, se place à côté de lui; il a ses droits et ses devoirs politiques. De même, et par la force des choses, la condition des individus, sous le protectorat d'un patricien, s'est aussi altérée : les clients et les affranchis sont admis dans la cité à cause de leur patron; et, tout en restant dans la dépendance de la famille à laquelle ils tiennent, ils ne sont point totalement exclus de la participation aux cérémonies du culte, aux fêtes populaires; sans qu'ils puissent prétendre encore, cela va de soi, aux droits civils et civiques, et sans qu'ils aient à supporter les charges acquittées par les seuls citoyens. Il en est de même, et à plus forte raison, des clients de la cité tout entière. — Ainsi donc l'État, comme la maison, renferme deux éléments distincts : les ingénus, s'appartenant à eux-mêmes, et ceux qui appartiennent à autrui : les citoyens, et les habitants ayant simplement l'*incolat*.

Comme l'État repose sur l'élément de la famille, de même, dans l'ensemble et dans les détails, il en a adopté les formes. La nature a donné pour chef à la famille, le père dont elle procède, et sans lequel elle prendrait fin. Mais, dans la communauté politique qui ne doit pas périr, il n'existe point de chef selon la loi de la nature. L'association romaine, entre toutes, s'est formée par le concours de paysans, tous libres, tous égaux, sans noblesse instituée de droit divin. Il lui fallait quelqu'un pourtant qui la *dirigeât (rex)*, qui lui *dictât ses ordres (dictator)*, un *maître du peuple* enfin *(magister populi)* ; et elle l'a choisi dans son sein pour être, à l'intérieur, le chef de la grande famille politique. Longtemps plus tard, on verra encore auprès de la demeure, ou dans la demeure même de ce chef, le foyer sacré de la cité toujours allumé, les magasins clos de l'État, la Vesta romaine, et les Pénates romains [1] ; symboles vénérés de l'*unité domestique* suprême de la cité romaine. La fonction royale a commencé par une élection : mais dès que le roi a convoqué l'assemblée des hommes libres en état de porter les armes, et qu'ils lui ont formellement promis obéissance, ils la lui doivent fidèle, entière. Il a dans l'État la puissance du père de famille dans sa maison : elle dure également tant qu'il vit. Il entre en rap-

Le Roi.

[1 De *Penus*, approvisionnement; placé d'ordinaire dans le *Tablinum*, dans l'intérieur de la maison : d'où le mot *Penetralia*, qui a la même étymologie. (V. Rich., *Dict. des Antiq.*, Vⁱˢ Penates, Domus, Tablinum ; et Preller (*Vesta et les Pénates*), p. 536.]

ports avec les dieux de la cité ; il les interroge et leur donne satisfaction *(auspicia publica)* : il nomme les prêtres et les prêtresses. Les traités qu'il a conclus avec l'étranger, au nom de la cité, obligent le peuple, alors que dans l'origine, aucun contrat avec un non-Romain n'était obligatoire pour un membre de l'association romaine. Il commande *(imperium)* en temps de paix et en temps de guerre ; et, quand il marche officiellement, ses appariteurs, ou *licteurs (lictores,* de *licere, ajourner)*, le précédent portant la hache et les verges. Lui seul a le droit de parler en public aux citoyens ; il tient les clefs du trésor, que seul il peut ouvrir. Comme le père de famille, il rend la justice et châtie. Il prononce les peines de police : il soumet à la peine du bâton, par exemple, les contrevenants au service militaire. Il connaît des causes privées et criminelles : il condamne à mort : il condamne à la privation de la liberté, soit qu'il adjuge le citoyen à un autre citoyen pour lui tenir lieu d'esclave, soit même qu'il ordonne sa vente et sa mise en esclavage, chez l'étranger. Sans doute l'appel au peuple *(provocatio)* est possible, après la sentence capitale prononcée : mais ce recours en grâce, le roi, qui a mission de l'accorder, n'est point tenu à l'ouvrir. Il appelle le peuple à la guerre et commande l'armée ; en cas d'incendie, il doit accourir en personne sur le lieu du sinistre. Comme le père de famille, qui n'est pas seulement le plus puissant, mais le seul puissant dans sa maison, le roi est à la fois le premier et le seul organe du pouvoir dans l'État ; qu'il prenne et organise en colléges spéciaux, pour pouvoir demander leur conseil, les hommes ayant davantage la connaissance des choses de la religion et des institutions publiques : que, pour faciliter l'exercice de son pouvoir, il confère à d'autres des attributions diverses, les communications à transmettre au sénat, certains commandements à la guerre, la connaissance des procès moins importants, la recherche des crimes : qu'il confie, par exemple, lorsqu'il s'absente du territoire, tous ses pouvoirs d'administration à un autre lui-même, à un *préfet urbain* (*præfectus urbi*) laissé en ville à sa place : toutes ces fonctions ne sont que des émanations de la royauté : tout fonctionnaire n'est tel que par le roi, et ne reste tel que pendant le temps qu'il plaît au roi. Il n'y a point, alors, de *magistrats* dans le sens plus récent du mot; il n'y a que des *commissaires royaux*. Nous venons de parler du préfet urbain temporaire ; nous en dirons autant des *inquisiteurs du meurtre* (*quæstores paricidii*) dont la mission continue, sans doute, et des *chefs de section* (*tribuns*; *tribuni*, de *tribus*, p. 59), préposés à la milice de pied (*milites*) et à la cavalerie (*celeres*). La puissance royale est et doit être sans limites légales : pour le chef de la cité, il ne peut y avoir de juge dans la cité; pas plus que dans la maison il n'y a de juge pour le père de famille. Avec sa vie finit seulement son règne. Quand il n'a pas nommé son successeur, ce qu'il avait assurément le droit et même le devoir de faire, les citoyens se réunissent sans convocation, et désignent un *interroi* (*interrex*), qui ne reste que cinq jours en fonctions, et ne peut prendre le peuple à foi et hommage. Et, comme il ne peut non plus nommer le roi, puisqu'il a été simplement et imparfaitement désigné, sans la convocation préalable des citoyens, il nomme alors un second interroi pour cinq autres jours, et celui-ci a enfin le pouvoir d'élire le roi nouveau. Il ne le fera pas, on le comprend, sans interroger les citoyens et le conseil des anciens, sans s'assurer de leur assentiment au choix qu'il va faire. Toutefois, ni le conseil des anciens, ni les citoyens ne concourent virtuellement à ce grand acte; et ceux-ci même n'interviennent qu'après la nomination. Le roi est toujours bien et régulièrement nommé, dès là qu'il tient son titre de son prédescesseur [1]. C'est par là que « la protection divine, qui avait présidé à la fondation de Rome, » a continué de reposer sur la tête des rois, se transmettant sans interruption de celui qui le premier l'avait reçue, à tous les successeurs. C'est ainsi que l'unité de l'État a persisté inviolable, malgré les changements survenus dans la personne de son chef. Le Roi est donc le représentant suprême de cette unité du peuple de Rome, symbolisée par le *Diovis* [2], dans le Panthéon romain. Son costume est pareil à celui du plus grand des dieux : il parcourt la ville en char, quand tout le monde va à pied : il tient un sceptre d'ivoire, surmonté de l'aigle : il a les joues fardées de rouge : comme le dieu romain, enfin, il porte la couronne d'or de feuilles de chêne. Toutefois, la constitution romaine n'est rien moins qu'une théocratie. Jamais en Italie les notions de Dieu et de Roi ne se sont fondues l'une dans l'autre, comme chez les Égyptiens ou les Orientaux. Le roi n'est point dieu aux yeux du peuple ; il est plutôt le *propriétaire de la cité*. On n'y rencontre pas la croyance en une famille faite royale par la grâce de Dieu ; en ce je ne sais quel charme mystérieux, qui

---

[1] On ne s'attend pas sans doute à nous voir apporter ici des témoignages directs sur les conditions et les formalités *constitutionnelles* relatives à l'élection du roi. Mais comme le dictateur romain a été nommé absolument de la même manière ; comme l'élection du consul ne diffère de l'autre qu'en ce que le peuple avait un droit de *désignation* préalable et obligatoire, manifestement et incontestablement né d'une révolution postérieure, tandis que la *nomination* proprement dite avait continué d'appartenir exclusivement au consul sortant de charge ou à l'interroi ; comme enfin la dictature et le consulat ne sont autre chose au fond que la royauté continuée, notre opinion nous semble pleinement démontrée. L'élection par les *curies* serait sans doute régulière, des documents dignes de foi nous l'enseignent : mais elle n'est pas le moins du monde nécessaire, au point de vue de la loi ; ce que la légende raconte de la nomination de Servius Tullius en est la preuve. D'ordinaire elle fut abandonnée au peuple (*contione advocata*) ; et la désignation par acclamation fut regardée plus tard comme une élection véritable.

[2] Ou Jupiter romain. *Dii-Jovis* (v. Preller, *h. v°.*)

fait du roi autre chose qu'un mortel ordinaire. La noblesse du sang, la parenté avec les rois antérieurs est une recommandation : elle n'est point une condition d'éligibilité. Quiconque est majeur et sain de corps et d'esprit peut être fait roi [1]. Le roi est un citoyen comme un autre : son mérite ou son bonheur, la nécessité d'avoir *un père de famille* à la tête de la cité, l'ont fait le premier parmi ses égaux, paysan parmi les paysans, soldat parmi les soldats. Le fils, qui obéit aveuglément à son père, ne s'estime pas son inférieur : de même, le citoyen obéit à son chef, sans se croire au-dessous de lui. C'est ici que dans les mœurs et dans les faits la royauté se trouve limitée. Certes, le roi peut faire beaucoup de mal, sans violer absolument le droit public : il pourra réduire la part de butin de son compagnon de guerre; ordonner des corvées excessives; porter atteinte par des impôts injustes à la fortune du citoyen; mais, en agissant ainsi, il oubliera que sa puissance absolue ne lui vient pas de la Divinité, qu'elle ne lui vient que du peuple qu'il représente, avec l'assentiment de celle-ci. Et alors qu'arrivera-t-il de lui, si ce peuple oublie le serment qu'il lui a prêté? Qui le défendra en un tel jour? — Enfin la constitution aussi avait, sous un rapport, élevé une barrière devant la puissance royale. Pouvant librement appliquer la loi, le roi ne pouvait la modifier. S'il veut la faire changer de route, il convient, qu'avant tout, l'assemblée populaire l'y autorise ; sans quoi l'acte qu'il consomme sera nul et tyrannique, et n'engendrera pas de conséquences légales.

La royauté, à Rome, telle que les mœurs et la consti-

[1] Les boiteux et les paralytiques étaient exclus des fonctions suprêmes (Dionys., 5, 25). Mais il fallait être citoyen romain pour pouvoir être nommé roi ou consul. Est-il besoin de constater un fait aussi incontestable, aussi nécessaire? Que deviennent après cela les fables, selon lesquelles Rome serait allée un jour chercher son roi à Cures (*Numa Pompilius*)?

tution l'avaient faite, diffère essentiellement de la souveraineté chez les modernes : de même qu'on ne trouve chez ceux-ci rien qui ressemble à la famille et à la cité romaines.

Le Sénat.

À cette puissance absolue que nous venons de dépeindre, la coutume et les mœurs opposèrent pourtant une barrière sérieuse. Comme fait le père de famille chez lui, le roi, en vertu d'une règle reconnue, ne prend pas de décision dans les circonstances graves, sans s'éclairer du conseil d'autres citoyens. Le conseil de famille est un pouvoir modérateur pour le père et l'époux : le conseil des *amis*, dûment convoqué, influe par son avis sur le parti qui sera adopté par le magistrat suprême. C'est là un principe constitutionnel en pleine vigueur sous la royauté, comme sous les régimes venus après elle. L'assemblée des *amis du Roi*, rouage désormais important dans l'ordre politique, ne fait pas pourtant obstacle légal au pouvoir illimité dont le représentant l'interroge en certaines graves occurrences. Elle n'a point à intervenir dans les choses touchant à la justice ou au commandement de l'armée. Elle est un conseil politique : le *Conseil* des *anciens*, le *Sénat (Senatus)*. Mais le roi ne choisit pas les *amis*, les *affidés* qui le composent : corps politique institué pour durer toujours, le Sénat, dès les premiers temps, a le caractère d'une véritable assemblée représentative. Les *gentes* romaines, quand elles nous apparaissent dans les documents d'une histoire bien moins ancienne que le temps des rois, n'ont plus leur chef à leur tête : nul père de famille ne représente au-dessus d'elles ce patriarche, souche commune de chaque groupe de familles, de qui tous les *gentiles* mâles descendent ou croient être descendus. Mais à l'époque où nous sommes, lorsque l'État se formait de la réunion de toutes les *gentes*, il n'en était point ainsi : chacune d'elles avait son chef dans l'Assemblée des anciens. Aussi voit-on plus tard les sénateurs se regarder encore comme les représentants de ces anciennes unités familiales, dont l'agrégation avait constitué la cité. Voilà ce qui explique pourquoi, une fois entré dans le Sénat, le sénateur y demeurait à vie, non par l'effet de la loi, mais par la force même des choses. Voilà ce qui explique pourquoi les sénateurs étaient en nombre fixe : pourquoi celui des *gentes* restait invariable dans la cité; et pourquoi, enfin, lors de la fusion en une seule, des trois cités primitives, chacune ayant ses *gentes* en nombre déterminé, il devint à la fois nécessaire et légal d'augmenter proportionnellement aussi le nombre des siéges des sénateurs. Du reste, si dans la conception première du Sénat, celui-ci n'était que la représentation des *gentes*, il n'en fut point ainsi dans la réalité, et cela même sans violer la loi. Le roi était pleinement maître du choix des sénateurs; et il dépendait de lui de le porter même sur des individus non citoyens. Nous ne soutenons d'ailleurs pas qu'il l'ait fait quelquefois : seulement on ne soutiendra pas contre nous qu'il ne l'a pas pu faire. Tant que l'individualité des *gentes* a survécu, il a sans doute été de règle, qu'en cas de mort d'un sénateur, le roi appelât à sa place un homme d'âge et d'expérience appartenant à la même association de famille; mais tous ces éléments jadis distincts se confondant chaque jour davantage, et l'unité du peuple s'étendant de plus en plus, l'élection des membres du conseil a fini par dépendre souverainement du libre arbitre du chef de la cité. Seulement il aurait commis un excès de pouvoir, s'il n'avait pas pourvu à la vacance. — La durée viagère de la fonction, et son origine basée sur les éléments fondamentaux de la cité elle-même, conférèrent d'ailleurs au Sénat une importance grande, et qu'il n'aurait jamais acquise, s'il n'avait dû sa convocation qu'à un simple appel venant de la royauté. En la forme, il est vrai, le droit des sénateurs n'est que le droit de conseil, quand ils en sont requis. Le roi les convoque et les interroge, lorsqu'il lui plaît; nul n'a à ouvrir un avis, si cet avis n'est pas demandé; et le Sénat n'a pas à se réunir lorsqu'il n'est pas convoqué. Le sénatus-consulte, à l'origine, n'est rien moins qu'une ordonnance ; et si le roi n'en tient pas compte, il n'existe pas pour le corps dont il émane de moyen légal de faire descendre son « *autorité* » dans le domaine des faits. « *Je vous ai choisis*, dit le roi aux sénateurs, *non pour être conduit, mais pour être obéi par vous.* » D'un autre côté, il y aurait abus criant à ne pas consulter le Sénat dans toute circonstance grave ; soit pour l'établissement d'une corvée, ou d'un impôt extraordinaire; soit pour le partage ou l'emploi d'un territoire conquis sur l'ennemi ; soit, enfin, au cas où le peuple lui-même est nécessairement appelé à voter, qu'il s'agisse d'admettre des non-citoyens au droit de cité, ou d'entreprendre une guerre offensive. Le territoire de Rome a-t-il été endommagé par l'incursion d'un voisin, et la réparation du tort est-elle refusée, aussitôt le *Fécial* appelle les dieux à témoin de l'injure, et il termine son invocation par ces mots : « *C'est au Conseil des anciens qu'il convient maintenant de veiller à notre bon droit.* » Là-dessus le roi, après avoir pris l'avis du Conseil, fait rapport de l'affaire au peuple : si le peuple et le Sénat sont d'accord (il faut cette condition), la guerre est *juste*, et elle aura certainement pour elle la faveur des Dieux. Mais le Sénat n'a pas affaire dans la conduite de l'armée, non plus que dans l'administration de la justice. Que si, dans ce dernier cas, le roi, siégeant sur son tribunal, s'adjoint des assesseurs à titre consultatif, ou s'il les délègue à titre de commissaires assermentés pour décider le procès, les uns et les autres, même pris dans le sein du Sénat, ne sont désignés jamais que d'après son libre choix : le Sénat en corps n'est point appelé à concourir à l'œuvre de la justice. Jamais enfin, même sous la république, on en voit la cause, le Sénat n'a exercé une juridiction quelconque.

Selon la loi d'une antique coutume, les citoyens se divisent et se répartissent entre eux comme il suit. Dix maisons forment une *gens* ou famille *(lato sensu)*; dix *gentes* ou cent maisons forment une curie *(curia* : de *curare, cœrare,* κοίρανος) : dix *curies,* ou cent *gentes,* ou mille maisons constituent la cité. Chaque maison fournit un *fantassin* (d'où *mil-es,* le *millième,* le *milicien)* : de même chaque *gens* fournit son *cavalier (equ-es)* et un conseiller pour le Sénat. Quand les trois cités se fusionnent ; quand chacune d'elles n'est plus qu'une partie (une *tribu, tribus)* de la cité totale *(tota,* en dialecte ombrien et osque), les nombres primitifs se multiplient à raison du nombre des sociétés politiques ainsi réunies. Cette division fut purement personnelle d'abord : elle s'appliqua ensuite au territoire même, lorsque celui-ci fut aussi partagé. On ne peut douter qu'il n'ait eu, en effet, ses délimitations par tribus et curies, alors que, parmi les rares noms curiaux qui soient parvenus jusqu'à nous, nous rencontrons à la fois des noms de *gentes (Faucia,* par exemple) et des noms purement locaux *(Veliensis,* par exemple). Il existe aussi une ancienne mesure agraire qui correspond exactement à la curie de cent maisons ; la *centurie (centuria)*, dont la contenance est de cent héritages de deux arpents *(jugera)*.[1] Nous avons déjà dit un mot (p. 50) de ces circonscriptions agricoles primitives combinées avec la communauté des terres de la famille : à cette époque la *centurie* a été, paraît-il, la plus petite unité de domaine et de mesure.

Le Peuple.

---

[1] V. Hultsch. *Gr. und Rœm. Metrologie.* Berlin, 1862. *Bina jugera, quæ a Romulo primum divisa heredem sequebantur, heredium appellarunt, hæc postea a centum centuria dicta,* etc. (Varro, de re rust. I, 10.) Le *jugère* équivalait à hect. 0,252 ; l'*heredium* à 2 jugères, ou 0,504 ; la *centurie* à 100 *heredia,* ou 200 *jugères,* ou hect. 50,377.]

Les cités latines, les cités romaines plus tard, créées sous l'influence ou l'initiative de Rome, reproduiront toujours l'uniforme simplicité des divisions de la métropole. Elles auront aussi leur conseil de cent anciens (*centumviri*, centumvirs), dont chacun sera à la tête de dix maisons (*decurio*) [1]. Dans la Rome tripartite des temps primitifs, on retrouve aussi les mêmes nombres normaux : trois fois dix curies; trois cents *gentes* curiales; trois cents cavaliers; trois cents sénateurs; trois mille maisons; trois mille soldats de pied.

Cette organisation toute primitive n'a point été inventée à Rome. Elle est bien certainement d'origine purement latine, et remonte peut-être jusque bien au delà de l'époque de la séparation des races. La tradition mérite confiance, lorsqu'on la voit, elle qui a une histoire à conter pour chacune des autres divisions de la cité, faire cependant remonter les curies à la fondation de Rome. Leur institution n'est point seulement en parfaite concordance avec l'organisation primitive : elle constitue aussi une partie essentielle du droit municipal des Latins et de ce système archaïque, retrouvé de nos jours, sur le modèle duquel toutes les cités latines étaient établies.

Mais il serait difficile d'aller plus loin et de porter un jugement sûr touchant le but et la valeur pratique d'une telle organisation. Les curies ont été évidemment son noyau. Quant aux autres divisions ou *tribus*, elles n'ont pas la même valeur, à titre d'éléments constitutifs : leur avénement, comme leur nombre, est chose contingente et de hasard : et elles ne font, quand elles

---

[1] A Rome, les *décuries*, ou *centuries* ont rapidement disparu : mais on retrouve un souvenir remarquable de leur existence, et même leur influence encore persistante dans l'un des actes solennels de la vie, celui que nous considérons, avec raison, comme le plus ancien de tous ceux dont la tradition nous ait fait connaître les formalités légales : le mariage par *confarréation*. Les dix témoins qui y assistent représentent la *décurie*; de même que plus tard, dans la constitution aux trente curies, nous rencontrerons leurs trente licteurs.

existent, que perpétuer la mémoire d'une époque où elles ont constitué un tout [1]. La tradition ne dit pas qu'elles aient jamais obtenu une prééminence quelconque, ni qu'elles aient eu leur lieu spécial d'assemblée. Dans l'intérêt même de l'unité sociale qu'elles ont constituée par leur réunion, un tel privilége n'a pas dû, cela se comprend, leur être donné ni laissé. A la guerre, l'infanterie avait autant de doubles chefs qu'il y avait de tribus; mais chaque couple des *tribuns* militaires, loin de ne commander qu'au contingent des siens, commandait seul ou avec tous ses collègues en corps, à l'armée tout entière. Comme les tribus, les *gentes* et les familles à leur tour, ont plus d'importance dans la symétrie de la cité que dans l'ordre même des faits. La nature n'a pas assigné de délimitations fixes à une maison, à une race. La puissance qui légifère peut entamer ou modifier le cercle qui les enferme; elle peut couper en plusieurs branches une race déjà nombreuse; elle en peut faire deux ou plusieurs *gentes* plus petites : elle peut augmenter ou diminuer de même une famille simple. — Quoi qu'il en soit, la parenté du sang est restée à Rome le lien tout puissant des races et bien plus encore des familles; et quelle qu'ait été sur elles l'action de la cité, elle n'a jamais détruit leur caractère essentiel et leur loi d'affinité. Que si, dans l'origine, les *maisons* et les *races* ont été de même en nombre préfixe dans les villes Latines, ce qui semble probable, là aussi le hasard des événements humains a dû bientôt détruire la symétrie première. Les mille maisons et les cent *gentes* des dix curies ne sont un nombre normal qu'aux premiers débuts; et à supposer que l'histoire nous les montre telles d'abord, elles constituent une division plus théorique que réelle [2], dont le peu

---

[1] Le nom de *parties, tribus*, l'indique assez par lui-même. La partie, les juristes le savent, a été un *tout*, ou le sera dans l'avenir : mais dans le présent, elle n'a pas d'existence propre, réelle.

[2] En Esclavonie, où le régime patriarcal s'est maintenu jusqu'à nos

d'importance pratique est suffisamment démontré par le fait même qu'elle ne s'est jamais, quant au nombre, pleinement réalisée. Ni la tradition, ni les vraisemblances n'indiquent que chaque maison a toujours fourni son fantassin, et chaque *gens*, son cavalier et son sénateur. Les 3,000 fantassins, les 300 cavaliers étaient bien requis, et devaient être fournis par les unes et les autres, en bloc : mais la répartition s'en fit, de bonne heure, on n'en peut douter, selon les circonstances du moment. Le nombre normal et typique fut uniquement maintenu, grâce à cet esprit de logique inflexible et géométrique qui caractérise les Latins. Disons-le donc une dernière fois, la curie est le seul organe resté réellement debout dans tout cet antique mécanisme : elle est décuple dans la cité, ou, s'il y a plusieurs tribus dans celle-ci, elle est décuple dans chaque tribu. Elle est la véritable unité d'association; elle est un *corps constitué*, dont tous les membres se réunissent au moins pour les fêtes communes : elle a son *curateur (curio)*, et son prêtre spécial *(flamen curialis*, le *flamine curial)*. Le recrutement, les taxes se lèvent par curies : c'est par curies que les citoyens se rassemblent et émettent leurs votes. Et pourtant elles n'ont point été créées en vue du vote, autrement leur classification se fût faite, à coup sûr, par nombres impairs.

Égalité civile. Si tranchée que fût la séparation entre les citoyens et les non-citoyens, chez les premiers par contre, l'égalité

jours, toute la famille, comptant souvent de cinquante à cent têtes, habite le même toit, sous les ordres d'un chef (*goszpod'ar*) que tous les membres ont élu à vie. Ce *père de famille* administre le patrimoine commun, lequel consiste surtout en bétail; l'excédant des produits est distribué entre les diverses lignes. Les bénéfices particuliers dus à l'industrie et au commerce restent à ceux qui les font. D'ailleurs, on peut quitter la maison : un homme en sort, par exemple, pour aller se marier dans une autre communauté (Czaplovics, *Slavonien*, I. 106, 179.). L'organisation de l'Esclavonie semble avoir beaucoup de rapports avec les antiques institutions domestiques de Rome : la maison constitue une sorte de commune; et l'on comprend très-bien l'association d'un nombre déterminé de ces maisons. L'ancienne *adrogation* trouve aussi sa place dans ce système.

devant la loi régnait pleine et entière. Nul peuple peut-être n'a poussé aussi loin que les Romains la rigueur des deux principes. Cherche-t-on une marque nouvelle et éclatante de l'exclusivité du droit de cité, on la trouvera dans l'institution toute primitive des citoyens *honoraires*, institution destinée pourtant à concilier les deux extrêmes. Lorsqu'un étranger était admis, par le vote du peuple, dans le sein de la cité[1], il avait la faculté d'abandonner son droit de citoyen dans sa patrie, auquel cas il entrait avec tous les droits actifs dans la cité romaine, ou de joindre seulement la cité qui lui était conférée à celle dont il était déjà pourvu ailleurs. L'honorariat est un ancien usage pratiqué de même et de tout temps en Grèce, où l'on a vu, jusque fort tard, le même homme citoyen de plusieurs villes. Mais le sentiment national était trop puissant, trop exclusif dans le Latium, pour qu'une telle latitude y fût laissée au membre d'une autre cité. Là, si le nouvel élu n'abandonnait pas son droit actif dans sa patrie, l'honorariat qui venait de lui être conféré n'avait plus qu'un caractère purement nominal : il équivalait simplement aux franchises d'une hospitalité amicale, à un droit à la protection romaine, telle qu'elle avait été de tout temps concédée à des étrangers. Ainsi fermée du côté du dehors, la cité plaçait sur la même ligne tous les membres qui lui appartenaient, nous venons de le dire. On sait que les différences existant à l'intérieur de la famille, quoique souvent elles persistassent encore au dehors, devaient pleinement s'effacer au regard des droits de citoyen ; que tel fils, regardé dans la maison comme *sien*, par son père, pouvait être appelé à lui commander dans l'ordre politique. Il n'y avait point

---

[1] L'expression la plus ancienne, pour désigner ce vote, est *patronum cooptari*; laquelle, les mots *patronus* et *patricius* étant synonymes et s'appliquant au droit complet du citoyen (p. 85), veut dire la même chose que les expressions *in patres, in patricios cooptari* (Tit. Liv. IV, 4. Suét. *Tiber.* 1); ou que celle plus récente *in patricios adlegt*.

de classes ni de priviléges parmi les citoyens. Si les Titiens passaient avant les Ramniens, et ces deux tribus avant celle des Lucères, cette préséance ne nuisait en rien à leur égalité civile.

Appelée à se battre, en combat singulier surtout, à pied autant qu'à cheval, et en avant de la ligne de l'infanterie, la cavalerie d'alors constituait une troupe d'élite ou de réserve, plutôt qu'une arme spéciale : composée de citoyens plus riches, mieux armés, mieux exercés que les fantassins, elle était plus brillante que ceux-ci. Mais le fait ne changeait rien au droit : il suffisait d'être patricien pour pouvoir entrer dans ses rangs. Seule, la répartition des citoyens dans les curies créait entre eux des différences, sans créer jamais une infériorité constitutionnelle, et leur égalité se traduisait jusque dans les apparences extérieures. Le chef suprême de la cité se distinguait par son costume : le sénateur se distinguait aussi du simple citoyen; l'homme adulte et propre à la guerre, de l'adolescent. Sauf ces exceptions, tous, riches et pauvres, hommes nobles ou hommes de naissance obscure, revêtaient le même et simple vêtement de laine blanche, la *toge (toga)*. Assurément on peut faire remonter jusqu'aux traditions indo-germaniques les pratiques de cette égalité civile ; mais nul peuple ne l'a mieux comprise et poussée plus loin que le peuple latin : elle est le caractère propre et fécond de son organisation politique ; et elle remet en mémoire ce fait si remarquable qu'à l'époque de leur arrivée dans les campagnes italiques, les immigrants latins n'y ont pas rencontré devant eux une race antérieurement établie, inférieure à leur civilisation (p. 11), et qu'ils auraient dû s'assujettir. De là, une grave conséquence. Ils n'ont fondé chez eux, ni les castes à la façon des Indous, ni une noblesse à la façon des Spartiates, des Thessaliens et des Hellènes en général ; ni enfin ces conditions distinctes entre les personnes, instituées chez les peuples germaniques à la suite de la conquête.

Il va de soi que l'administration de l'État s'appuie sur les citoyens. La plus importante des prestations dues par eux, est le service militaire, puisque les citoyens seuls ont le droit et le devoir de porter les armes. Le peuple et l'*armée* sont un, à vrai dire *(populus*, se rapprochant de *populari, ravager* ; de *popa, le sacrificateur qui frappe la victime)*. Dans les anciennes litanies romaines, le peuple est la milice *armée de la lance (poplus, pilumnus)*, pour qui est invoquée la protection de Mars : le roi enfin, quand il parle aux citoyens, les appelle du nom de *porte-lances (quirites)* [1]. Nous avons vu déjà

Charges et impôts civils.

---

[1] Tel est le sens primitif des mots *quiris, quiritis,* ou *quirinus;* de *cuiris* ou *curis*, lance, et *ire*. Il est le même que celui des mots *samnis, samnitis* et *sabinus,* que les anciens eux mêmes rattachent au σαύνιον *(lance)* des Grecs. De même, les Romains ont fait les mots *arquites, milites, pedites, equites, velites,* pour désigner les archers, les mille soldats (des dix curies), les fantassins, les cavaliers, ceux enfin qui combattaient sans armure et vêtus d'une simple tunique. On remarquera seulement que dans ces derniers exemples, l'ī long primitivement, est devenu bref, ĭ, comme cela a eu lieu dans *dederitis, hominis* et une foule d'autres mots. *Juno quiritis, Mars quirinus, Janus quirinus* sont des divinités armées de la lance; et le mot *quiris,* appliqué aux hommes signifie le *guerrier*, c'est-à-dire le *citoyen*. L'usage a été conforme au sens grammatical. Dès que la localité était désignée, le mot *quirites* cessait d'être employé : *(urbs Roma, populus, civis, ager Romanus)*. *Quiris*, en effet, indique aussi peu la localité de Rome que les mots *civis* ou *miles*. Les deux mots *civis* et *quiris* ne sont jamais accolés ensemble : quoique usités dans des circonstances différentes, ils ont absolument le même sens légal. Il y eut des exceptions, pourtant. Lors de l'annonce solennelle des funérailles d'un citoyen romain, on disait : *Ce guerrier est mort. (Ollus quiris leto datus)*. — En procédure, la partie lésée portait de même sa plainte *(quiritare)* devant les citoyens; le roi appelait de ce nom le peuple assemblé; et, quand il siégeait en jugement, il statuait d'après la loi *quiritaire (ex jure quiritium*; *ex jure civili,* dira-t-on plus tard : *(populus Romanus, Quirites;* deviendront donc promptement synonymes, et serviront à désigner le *peuple* et *les citoyens,* séparément, ou en masse. Dans une formule antique, on trouve le *peuple romain (populus romanus)* opposé aux *anciens Latins (prisci Latini)*; et les *Quirites* mis en regard des *homines prisci Latini* (Tit.-Liv. I, 32, Becker, *Handb.* (manuel), II, 20 et s.). Ailleurs

comment était formée l'armée d'attaque, *la levée* ou *légion (legio)*. Dans la cité romaine tripartite, elle se composait des *trois centuries (centuriæ)* de cavaliers *(celeres*, les *rapides*, ou *flexuntes*, les *caracoleurs)* sous le commandement de leurs trois chefs *(tribuni celerum)*[1];

on dira: *populus Romanus Quiritium* comme on dira aussi : *colonia colonorum, municipium municipum.* En présence de tous ces documents, n'est-ce pas méconnaître et la langue et l'histoire que de persister encore à croire qu'il y ait jamais eu en face de la cité romaine une autre *Rome quiritaire* qui, à un jour donné, se serait incorporée dans celle-ci, l'étouffant en quelque sorte, et ne laissant plus survivre son nom que dans les rites sacrés et les pratiques juridiques?. (cf, p. 74 à la note).

[1] Dans le détail qu'il nous donne des huit institutions sacrées de Numa, Denys d'Halicarnasse (II, 64), après avoir cité les *curions* et les *flamines*, nomme en troisième lieu les *conducteurs* de la *cavalerie* (οἱ ἡγεμόνες τῶν Κελερίων). Le calendrier Prénestin indique pour le 19 mars une fête célébrée au *comitium*, [*adstantibus pon*]*tificibus et trib(unis) celer(um)*. Valerius Antias (v. Dyonis, II, 13 et cf. 3, 4) met à la tête de l'ancienne cavalerie romaine, un chef, *celer*, et trois *centurions*. On raconte aussi qu'après l'expulsion des Tarquins, Brutus aurait été *tribun des célères (tribunus celerum* : Tit. Liv. I, 59); et même, selon Denys d'Halycarnasse (IV, 71), ce serait en vertu de cette charge qu'il aurait provoqué le bannissement des rois. Enfin, Pomponius (Dig. *de origine juris*, etc., liv. II, § 15, 19.) et Lydus (*de magist.*, I, 14, 37), qui le suit en partie, identifient le *tribunus celerum* avec le *Celer* de Valerius, le *magister equitum (maître de la cavalerie)* du dictateur sous la République et le *préfet du Prétoire* sous l'Empire. Ces données sont les seules que nous possédions sur les *tribuns des célères*. Mais la dernière d'entre elles n'émane pas seulement d'hommes incompétents, et écrivant à une époque trop récente; elle est encore en contradiction avec le sens grammatical des mots *tribuni celerum*. Ceux-ci signifient seulement *chefs des sections de la cavalerie*. Sur toutes choses, le maître de la cavalerie des temps de la République, qui ne fut nommé qu'en des cas exceptionnels, et qui plus tard même ne fut plus nommé du tout, n'a pas pu être le magistrat dont l'assistance était requise à la fête annuelle du 19 mars, et dont, par conséquent, l'office était permanent. Laissons donc de côté, il le faut bien, l'indication erronée fournie par Pomponius : elle s'explique par l'ignorance croissante où tout le monde en était arrivé de son temps au sujet de Brutus et de sa légende. Ce qu'il convient d'admettre, c'est que les *tribuns des célères* correspondent aux *tribuns militaires* par leur nombre et par leurs fonctions : c'est qu'ils ont été les commandants des trois sections de la cavalerie d'alors : c'est qu'enfin ils diffèrent essentiellement du *maître de la cavalerie*, qui d'ailleurs, puisqu'on le voit toujours placé à côté du dictateur, a évidemment existé au même titre à côté des rois. Quand plus tard les *centuries* de la cavalerie ont été doublées, et nous avons vu comment elles le furent, les trois tribuns ont été portés à six, et sont devenus les *seviri equitum Romanorum*.

et des divisions de mille fantassins chacune, commandées par leurs trois *tribuns militaires (tribuni militum).* Il y faut ajouter un certain nombre d'hommes armés à la légère, et combattant hors rang, des *archers*, principalement [1]. Le général, dans la règle, était le roi : et, comme il lui avait été adjoint un chef spécial pour la cavalerie *(magister equitum)*, il se mettait lui-même à la tête de l'infanterie, qui, à Rome, comme ailleurs d'ordinaire, fut tout d'abord le noyau principal de la force armée.

Mais le service militaire ne constituait pas la seule charge imposée aux citoyens. Ils avaient aussi à entendre les propositions du roi en temps de paix et de guerre (p. 88) ; ils supportaient des corvées pour la culture des domaines royaux, pour la construction des édifices publics ; et, notamment, la corvée relative à l'édification des murs de la ville était tellement lourde que le nom de ceux-ci est demeuré synonyme de « prestations » *(mœnia)* [2] : quant aux impôts directs, il n'en existait pas plus qu'il n'y avait de budget direct des dépenses. Ils n'étaient point nécessaires pour défrayer les charges publiques, l'État n'ayant à payer ni l'armée, ni les corvées, ni les services publics, en général. Que si parfois une indemnité pouvait être accordée, le contribuable la recevait, soit du *quartier* qui profitait de la prestation, soit du citoyen qui ne pouvait ou ne voulait pas y satisfaire. Les victimes destinées aux sacrifices étaient achetées au moyen d'une taxe sur les procès. Quiconque succombait en justice réglée remettait à l'État, à titre d'amende, du bétail d'une valeur proportionnelle à l'objet du litige *(sacramentum)*. Les citoyens n'avaient

---

[1] C'est à ces troupes légères que se rapportent les mots évidemment anciens de *velites* et *arquites* ; elles appartinrent aussi à la *légion*, dans son état d'organisation plus récent.

[2 *Mœnia* ou *munia*, murs. *Mœnia prœter œdificia significat etiam et munia, id est, officium*, dit Festus, p. 151.]

ni présents, ni liste civile régulière à fournir au roi. Quant aux *incolæ* non citoyens *(œrarii)*, ils lui payaient une rente de *protectorat*. Il recevait aussi le produit des douanes maritimes (p. 65), celui des domaines publics, notamment la taxe payée pour les bestiaux conduits sur le pâturage commun *(scriptura)*, et la part de fruits *(vectigalia)* versés à titre de fermages par les admodiateurs des terres de l'État. Enfin, dans les cas urgents, il était frappé sur les citoyens une contribution *(tributum)*, ayant le caractère d'un emprunt forcé, et remboursable en des temps plus favorables. Celle-ci était-elle imposée à la fois sur tous les habitants, citoyens ou non, ou sur les citoyens seuls, c'est ce que nous ne pouvons dire; probablement, ces derniers, y étaient seuls tenus.

Le roi gouvernait les finances, et le domaine de l'État ne se confondait point avec son domaine privé, lequel dut être considérable; à en juger par les documents que nous possédons sur l'étendue des propriétés foncières appartenant à la famille royale des derniers Tarquins. Les terres conquises par les armes entraient de droit dans le domaine public. Le roi était-il tenu par des règles, ou par la coutume, dans l'administration de la fortune de la cité? Nous ne saurions ni l'affirmer, ni retracer ces règles; mais les temps postérieurs nous apprennent, qu'à cet égard, le peuple ne fut jamais appelé à voter; tandis qu'il paraît, au contraire, avoir été d'usage de prendre l'avis du Sénat, tant sur la question du tribut à imposer que sur le partage des terres conquises.

Droits de cité.   En échange des services et des prestations dont ils sont redevables, les Romains participent au gouvernement de l'État. Tous les citoyens, à l'exception des femmes et des enfants trop faibles pour le service militaire; tous les *quirites*, en un mot (tel est le titre qui leur est alors donné), se réunissent au lieu de l'assemblée publique, et sur l'invitation du roi, soit pour y recevoir ses communications (*conventio, contio*), soit pour répondre, dans leurs votes par curies, aux motions qu'il leur adresse après convocation (*calare, com-itia calata*) formelle, faite trois semaines à l'avance (*in trinum noundinum*). Régulièrement ces assemblées avaient lieu deux fois l'an, le 24 mars et le 24 mai : sans préjudice de toutes autres, quand le roi les croyait opportunes. Mais le citoyen ainsi appelé n'avait qu'à entendre, et non à parler : il n'interrogeait pas, il répondait seulement. Dans l'assemblée, nul ne prend la parole que le roi, ou celui à qui le roi la donne ; quant aux citoyens, ils répondent, je le répète, à la motion qui leur est faite par un *oui* ou un *non*, sans discuter, sans motiver leur avis, sans y mettre de conditions, sans établir de distinctions sur la question. Et pourtant, en fin de compte, comme chez les Germains, comme chez l'ancien peuple indo-germanique, probablement, le peuple est ici le représentant et le dépositaire suprême de la souveraineté politique : souveraineté à l'état de repos dans le cours ordinaire des choses, ou qui ne se manifeste, si l'on veut, que par la loi d'obéissance envers le chef du pouvoir, à laquelle le peuple s'est volontairement obligé. Aussi le roi, à son entrée en charge, et lorsqu'il est procédé à son inauguration par les prêtres, en face du peuple assemblé en curies, lui demande-t-il formellement s'il entend lui rester fidèle et soumis, et le reconnaître en sa qualité, comme il est d'usage, lui, et ses serviteurs, *questeurs* (*quæstores*), et *licteurs* (*lictores*). A cette question il était toujours affirmativement répondu : de même que l'hommage au souverain n'est jamais refusé dans les monarchies héréditaires. Par suite, le peuple, tout souverain qu'il était, n'avait plus, en temps ordinaire, à s'occuper des affaires publiques. Tant et si longtemps que le pouvoir se contente d'administrer en appliquant le droit actuel, son administration est indépendante : les lois règnent, et non le législateur. Mais s'il s'agit, au contraire, de changer l'état du droit, ou s'il devient seulement nécessaire d'en discéder pour un cas donné, le peuple romain reprend aussitôt le pouvoir constituant. Le roi est-il mort sans avoir nommé son successeur ; le droit de commander *(imperium)* est suspendu : l'invocation de la protection des dieux pour la cité orpheline appartient au peuple, jusqu'à ce qu'un nouveau chef ait été trouvé ; et c'est le peuple aussi qui désigne spontanément le premier interroi (p. 89). Toutefois, son intervention n'est qu'exceptionnelle ; la nécessité seule la justifie ; et l'élection du magistrat temporaire, par une assemblée que le souverain n'a pu convoquer, n'est pas tenue pour pleinement valable. La souveraineté publique veut donc, pour être régulièrement exercée, l'action commune de la cité, et du roi ou de l'interroi. Et, comme les rapports de gouvernant à gouvernés ont été établis, à titre de véritable contrat, par une demande et une réponse verbale échangées entre eux, il s'ensuit pareillement que tout acte de souveraineté, émané du peuple, a besoin, pour être légal et parfait, d'une rogation *(rogatio, question)* à lui adressée par le roi, par le roi seul, que son délégué ne saurait ici remplacer (p. 89) ; et d'un vote favorable de la majorité des curies : celles-ci demeurant aussi maîtresses de l'émettre contraire. Ainsi, la loi, à Rome, n'est point, comme on le croit souvent, l'ordre émané du roi et transmis par lui au peuple ; elle est de plus un contrat solennellement conclu par une proposition faite, et par un consentement donné entre deux pouvoirs constituants [1]. Ce préliminaire d'une entente légale est indis-

---

[1] La *Lex*, la *Loi*, mot-à-mot la *parole* (de λέγειν, *parler*) signifie sans doute un contrat verbal : mais aussi un contrat dont les conditions, dictées par le *proposant*, sont purement et simplement admises ou rejetées par l'autre partie, ainsi qu'il arrive, par exemple, dans une *adjudication* de vente publique. Dans la *lex publica populi Romani*, c'est le roi qui propose, c'est le peuple qui accepte ; le concours restreint que ce dernier apporte à sa confection, est ici exprimé d'une façon emphatique.

pensable toutes les fois que le droit ordinaire doit être abandonné. Suivant la règle commune, tout citoyen est absolument maître de laisser sa propriété à qui il le veut, à la seule condition d'une *tradition* immédiate : si la propriété lui est demeurée de son vivant, elle ne peut à sa mort passer dans les mains des tiers, à moins que le peuple n'ait autorisé une telle dérogation à la loi. Cette autorisation, elle est donnée soit par les curies assemblées, soit par les citoyens se disposant au combat. Telle fut l'origine et la forme des *testaments*[1]. Dans le droit usuel, l'homme libre ne peut ni perdre ni abandonner le bien inaliénable de sa liberté : par suite, le citoyen qui n'est soumis à nul autre[2], ne peut s'adjuger à un tiers en qualité de fils; mais le peuple peut également autoriser cette aliénation véritable. C'est là l'*adrogation* ancienne[3]. Dans le droit usuel, la naissance seule donne la cité, que rien ne peut faire perdre : mais le peuple peut aussi conférer le patriciat : il en autorise de même l'abandon ; et ces autorisations n'ont évidemment pu avoir lieu dans l'origine que par le vote des curies. Dans le droit commun, l'auteur d'un crime capital, après que le roi ou son délégué a prononcé la peine légale, doit être inexorablement mis à mort; car le roi, qui a le pouvoir de juger, n'a pas celui de faire grâce; mais le condamné peut encore l'obtenir du peuple, si ce moyen de recours lui est accordé par le roi. C'est là la première forme de l'appel *(provocatio)*. Il n'est jamais permis au coupable qui nie, mais seulement à celui qui avoue, et fait valoir des motifs d'atténuation[4]. Dans le droit commun, le contrat éternel conclu avec un État voisin

[1 Le premier est le testament *calatis comitiis :* le second est le testament fait *in procinctu* (V. Gaius, *Instit. coment. II*, § 101 et s°).]

[2 Dit *sui Juris*.]

[3 V. Gaius, I, § 98 : il en décrit la forme, et les rogations adressées à l'adoptant, et l'adopté, et au peuple qui sanctionne le contrat.]

[4 V. L'appel d'Horace, Tit. Liv. I, 20.]

ne peut être brisé, si ce n'est de l'autorité du peuple; et pour cause d'injure subie. Aussi, avant de commencer la guerre offensive, les citoyens sont appelés à statuer. Il n'en est pas de même, en cas de guerre défensive: ici, la rupture provient du fait du voisin. Le concours du peuple n'est pas non plus requis pour la conclusion de la paix. Mais la rogation au cas de guerre offensive n'était point portée devant les curies ce semble : c'est l'armée qui prononçait. — Quand enfin le roi veut innover, introduire une modification dans le texte même de la loi, il est obligé, plus que jamais, d'interroger le peuple. Le pouvoir législatif est donc au fond dans la main de celui-ci. Dans toutes les circonstances que nous avons énumérées, le roi ne fait rien régulièrement qu'avec le concours des citoyens : l'homme déclaré patricien par lui seul ne serait pas plus citoyen que devant; et l'acte royal, pour entraîner quelques conséquences de fait, n'en aurait point de légales.

Telles étaient les prérogatives de l'assemblée populaire : toutes restreintes et enchaînées qu'elles fussent, elles firent d'abord du peuple un des pouvoirs constituants de l'État. Et ses droits et son action, comme aussi ceux du Sénat, se mouvaient, en définitive, dans une complète indépendance en face de la royauté.

Résumé. Constitution originaire de Rome.

Résumons tous les faits. La souveraineté reposait dans le peuple; mais il ne pouvait agir seul, qu'en cas de nécessité : il agissait concurremment avec le magistrat suprême, quand il y avait à discéder de la loi. Le pouvoir royal, pour parler comme Salluste, était à la fois illimité et circonscrit par les lois *(imperium legitimum)* : illimité en ce sens, que les ordres du roi, justes ou injustes, étaient aussitôt exécutés : circonscrit, en ce que, s'il était contraire à la coutume et non approuvé dans ce cas, par le vrai souverain, le peuple, son ordre ne pouvait engendrer d'effets légaux durables. La constitution primitive de Rome a donc été une monarchie constitutionnelle *en sens inverse*. Tandis que dans la monarchie constitutionnelle ordinaire, le roi revêt et représente la plénitude des pouvoirs de l'État, et que lui seul, par exemple, a le droit de grâce; tandis que la direction politique y appartient aux représentants de la nation et aux administrateurs responsables devant ceux-ci ; à Rome, le peuple avait le rôle du roi en Angleterre. Le droit de grâce, prérogative de la couronne anglaise, était une de ses prérogatives. La direction politique, au contraire, y appartenait tout entière au représentant de la cité. Que si nous recherchons les rapports existant entre l'État et les citoyens, nous voyons qu'ils s'éloignent tout autant du système d'un protectorat sans lien, sans concentration, que de la notion moderne d'une toute-puissance absorbante. Sans doute, il n'y avait à Rome de restrictions possibles ni pour la puissance publique, ni pour le pouvoir royal ; mais, s'il est vrai que la notion du droit est par elle-même une barrière juridique, elle devient aussi bientôt une barrière politique. Le peuple touchait aux personnes en votant les charges publiques et la punition des délits et des crimes; mais une loi spéciale, punissant ou menaçant un citoyen d'une peine non-existante au moment du fait par lui commis, une telle loi, bien qu'il en ait été décrété plus d'une en la forme, aurait semblé aux Romains et leur a semblé toujours une iniquité et un acte arbitraire. La cité avait encore bien moins à s'immiscer dans les droits de propriété et dans ceux de la famille, qui coïncident avec les premiers plutôt qu'ils n'en dépendent. Jamais, comme dans la cité de Lycurgue, la famille romaine n'a été absorbée par l'État agrandi à ses dépens. Selon un des principes les plus certains et les plus remarquables de la constitution romaine primitive, l'État peut mettre un citoyen dans les chaînes et le faire exécuter ; il ne peut lui ôter ni son fils ni son champ, ni même le frapper d'un impôt. Nul peuple, dans le cercle de ses droits politiques, n'a été aussi puissant que le peuple romain; chez nul peuple pourtant, les citoyens, pourvu qu'ils vécussent sans commettre de délits, n'ont vécu dans une aussi complète indépendance les uns par rapport aux autres ou encore par rapport à l'État.

Ainsi se gouvernait la cité romaine, cité libre où le peuple savait obéir à son magistrat; résister nettement à l'esprit de vertige sacerdotal; pratiquer l'égalité complète devant la loi et entre tous; marquer enfin tous ses actes à l'empreinte de sa nationalité propre : pendant que, d'un autre côté, comme la suite de notre récit le fera bien voir, il ouvrait avec générosité et intelligence la porte au commerce avec l'étranger. Une telle constitution n'est ni une création ni un emprunt : elle est née, elle a grandi dans le peuple, avec lui. Qu'elle plonge ses racines jusque dans les institutions primitives italiques, gréco-italiques, indo-germaniques, nul n'en doute; mais quelle chaîne immense, infinie, de changements et de progrès politiques entre les institutions qu'Homère nous révèle, ou que Tacite a décrites dans sa *Germanie*, et les anciennes lois de la cité romaine ! Le vote par acclamation des Hellènes, les boucliers frappés à grand bruit par les Germains assemblés sont aussi, certes, la manifestation d'un pouvoir souverain : mais qu'il y a loin de ces modes primitifs à la compétence savamment ordonnée déjà, et au vote précis et régulier de l'assemblée des curies romaines ! Peut-être que la royauté, de même qu'elle avait emprunté son manteau de pourpre et son bâton d'ivoire aux Grecs (et non, comme on l'a dit, aux Étrusques), a pris aussi à l'étranger ses douze licteurs et l'appareil extérieur de sa dignité. Quoi qu'il en soit, et en quelque lieu que se place leur origine, les institutions politiques de Rome ne se sont, en réalité, formées que dans le Latium et à Rome même : les emprunts faits au-dehors ont été sans importance ; et ce qui le prouve, c'est que la nomenclature tout entière de ces institutions est décidément latine.

La constitution romaine, telle que nous l'avons esquissée, portait dans ses flancs la pensée fondamentale et éternelle de l'État romain. Les formes ont changé souvent ; n'importe ! Au milieu de tous leurs changements, tant que Rome subsistera, le magistrat aura l'*imperium* illimité ; le Conseil des anciens ou le *Sénat* sera la plus haute autorité consultative ; et toujours, dans les cas d'exception, il sera besoin de solliciter la sanction du souverain, ou du peuple.

CHAPITRE VI

LES NON-CITOYENS. — RÉFORME DE LA CONSTITUTION

<small>Fusion des cités palatine et quirinale.</small>   L'histoire d'une nation, de la nation italique entre toutes, offre le phénomène d'un vaste *synœcisme*. Déjà la Rome primitive, celle, du moins, dont la connaissance nous est parvenue, est une cité due à une triple fusion : les incorporations de même nature n'y cessent que quand l'État romain est arrivé à la consolidation parfaite de ses éléments. Laissons de côté l'antique association des Ramniens, des Titiens et des Lucères : nous n'en savons que le fait nu. Une autre incorporation plus récente est celle qui réunit les gens de la Colline à la Rome palatine. Quand elles se confondirent, les deux cités avaient, ce semble, des institutions semblables ; et l'œuvre même de la fusion eut à choisir entre leur maintien à l'État séparé, et en double, et la suppression des unes par l'extension des autres sur le corps entier de l'État nouveau. En ce qui touche les choses saintes et le sacerdoce, le *statu quo* fut conservé. Rome eut par suite ses deux corporations de *Saliens* et de *Luperques*; son double prêtre de Mars; l'un, sur le Palatin, qui s'appela proprement du nom du Dieu; l'autre sur la

colline, et qui fut nommé le prêtre de *Quirinus*. On présume, non sans raison, même en l'absence de documents qui l'attestent, que les anciens colléges sacerdotaux, les Augures, les Pontifes, les Vestales, les Féciaux, sont aussi sortis des colléges de prêtres appartenant d'abord aux deux cités Palatine et Quirinale. Aux trois quartiers de la ville Palatine, le *Palatin*, le *Subura* et le *Faubourg (Exquilies)*, il en fut adjoint un quatrième, celui de la ville de la *Colline* Quirinale. Mais, tandis que les trois cités entrées jadis dans le synœcisme romain, avaient, jusqu'à un certain point, conservé leur individualité politique, il n'en fut pas de même pour la cité Colline ni pour toutes les autres annexions qui eurent lieu par la suite. Rome demeura définitivement formée de trois parties ou *tribus* de dix curies chacune; et les Romains du Quirinal, qu'ils fussent ou non divisés eux-mêmes en un plus ou moins grand nombre de tribus avant leur fusion, furent simplement distribués dans les trente curies de la cité tripartite. Chacune des tribus, chacune des curies reçut probablement un nombre déterminé de ces citoyens nouveaux : mais toute distinction ne s'effaça pas absolument entre eux et les anciens Romains, puisqu'on voit alors les trois tribus se constituer doubles en quelque sorte, et les Titiens, les Ramniens et les Lucères se désigner par les expressions caractéristiques de *premiers* et de *seconds (priores, posteriores)*. A ce fait remarquable correspond sans doute l'ordonnance par couples de toutes les institutions spéciales, fondées au sein de l'État. Ainsi, les trois couples des vierges sacrées [1] rappellent expressément celles qui jadis représentaient les trois tribus avec leurs citoyens du premier et du second ordre : ainsi il en est des six chapelles des Argées desservies dans les quatre quartiers [2].

[1] [V. Preller, *Vesta*, p. 540.
[2] [V. p. 72 et la note.]

Ainsi il en est encore des Lares honorés par couple, dans chaque rue.[1] Mais c'est surtout dans l'armée que cette division se retrouve : après l'annexion, chaque demi-tribu de la cité nouvelle y envoie cent hommes de cheval, qui portent la cavalerie civique à six centuries, avec leurs chefs également élevés de trois à six (et qui seront plus tard les *seviri equitum Romanorum*). L'infanterie a-t-elle été augmentée dans une proportion correspondante ? Nul témoignage direct ne l'affirme : mais l'usage également introduit plus tard de n'appeler les légions que deux par deux, semble l'indiquer suffisamment ; et c'est aussi sans doute à la suite du doublement des levées, que la légion aura six chefs de section et non plus trois seulement, comme autrefois. — Dans le Sénat, rien n'a été changé : le nombre antique de 300 restera normal jusqu'au VIIe siècle : mais cela n'empêche point que certains des hommes les plus considérables de la cité annexée n'aient dû être admis dans le conseil des Anciens de la cité Palatine. Rien non plus n'a été changé dans la magistrature souveraine : un seul roi commande aux cités réunies : il continue à ne nommer qu'un chef de la cavalerie, qu'un préfet urbain ; ses délégués principaux demeurent uniques. Ainsi la ville Colline subsiste dans ses institutions religieuses : dans l'organisation militaire, l'État demande à la population doublée des citoyens une double levée d'hommes : pour tout le reste, le Quirinal est absolument subordonné à la cité Palatine. D'autres indices l'attestent encore. L'appellation de *familles mineures (minores gentes)* s'applique certainement aux familles entrées les dernières dans la cité

---

[1] [Il s'agit ici des *Lares Viales* ou *Compitales*, placés à l'angle d'intersection des rues:

... *Geminosque... qui compita servant*
Et vigilant nostra semper in urbe Lares.

(Ovid., *Fast. II*, 613.) ;V. Preller, p. 492.]

romaine : l'on peut conjecturer d'ailleurs que comme cette distinction entre les citoyens anciens et nouveaux avait déjà été faite pour les *premiers* et *seconds* Titiens, Ramniens et Lucères [1], elle se reproduisit aussi à l'occasion de l'annexion; et que les *nouveaux* citoyens furent bien ceux de la cité Quirinale. Distinction honorifique après tout, plutôt qu'elle ne conféra de priviléges. Faisons observer cependant que dans le Conseil, les sénateurs appartenant aux *gentes* majeures votaient avant ceux des *gentes* mineures [2]. De même, le quartier de la *Colline* prend rang même après le faubourg de la cité Palatine : le prêtre de Mars Quirinal vient après celui de Mars Palatin : les Saliens et les Luperques du Quirinal suivent aussi ceux de l'ancienne cité. L'annexion actuelle tient enfin le milieu entre l'ancienne fusion des Titiens, des Ramniens et des Lucères, et les annexions postérieures : la cité annexée ne constitue plus une tribu propre dans la cité annexante; mais cependant elle constitue une fraction dans chaque tribu ou partie : elle conserve ses institutions saintes, ce qui aura lieu plus tard encore, quand Albe sera transférée à Rome : enfin, ces mêmes rites religieux deviennent des institutions de la cité unie, chose qui ne se verra plus à l'avenir.

Cette réunion de deux villes pareillement constituées n'a été, après tout, que l'agrégation de leurs deux populations, et non une révolution fondamentale et constitutionnelle. Mais un autre changement et d'autres incor-

Clients et hôtes.

---

[1] (*Priores, posteriores.*)

[2] A l'exception de quelques conjectures de fort peu de valeur sur l'époque de leur entrée dans la *cité* (Cic., *de Rep.*, II, 30, 35.—Tit. Liv. I, 35.—Tacit., *Ann.*, 11, 25.—Victor. *viri ill.* 6), l'antiquité ne nous fournit rien ou presque rien à leur égard. Elle nous fait seulement connaître qu'elles avaient le dernier rang dans le vote au Sénat (Cic., *loc. cit.*) et que les *Papiriens* étaient une *gens minor* (Cic., *epist. ad fam.*, IX, 21), fait curieux, ensuite duquel un canton rural avait reçu ce nom (p. 50). La même remarque s'applique aux Fabiens, qui paraissent d'ailleurs avoir appartenu à la cité Colline. (p. 50, 73.)

porations s'opéraient insensiblement dans leur sein, qui eurent des conséquences bien plus profondes. Dès l'époque où nous sommes arrivés commence la fusion des citoyens proprement dits et des simples habitants *(incolæ)*. On n'a pas oublié qu'il y eut de tout temps dans Rome, à côté des citoyens, les *protégés*, les *clients* des familles citoyennes, la multitude, la *plèbe (plebes,* de *pleo, plenus)*, comme on l'appelait par allusion aux droits politiques dont elle était absolument privée [1]. La maison romaine, nous l'avons fait voir (p. 85), contenait déjà les éléments de cette classe intermédiaire entre les hommes libres et non libres: dans la cité elle croît rapidement en importance, le fait et le droit y aidant sous deux rapports. D'une part la cité elle-même pouvait avoir ses esclaves, et ses clients à demi libres: il arriva notamment qu'après la conquête d'une ville et l'anéantissement de son état politique, la ville victorieuse, au lieu de vendre simplement tous les habitants à titre d'esclaves, leur laissa la liberté de fait, en les considérant comme ses *affranchis*, et les faisant ainsi tomber dans la clientèle du roi. D'un autre côté l'État, à l'aide du pouvoir qu'il exerçait sur les simples citoyens, put un jour aussi se mettre à protéger leurs clients contre les excès et les abus du patronat légal. De temps immémorial la loi romaine avait admis une règle, sur laquelle se fonda la situation juridique de toute cette classe d'habitants. Lorsqu'à l'occasion d'un acte public quelconque, testament, procès, taxation, le patron a expressément ou tacitement résigné le patronage, il ne peut plus jamais, ni lui ni son successeur, revenir arbitrairement sur cet abandon, soit contre l'affranchi lui-même, soit contre ses descendants. Les clients ne possédaient d'ailleurs ni le droit de cité, ni les droits de

---

[1] *Habuit plebem in clientelas principum descriptam,* dit Cic., *de Rep., II,* 2.

l'hôte : il fallait pour leur conférer la cité, un vote formel du peuple ; et pour obtenir l'hospitalité, il fallait d'abord être citoyen d'une ville alliée. Ils n'avaient donc que la liberté de fait, sous la protection de la loi ; mais, en droit, ils n'étaient pas libres. Aussi, durant longtemps, le patron eut-il sur leurs biens les droits qu'il avait sur le bien de ses esclaves : il les représentait nécessairement en justice : et, par voie de conséquence, il levait sur eux des subsides ; en cas de besoin, il les traduisait au criminel devant sa juridiction domestique. Peu à peu, néanmoins, ils se dégagèrent de ces chaînes ; ils commencèrent à acquérir, à aliéner pour leur compte ; et on les vit, sans qu'ils fussent formellement tenus à l'assistance de leur patron, comparaître devant les tribunaux publics, y réclamer et obtenir justice. Le mariage et les droits qu'il fait naître furent concédés aux étrangers (p. 52) sur le pied de l'égalité avec les Romains, bien avant d'être permis aux habitants non libres de droit, ou qui n'étaient pas citoyens d'un État quelconque ; mais il ne fut jamais défendu à ceux-ci de se marier entre eux, et d'engendrer ainsi certains rapports de puissance conjugale et paternelle, d'agnation et de famille, d'héritage et de tutelle, analogues au fond à ceux existant entre les citoyens. — Les mêmes effets se produisirent, en partie, par l'exercice de l'hospitalité *(hospitium)*, aux termes de laquelle l'étranger pouvait venir se fixer à Rome, y établissait sa famille, et y acquérait peut-être même des propriétés. L'hospitalité fut toujours pratiquée à Rome de la façon la plus libérale. Le Droit romain ignore les distinctions nobiliaires attachées ailleurs à la terre, ou les prohibitions qui ferment l'accès de la propriété immobilière. En même temps qu'il laisse à tout homme capable de disposer, les droits les plus absolus sur son patrimoine, sa vie durant, il autorise aussi quiconque peut entrer en commerce avec les citoyens de Rome, fût-ce un étranger ou un client, à acquérir sans nulle difficulté, soit des meubles, soit même des immeubles, depuis que les immeubles entrent aussi dans les fortunes privées. Rome enfin a été une ville de commerce, qui a dû au commerce international les premiers éléments de sa grandeur, et qui s'est empressée de donner largement et libéralement l'incolat à tout enfant né d'une mésalliance, à tout esclave affranchi, à tout étranger immigrant ou abandonnant son droit de cité dans sa patrie, et même à tous ceux, en grand nombre, qui voulaient rester citoyens de la ville amie d'où ils étaient sortis.

Les habitants non-citoyens et la cité. Au commencement, il n'y avait que des citoyens patrons des clients, et des non-citoyens, clients ou protégés des premiers ; mais, comme cela arrive partout où le droit de cité est fermé au plus grand nombre, il devint bientôt difficile, et la difficulté alla croissant, de maintenir les faits en harmonie avec la loi. Les progrès du commerce, l'incolat donné par l'alliance latine à tout Latin venu dans la ville placée à la tête de l'alliance, le nombre des affranchis s'augmentant avec le bien-être des habitants, élevèrent rapidement la population des non-citoyens à un chiffre démesuré. Vinrent ensuite les peuples des villes voisines conquises et incorporées ; lesquelles toutes, soit qu'elles fussent effectivement amenées dans Rome, soit qu'elles demeurassent dans leur ancienne patrie, déchue à l'état de simple village, avaient dans la réalité échangé le droit de cité dans leur ville, contre la condition de véritables *Métœques* [1]. D'un autre côté les charges du service militaire pesant sur les anciens citoyens seuls, les rangs du patriciat allaient s'amoindrissant tous les jours, pendant que les simples habitants participaient aux profits de la victoire, sans l'avoir payée de leur sang. — Aussi devons-nous nous

[1 Μέτοικος, étrangers domiciliés à Athènes, et dont Thucydide, par exemple, fait fréquemment mention.]

étonner de ne pas voir les patriciens disparaître plus vite qu'ils ne le faisaient; s'ils sont restés nombreux durant longtemps encore, il n'en faut pas attribuer la cause à l'introduction de quelques familles considérables venues du dehors, et qui, abandonnant volontairement leur patrie, ou transportées par force après la conquête, auraient reçu la cité pleine. De telles admissions n'ont été d'abord que très-rares; et elles le devenaient davantage, à mesure que le titre de citoyen romain avait acquis une haute valeur. Un fait plus sérieux explique ce phénomène : nous voulons parler du *mariage civil* qui, contracté sans les solennités de la confarréation, légitimait les enfants nés de la simple cohabitation prolongée des parents, et en faisait des citoyens complets. Très-probablement ce mariage, pratiqué dès avant la loi des Douze Tables, sans produire, il est vrai, ses effets civils au début, a dû la faveur dont il a joui au besoin de mettre obstacle à la diminution croissante du patriciat [1]. Il faut reporter à la même cause les moyens imaginés pour propager dans chaque maison une descendance nombreuse (p. 79 et 81). Il est probable enfin que les enfants nés d'une mère patricienne mésalliée ou non mariée ont été aussi plus tard admis à la cité. — Mais toutes ces mesures étaient insuffisantes : les simples habitants allaient toujours s'augmentant, sans que rien y mît obstacle : les efforts des citoyens, au contraire, n'a-

---

[1] Les dispositions des Douze Tables sur la *prescription par l'usage (usus)* montrent clairement la préexistence du *mariage civil* à l'époque de leur rédaction. Son antiquité est aussi démontrée par cette circonstance que, tout en emportant la puissance maritale, absolument comme le mariage religieux (p. 79), il n'en différait que par le mode d'acquisition de cette puissance. Dans le *connubium* le mari *acquérait* sa femme directement, et par une voie légale toute spéciale au mariage : par la voie civile, il empruntait une formalité commune à tous les actes d'*acquisition* ordinaire. Ici, la *tradition* de la femme donnée en mariage, où la *prescription* accomplie à son égard pouvaient seules donner un fondement juridique au pouvoir marital, et par là aussi assurer à l'union la valeur des *Justes noces*. [V. Gaïus, *comment.*, *I*. § 56 et 111 et suiv.]

boutissaient tout au plus qu'à ne pas trop décroître en nombre. La force des choses améliorait la situation des premiers. Plus nombreux, ils devenaient nécessairement plus libres. Il n'y avait pas seulement parmi eux des affranchis, des étrangers patronés : ils comptaient surtout dans leurs rangs, nous ne saurions trop le redire, les anciens citoyens des villes latines vaincues, et les immigrants latins vivant à Rome, non pas selon le bon plaisir du roi, ou des citoyens romains, mais aux termes même d'un traité d'alliance. Maîtres absolus de leur fortune ils acquéraient de l'argent et des biens dans leur patrie nouvelle; ils laissaient leur héritage foncier à leurs enfants, et aux enfants de leurs enfants. En même temps se relâchait le lien de la dépendance étroite qui les attachait tous aux familles des patrons. L'esclave affranchi, l'étranger nouvellement venu dans la ville, étaient isolés, jadis; aujourd'hui, des enfants, des petits-enfants les ont remplacés, qui s'entr'aident, et tentent de repousser dans l'ombre l'autorité du patron. Jadis le client, pour obtenir justice avait besoin de son assistance : mais, depuis que l'État en se consolidant avait à son tour amoindri la prépondérance des *gentes* et des familles coalisées, on avait vu souvent le client se présenter seul devant le roi, demander justice, et tirer réparation du préjudice souffert. Et puis, parmi tous ces anciens membres des cités latines disparues, il en était beaucoup qui n'étaient jamais entrés dans la clientèle d'un simple citoyen; ils appartenaient à la clientèle du roi, et dépendaient d'un maître auquel tous les autres citoyens, à un autre titre si l'on veut, étaient aussi tenus d'obéir. Or le roi qui, à son tour, savait son autorité dépendante du bon vouloir du peuple, dut trouver avantageux de se former avec ces nombreux protégés tout une utile classe d'hommes, dont les dons et les héritages pouvaient remplir son trésor, sans compter la rente qu'ils lui versaient en échange de sa protection (p. 104); dont il appartenait à lui seul de déterminer les prestations et les corvées, et qu'il trouvait toujours prêts-enfin à s'enrôler pour la défense de leur protecteur. — Ainsi donc, à côté des citoyens romains une nouvelle communauté d'habitants s'était fondée : des clientèles était sortie la *plèbe*. Le nom nouveau caractérise la situation. Certes, il n'y a pas de différence en droit entre le client et le *plébéien*, le subordonné et l'homme du peuple; en fait, il en existe une grande. Le client, c'est l'homme assujetti au patronage fort lourd d'un des citoyens; le plébéien est le Romain auquel manquent les privilèges politiques. A mesure que s'éteint chez lui le sentiment de la dépendance vis-à-vis d'un particulier, le simple habitant supporte impatiemment son infériorité civique; et, sans le pouvoir suprême du roi, qui s'étend également sur tous, la lutte s'ouvrirait promptement entre l'aristocratie privilégiée et la foule des déshérités.

Le premier pas vers la fusion totale des deux classes n'eut pas lieu cependant par l'effet d'une révolution, quoiqu'il semble qu'une révolution fût la seule issue. La réforme attribuée au roi Servius Tullius se perd dans les ténèbres qui enveloppent tous les autres événements d'une époque, dont le peu que nous en savons ne nous est pas parvenu par la tradition historique, et ne consiste que dans les inductions de la critique après examen des institutions postérieures. Cette réforme, on le voit par elle-même, n'a point été faite à la demande et dans l'intérêt des plébéiens : elle leur impose des devoirs, sans leur conférer des droits. Elle est due, sans doute, ou à la sagesse d'un roi, ou aux instances des citoyens, jusque-là chargés tout seuls du service militaire, et voulant aussi que les simples habitants concourussent enfin au recrutement des légions. A dater de la réforme Servienne, le service à l'armée et, par voie de conséquence, l'impôt

Constitution de Servius.

à payer à l'Etat en cas de besoins pressants (*tributum*), ne pèsent plus seulement sur les citoyens. Ils ont dorénavant la propriété foncière pour base ; tous les habitants contribuent dès qu'ils habitent un domaine (*adsidui*), ou dès qu'ils le possèdent (*locupletes*), qu'ils soient ou non citoyens. Les charges deviennent réelles, de personnelles qu'elles étaient. Entrons davantage dans les détails. Tout homme domicilié est astreint au service militaire, de seize à soixante ans, y compris aussi les enfants du père domicilié, sans distinction de naissance ; d'où, l'affranchi lui-même sert, si par exception il possède une propriété foncière. Quant aux étrangers propriétaires, on ne sait pas s'il en était de même : probablement la loi ne leur permettait pas d'acquérir un héritage, à moins de se fixer à Rome, et d'entrer par là dans la classe des domiciliés ; auquel cas, ils auraient dû aussi le service. Les hommes destinés à l'armée furent partagés en cinq *classes* ou *appels* (*classes*, de *calare*). Ceux de la première classe seuls, c'est-à-dire ceux qui possèdent au moins un lot formant plein domaine [1], doivent venir au recrutement avec une armure complète : ils sont plus spécialement appelés miliciens des classes (*classici*). Quant aux quatre autres ordres des petits propriétaires, de ceux qui ne possèdent que les trois quarts, la moitié, le quart, ou le huitième de l'*heredium*, ils sont également tenus à servir, mais leur armure est moins compliquée. A cette époque, les *héritages* pleins comprenaient à peu près la moitié des terres ; à l'autre moitié appartenaient les parcelles ne contenant que tout juste les trois quarts, la moitié, le quart, ou le huitième et un peu plus du huitième même de l'*heredium*. Aussi fut-il décidé que quatre-vingts propriétaires de la première classe étant levés comme fantassins, il en serait levé vingt dans

---

[1] V. sur l'étendue superficielle du domaine plein ; d'une *charrue*, comme on dirait aujourd'hui, *infrà*, p. 129.]

chacune des trois classes suivantes, et vingt-huit dans la dernière. La considération des droits politiques n'entrait donc pour rien dans le recrutement de l'infanterie. Pour la cavalerie, on opéra différemment. La cavalerie *civique* fut maintenue avec ses cadres antérieurs; mais il lui fut adjoint une troupe de cavaliers plus nombreuse du double, et composée en tout ou en grande partie d'habitants non citoyens. Sans doute de sérieuses raisons présidèrent à cet arrangement nouveau. Les cadres de l'infanterie n'étaient formés jamais que pour l'entrée en campagne; puis elle était licenciée au retour. Mais la cavalerie, les exigences de l'arme le voulaient ainsi, était au contraire maintenue, hommes et chevaux, sur le pied de guerre, même en temps de paix : elle était journellement exercée : les revues et les manœuvres de la *chevalerie romaine* ont duré fort longtemps et ont été même des sortes de fêtes [1]. Voilà comment il s'est fait que le premier tiers des centuries de chevaliers, dans une organisation nouvelle qui ne tenait plus compte de la distinction entre citoyens et non citoyens, a continué cependant d'être exclusivement recruté parmi les premiers. Cette anomalie n'a rien de politique; elle tient uniquement à des considérations militaires. Du reste, on prit pour former la cavalerie les plus riches et les plus considérables parmi les propriétaires de l'un et de l'autre ordre : on voit de bonne heure, dès le début peut-être, exiger la possession de propriétés d'une certaine étendue pour l'admission dans les cadres. Ceux-ci en outre comptaient un nombre notable de *places gratuites*, pour lesquelles les femmes non mariées, les enfants mineurs, les vieillards sans enfants, ayant des propriétés foncières,

---

[1] Déjà et par le même motif, l'infanterie ayant été augmentée par le fait de l'annexion des Romains de la Colline, la chevalerie avait été aussi doublée : seulement, pour la première, au lieu de renforcer la légion, on avait créé deux légions appairées. (p. 114.)

et ne pouvant servir par eux-mêmes, étaient tenus de fournir à leur remplaçant les chevaux (chaque homme en avait deux), et le fourrage. En somme il y avait à l'armée, neuf fantassins pour un cavalier, et dans le service actif la cavalerie était ménagée davantage. — Les gens non domiciliés, les *prolétaires (proletarii, procréateurs d'enfants)* fournissaient à l'armée les musiciens et les hommes de peine, et aussi quelques milices accessoires (les *adcensi, aides surnuméraires*) qui marchaient sans armure avec l'armée *(velati)*; et qui, une fois en campagne, comblaient les vides et se plaçaient dans le rang, en prenant les armes des malades, des blessés et des morts.

<small>Circonscriptions de recrutement.</small> Pour faciliter les levées, la ville et la banlieue furent partagées en quatre quartiers ou *tribus*; et l'ancienne division fut abandonnée, tout au moins quant à la désignation des localités. Les quatre tribus nouvellement circonscrites furent : celle du *Palatin*, renfermant le mont *Palatin* et la *Vélie* : celle de la *Subura*, avec la rue du même nom, les *Carines* et le *Cœlius :* celle de l'*Esquilin :* celle enfin de la *Colline*, comprenant le *Quirinal* et le *Viminal*; la *Colline*, ainsi appelée, on l'a vu, par opposition à la Rome du *Septimontium*, du *Capitole* et du *Palatin*. Nous avons décrit plus haut la formation de ces quatre quartiers, et de la double cité Palatine et Quirinale. Il est inutile d'y revenir. Hors des murs, le canton rural adjacent est annexé à chacun des quartiers; *Ostie*, par exemple, appartient au *Palatin*. Ils avaient tous une population mâle à peu près égale, puisqu'ils contribuaient également au recrutement militaire. Disons enfin que la division nouvelle est purement attachée au sol, et que, par suite, elle en entraine avec elle les possesseurs; mais qu'étant ainsi purement extérieure, elle n'a jamais eu de signification religieuse. Objectera-t-on les six chapelles érigées dans chaque quartier à ces énigmatiques Argées?

Un sens sacré ne sera pas plus attaché à leurs sanctuaires, qu'il ne s'attache aux rues, cependant toutes pourvues de leur autel des dieux Lares. — De même qu'ils comptaient chacun le quart de la population mâle, de même les quatre quartiers avaient à fournir, chacun aussi, sa section de milice : chaque *légion*, chaque *centurie* renfermait en nombre égal le contingent de chacun d'eux ; répartition dont le but était manifeste : l'Etat voulait noyer dans une seule et commune milice tous les antagonismes de localité ou de famille, et, en s'aidant du puissant niveau de l'esprit militaire, fondre en un seul peuple les citoyens et les simples habitants.

Les hommes capables de porter les armes furent distribués dans deux catégories de recrutement. A la première appartenaient les *plus jeunes (juniores)*, ceux âgés de plus de quinze ans jusqu'à leur vingt-quatrième année révolue ; ils étaient de préférence employés au service au dehors. A la seconde, chargée de la défense de la ville, appartenaient les *plus âgés (seniores)*. Dans l'infanterie, la *légion* demeura l'*unité* militaire (p. 102). Elle n'était rien moins qu'une vraie et complète phalange de trois mille hommes, rangés et équipés suivant le mode *dorique*, ayant six rangs de profondeur, sur un front de six cents hommes pesamment armés. Il s'y joignait l'important accessoire de mille deux cents *vélites* (velites, p. 103, noté 1) armés à la légère. Les quatre premiers rangs de la phalange étaient occupés par les *hoplites*, en armure complète, levés parmi les habitants de la première classe, ou les possesseurs d'un domaine normal ; au cinquième et au sixième rang étaient les propriétaires ruraux de la seconde et de la troisième classe, ceux-là moins complétement équipés : enfin les hommes des deux dernières classes, (4e et 5e) formaient le dernier rang, ou combattaient aux côtés de la phalange : ils étaient légèrement armés. De sages mesures

Organisation de l'armée.

pourvoyaient au comblement facile des vides amenés par la guerre, et toujours dangereux pour la phalange. Chaque légion se divisait en quarante-deux centuries, faisant quatre mille deux cents hommes au total, dont trois mille *hoplites*, deux mille de la première classe, cinq cents de la deuxième, cinq cents de la troisième : puis venaient les mille deux cents vélites, dont cinq cents appartenaient à la quatrième, sept cents à la cinquième classe. Chaque quartier fournissait ses mille cinquante hommes à la légion, soit vingt-cinq hommes par *centurie*.

D'ordinaire deux légions entraient en campagne; deux autres tenant garnison dans la ville: d'où l'on conclut que les quatre légions composaient un corps d'infanterie de seize mille huit cents hommes, se divisant en quatre-vingts centuries tirées de la première classe, en vingt centuries tirées de chacune des seconde, troisième et quatrième; et en vingt-huit centuries tirées de la cinquième (cent soixante-huit centuries au total); sans compter deux centuries d'hommes de renfort, les ouvriers et les musiciens. Ajoutez à cela la cavalerie, qui comptait mille huit cents chevaux, dont un tiers appartenant aux *citoyens*. Lorsqu'on faisait campagne, il n'était adjoint à la légion que trois centuries de cavaliers. Ainsi donc l'effectif normal de l'armée romaine, de premier et de second ban, se montait à vingt mille hommes, approximativement : et ce chiffre correspond au nombre vrai, sans doute, des hommes en état de porter les armes, à l'époque où cette organisation fut introduite. Quand la population s'accrut, plus tard, on n'augmenta pas le nombre des centuries : on se contenta d'augmenter les sections en y introduisant des hommes de surcroît, sans pour cela abandonner le nombre normal ; de même que l'on voit aussi les corporations civiles, avec leur nombre presque sacramentel, s'augmenter en fait d'une multitude de membres surnuméraires, et tourner par ce moyen leurs limites légales, sans les renverser.

Avec la nouvelle organisation militaire, l'État fit marcher de pair un cadastre exact des domaines fonciers. Il fut prescrit alors, ou tout au moins soigneusement réglé, qu'un livre terrier serait ouvert, sur lequel les propriétaires faisaient inscrire leurs champs, avec toutes leurs appartenances et servitudes actives et passives, avec tous les esclaves et les bêtes de trait ou de somme qui y étaient installés. Toute aliénation non faite publiquement et devant témoins était tenue pour nulle. Le rôle foncier, qui était aussi le rôle de la conscription, était révisé tous les quatre ans. Ainsi, la *mancipation (mancipatio)* et le *cens (census)* sont sortis des règlements militaires de la constitution Servienne.

Le cens

On voit clairement se dessiner le but premier de toutes les institutions de Servius. Dans tout ce plan, savamment compliqué, on ne trouve rien qui n'ait trait à l'arrangement des centuries, en vue de la guerre : et, pour quiconque s'est habitué à réfléchir sur ces matières, il devient évident que ce n'est que plus tard qu'il a été possible de tourner ces institutions vers la politique intérieure. S'il en était autrement, comment expliquer la règle qui excluait le sexagénaire des centuries ? N'en ressort-il pas qu'elles n'étaient rien moins qu'une forme représentative, à l'égal et à côté des *curies* ? Et, comme, d'un autre côté, l'adjonction des simples domiciliés aux citoyens dans les rangs de l'armée n'a certainement eu lieu que pour augmenter celle-ci, il serait vraiment absurde d'y aller découvrir l'introduction de la *timocratie* dans Rome. Ne méconnaissons pas pourtant, qu'à la longue, l'entrée des simples habitants dans l'armée amena des modifications essentielles à leur condition politique. Quiconque est soldat, doit pouvoir devenir officier dans un État sainement constitué. Aussi ne fait-il pas doute que, dès cette époque, il ne fut plus interdit à un plébéien de s'élever aux grades

Conséquences politiques de l'organisation militaire.

de centurion et de tribun militaire ; et, par suite, même de pénétrer dans le Sénat. Rien n'y mettait obstacle du côté de la loi (p. 93). Mais, quand, par le fait, les portes venaient à s'ouvrir pour lui, il n'en résultait nullement l'acquisition de la cité [1]. Que si les priviléges politiques, appartenant aux citoyens dans les comices par *curies*, ne subirent aucun amoindrissement par l'institution des *centuries*, les citoyens nouveaux et les domiciliés, qui composaient ces dernières, n'en obtinrent pas moins aussitôt et par la force des choses, tous les droits qui compétaient aux citoyens, en dehors des curies et dans les cadres des levées militaires. C'est ainsi que désormais les centuries donneront leur assentiment au testament fait par le soldat *in (procinctu)* avant la bataille (p. 107) ; c'est à elles aussi qu'il appartiendra maintenant de voter la guerre offensive, sur *rogation* royale (p. 108). Cette première immixtion des centuries dans les affaires publiques veut être soigneusement remarquée : l'on sait jusqu'où elle les a conduites. Mais qu'on ne l'oublie pas, la conquête de leurs droits ultérieurs a été plutôt un progrès successivement gagné par voie de conséquence médiate, qu'il n'a été voulu et prévu par la loi. Avant comme après la *réforme* de Servius, l'assemblée des *curies* fut toujours la vraie, la légitime assemblée des citoyens ; là, seulement, le peuple continua de prêter au roi l'hommage qui lui conférait la toute-puissance. A côté de ces *citoyens* proprement dits, il fallut néanmoins tenir état des cliens et des domiciliés, des *citoyens sans suffrage (cives sine suffragio)*, comme ils furent appelés plus tard, qui participaient aux charges publiques, au service militaire, aux im-

---

[1] Aussi vit-on les archéologues du temps des empereurs soutenir que les Octaviens de *Vélitres* avaient été introduits dans le Sénat par Tarquin l'ancien : mais qu'ils n'avaient été admis à la cité que sous le règne de son successeur (Suéton. *Octav*; 2).

pôts, aux corvées (d'où leur autre appellation de *muni-cipes, municipaux, contribuables*)¹. Ils cessèrent aussi, à dater de ce moment, de payer la rente de patronage, qui demeura imposée aux individus vivant hors des tribus, aux *métæques* non domiciliés (*ærarii*). Jadis, la population de la cité ne comportait que deux catégories, les citoyens et les clients ; il y en a trois aujourd'hui : il y a des citoyens actifs, des citoyens passifs et des patronnés, division qui, durant de nombreux siècles, a formé la clef de voûte de la constitution romaine.

Quand, comment s'est faite la réorganisation militaire de la cité romaine ? Sur ce point, nous n'avons à apporter que des conjectures. Les quatre quartiers existaient auparavant ; en d'autres termes, la muraille de Servius a dû être construite avant la réforme servienne. Déjà aussi, la ville avait sans doute considérablement dépassé ses limites originaires ; autrement, elle n'eût pu contenir huit mille propriétaires ou fils de propriétaires d'un plein domaine, et huit mille possesseurs de parcelles, sans compter, parmi les premiers, un certain nombre de grands propriétaires ou fils de ceux-ci. A la vérité, nous ignorons l'étendue du *domaine plein* proprement dit ; mais il n'est guère possible de l'évaluer à moins de vingt *jugères*². Calculons pour le tout un

Époque et motifs de la réforme de Servius.

[¹ V. suprà, p. 103, la note sur le mot *mœnia*.]

² Déjà vers 450 avant J.-C., les lots de 7 *jugera* (1 hect. 7 a. 64 cent.) paraissaient petits aux assignataires. (Val. Max. 4, 3, 5. — Colum. I. *præfat*. xiv, 1, 3, 11. — Plin., *Nat. hist*. 18, 3 et 4. — V. sur les lots de 14 *jugères*, [ou 3 hect. 5 a. 28 cent.] Victor, 33. — Plutarch., *Apophth. reg. et imp*., p. 325, éd. Dübner — conf. aussi Plutarch., *Crass*. 2). La comparaison des mesures romaines avec les nôtres donne des résultats semblables. Le jugère et le *jour* [le *morgen* des Allemands] sont originairement des évaluations de travail plutôt que des mesures de surface ; et, dès lors, elles sont primitivement identiques. Puisqu'une *charrue* [allemande] vaut 30 jours, et souvent varie de 20 à 40 ; puisque la-cour et les bâtiments de la métairie anglo-saxonne équivalaient à un dixième du domaine, il faut, en tenant compte, et de la différence du climat, et de la contenance de l'*heredium* romain de 2 jugères [ou 5 a. 4 cent.], décider que la *charrue* romaine (ou domaine plein) devait être égale à

9

équivalent minimum de dix mille domaines [à 5 hectares 40 centiares], et l'on arrive à une étendue superficielle de neuf milles carrés allemands [environ dix huit lieues carrées] pour les terres labourables. Qu'on y ajoute les pâtures, les emplacements bâtis et les dunes, en les évaluant aussi modérément qu'on le voudra, et l'on obtient, à tout le moins, pour le total du territoire, quelque chose comme vingt milles carrés [quarante lieues environ]. Nous supposons d'ailleurs, conformément aux vraisemblances, que cette évaluation doit rester encore au-dessous du chiffre vrai à l'époque de la réforme servienne. Que si maintenant nous nous en rapportons aux traditions, Rome comptait alors quatre-vingt-quatre mille habitants, citoyens ou domiciliés, en état de porter les armes : le premier *cens* de Servius n'aurait pas donné moins que ce résultat. Mais ce cens est une fable; il suffit d'un coup d'œil jeté sur la carte pour s'en convaincre : aussi son chiffre n'est-il pas directement fourni par la tradition; il ne ressort que d'une évaluation conjecturale. C'est en partant des seize mille huit cents hommes du cadre normal de l'infanterie, et en les multipliant par un chiffre moyen de cinq têtes par famille, qu'on est arrivé au total des quatre-vingt-quatre mille citoyens actifs et passifs. Or, comme les calculs les plus modérés font voir que le territoire comprenait alors environ seize mille domaines (de vingt jugères), avec une population de près de vingt mille hommes en état de porter les armes, et d'un chiffre au moins triple de femmes, d'enfants, de vieillards, de non-propriétaires et d'esclaves, il en faut conclure que Rome avait déjà occupé, non-seulement toute la région entre le Tibre et l'Arno, mais aussi tout le territoire Albain, à l'époque où fut

environ 20 jugères [ou 5 hect. 40 cent., le jugère valant, comme on sait, hect. 0, 252]. Regrettons d'ailleurs de n'avoir rien à apporter ici que des conjectures. La tradition même est muette.

décrétée la constitution nouvelle. La tradition confirme d'ailleurs la donnée géométrique. En quel rapport de nombre les patriciens et les plébéiens entraient-ils dans les cadres militaires? Nous ne le pouvons dire. Même pour la cavalerie, nous l'ignorons. Pour les six premières centuries, on n'y comptait, il est vrai, aucun plébéien; mais rien n'empêchait les patriciens de servir dans les autres.

Somme toute, les institutions de Servius ne sont pas sorties d'une lutte des classes : elles portent plutôt le cachet d'un législateur agissant dans son initiative réformatrice, comme l'ont fait Lycurgue, Solon, Zaleucus. D'une autre part, elle semble inspirée par l'influence grecque. Laissons de côté certaines analogies facilement trompeuses, celle par exemple, déjà constatée par les anciens eux-mêmes, de la fourniture du cheval du cavalier aux frais des veuves et des mineurs, que l'on retrouve aussi à Corinthe. Mais, chose plus grave, les armes, la formation légionnaire sont copiées manifestement sur le système des hoplites grecs. Ce n'est point là un fait dû au hasard. Rappelons-nous que, pendant le second siècle de Rome, les États grecs de l'Italie méridionale modifièrent de même leurs constitutions basées jadis sur l'influence pure des familles; et que chez eux aussi le pouvoir passa dans les mains des possesseurs des terres[1]. Or, voilà bien le mouvement qui se propagea jusque dans Rome, et y amena la réforme dite de

---

[1] Il convient de noter une autre analogie. La constitution servienne rappelle singulièrement le régime sous l'empire duquel vivaient les *métœques* de l'Attique. Athènes a fait de bonne heure comme la cité romaine. Elle a ouvert ses portes aux simples domiciliés, puis les a fait contribuer aux charges publiques. Que si l'on ne veut point admettre l'existence de certaines relations plus ou moins directes entre les deux villes, encore faudra-t-il reconnaître combien les mêmes causes, — la centralisation et les progrès de la cité, — amènent partout et toujours, les mêmes résultats politiques.

Servius. La même pensée s'y fait au fond reconnaître; et si des différences notables s'y rencontrent dans les applications d'un commun principe, elles tiennent au génie et à la forme puissamment monarchique de l'État, dans la cité romaine.

CHAPITRE VII

SUPRÉMATIE DE ROME DANS LE LATIUM

Braves et passionnés comme ils l'étaient, les peuples de la race italique ne manquèrent pas d'entrer fréquemment en lutte, soit entre eux, soit avec leurs voisins. Puis, le pays devenant plus riche, et la civilisation progressant tous les jours, les querelles firent place à de véritables guerres; le pillage se changea en conquêtes; et bientôt naquirent de plus puissants États. Mais de ces temps de rixes et de courses pillardes, où du moins se trempent les caractères, où le génie d'un peuple se développe et s'affermit, comme le courage de l'enfant dans les jeux et les agitations du jeune âge, nul Homère italien n'est venu retracer l'épopée. La tradition ne nous fournit non plus rien d'exact et de complet sur les progrès des diverses peuplades latines, sur leur puissance et leurs rapports respectifs. Tout au plus la critique peut-elle suivre de loin les accroissements de Rome, en force et en territoire. Nous avons esquissé ailleurs (p. 63) les limites primitives de la cité romaine unie. Du côté de la terre, elles n'allaient guère qu'à deux lieues du chef-lieu; du côté de la mer, elles s'étendaient jus-

Extension du territoire.

qu'aux bouches du Tibre *(Ostia)*, à un peu plus de six lieues du Palatin. « Des peuplades grandes et petites, » dit Strabon dans sa description de la Rome antique, « environnaient la ville nouvelle ; plusieurs d'entre elles » résidaient dans des bourgs indépendants, et n'obéis- » saient à aucun lien de race. » C'est aux dépens de ces voisins d'un même sang qu'eurent lieu les premières extensions du territoire.

Région de l'Anio.

Vers le Tibre supérieur, et entre le Tibre et l'Anio, Rome était comme étouffée par une ceinture de cités latines, par *Antemnæ, Crustumerium, Ficulnéa, Medullia, Cænina, Corniculum, Camérie, Collatie*. Elles ont tout d'abord payé de leur indépendance ce voisinage incommode pour les Romains. Une seule, dans cette région, semble avoir gardé quelque temps sa liberté : c'est *Nomentum*, grâce peut-être à un traité spécial d'alliance. La possession de *Fidènes*, tête de pont sur la rive gauche du fleuve, fut disputée dans de longues guerres entre les Latins et les Étrusques, ou si l'on veut, entre les Romains et les Véiens. Les succès furent souvent changeants. Le combat fut également long et indécis avec *Gabies*, dont le territoire allait de l'Anio au mont Albain. Plusieurs siècles après, *vêtement de Gabies (cinctu Gabino)*[1] voulait dire encore vêtement de guerre : et *territoire de Gabies* était synonyme de territoire ennemi[2]. Ces agrandissements portèrent le pays romain à quelque chose comme huit lieues carrées environ. Mais il est une ville dont la chute et la conquête ont laissé, dans

---

[1] [Tit. Liv. v, 46 ; viii, 9.]

[2] Les antiques *évocations* et *dévotions* contre *Gabies* et *Fidènes* sont aussi à noter (Macrob., *Sat.* 3, 9). A vrai dire, on ne trouve trace nulle part, et il nous semble hautement improbable, qu'il ait été jamais dressé contre ces villes une formule [*carmen*] pareille à celles qui se réfèrent à *Véies, Carthage* ou *Frégelles*. Très-probablement, les deux villes tant haïes ont été mentionnées après coup dans quelque vieille formule, où les antiquaires romains auront ensuite cru découvrir un document historique.

la légende tout au moins, un retentissement plus vivace que ces quelques exploits oubliés. Vers ces temps aussi, Albe, l'antique métropole du Latium, succomba sous les coups de Rome, et fut totalement détruite. Comment s'entama la lutte : comment elle se décida, nous l'ignorons. Le combat des trois jumeaux romains contre les trois jumeaux albains ne nous semble que la personnification naïve d'une guerre à outrance entre deux cités également puissantes et apparentées; et dont l'une, Rome, était la ville *aux trois tribus* que nous connaissons. Au fond, tout ce que nous savons de la chute d'Albe, c'est le fait pur et simple de cette chute [1].

<small>Albe.</small>

— A cette époque, et pendant que Rome ajoutait à son territoire les campagnes de l'Anio et du mont Albain, d'autres villes latines s'arrondissaient de même, et fondaient des États d'une certaine importance. Les conjectures sont ici tout à fait vraisemblables; nous citerons particulièrement *Tibur* et *Prænesle*. Celle-ci domina plus tard sur huit localités qui l'avoisinaient.

Nous regrettons moins de ne pas savoir l'histoire des guerres, que le caractère et les conséquences juridiques des premières conquêtes faites par Rome dans

<small>Système suivi à l'occasion des premiers agrandissements</small>

---

[1] Mais je ne vois nul motif de douter, avec tel grave critique moderne, du fait même de la destruction d'Albe. Assurément, le récit des historiens n'offre qu'un tissu d'invraisemblances et d'impossibilités; il en est toujours ainsi des faits historiques enveloppés dans la légende. — Quelle fut l'attitude du Latium pendant la lutte ? Question oiseuse et sans intérêt certain. Ne l'avons-nous pas fait voir ailleurs (p. 56) ? La fédération latine n'interdisait pas, ce semble, la guerre individuelle entre deux fédérés. Soutiendra-t-on que la transportation à Rome d'un certain nombre de familles albaines serait en contradiction avec la destruction de la ville d'Albe par les Romains ? Mais d'abord, pourquoi n'y aurait-il pas eu là, comme à Capoue, plus tard, un parti favorable à Rome ? La question est tranchée, suivant moi, par cette circonstance, que Rome s'est toujours dite l'*héritière* d'Albe dans les choses de la religion et de la politique : une telle prétention ne saurait se concilier avec l'introduction de quelques familles albaines seulement dans la cité : elle n'a pu se fonder et ne s'est fondée, en effet, que sur une véritable *conquête*.

le pays latin. Très-certainement, elle a poursuivi le système d'incorporations, d'où déjà était sortie la fusion de la triple cité. Mais, actuellement, les peuplades contraintes par la voie des armes à entrer dans l'État romain, à titre de quartiers ou cantons romains, ne gardent plus une sorte d'indépendance relative, comme l'avaient fait les trois premières tribus ; elles sont totalement absorbées, et nulle trace n'est restée d'elles. (p. 115.) Partout où s'étendait la puissance d'une cité latine, elle n'admettait jamais, dans ces temps reculés, l'existence d'un autre centre que le chef-lieu. Encore moins formait-elle au dehors des établissements indépendants et pareils à ceux des Phéniciens ou des Grecs ; lesquels envoyaient dans leurs colonies des émigrants, aujourd'hui leurs clients, demain leurs rivaux. Voyez, par exemple, comment Rome en agit avec Ostie. Il ne fut jamais question d'empêcher (on ne l'aurait pu en effet) la création d'une ville en ce lieu. Mais Rome se garda bien de lui accorder l'indépendance politique : les colons qui s'y établirent n'eurent pas de droits civiques locaux : ils conservèrent seulement avec ses privilèges ordinaires le titre de citoyens romains, qu'ils avaient eu déjà avant d'émigrer [1]. Le même principe servit à fixer le sort des cantons plus faibles soumis au plus fort en vertu de la loi de la guerre, ou d'une reddition volontaire. Leurs forteresses furent détruites ; leur territoire fut ajouté au territoire du vainqueur : et les habitants s'en allèrent avec leurs dieux chercher une nouvelle patrie dans sa ville capi-

---

[1] C'est sur ces bases que se forma le système des *colonies maritimes et civiles* (*colonia civium Romanorum*). Séparées de fait de la métropole, ces colonies demeuraient légalement et politiquement dans sa dépendance : elles n'avaient point de volonté à elles, et elles se fondaient dans la capitale, comme le pécule du fils se fond dans le patrimoine du père. Elles étaient d'ailleurs affranchies du service militaire, mais à titre de garnisons permanentes.

tale. Loin de nous pourtant de dire qu'il y ait eu toujours une transportation en masse comme cela se pratiquait en Orient lors de la fondation des villes. Nous faisons nos justes réserves, au contraire. Mais qu'était-ce alors que les villes latines? De simples réduits fortifiés, servant au marché hebdomadaire des gens des campagnes. Rome n'eut qu'à transférer ce marché et l'assemblée dans un autre chef-lieu. Les temples furent souvent conservés dans leur antique place. Après leur destruction même, *Albe* et *Cœnina* eurent encore une sorte d'existence religieuse. Que si la position militaire étant trop forte, il était absolument nécessaire de transplanter toute la population ailleurs, Rome ne pouvait oublier, d'un autre côté, les intérêts de l'agriculture; et elle se contenta souvent de répartir les habitants dans les bourgs ouverts de leur ancien territoire. Quoi qu'il en soit, les vaincus furent souvent, tous ou pour la plupart, transportés dans la ville romaine, et contraints à s'y fixer. Les légendes latines le disent en maintes occasions : et, ce qui le prouve mieux que la légende, c'est la loi romaine elle-même, d'après laquelle celui-là seul pouvait pousser en avant le *Pomœrium* (*mur de ville*), qui avait d'abord agrandi le territoire romain [1]. Naturellement, qu'ils fussent ou non conduits à Rome, les vaincus tombèrent en *clientèle* [2] :

---

[1] [*Pomœrium (pone murum)* : espace consacré en dedans et en dehors du mur d'enceinte, et sur lequel il était interdit de bâtir. — Il y avait là une véritable zone de servitude militaire et religieuse. — V. Aul. Gell. 13, 14.]

[2] De là est venue sans nul doute la disposition qu'on lit dans la loi des Douze Tables : *Nex (i mancipiique) forti sanatique idem jus esto* : suivant laquelle, dans les relations du droit privé, la loi est la même (mot à mot) pour l'*homme fort* et pour l'*homme guéri.* Il ne pouvait s'agir ici des alliés latins, dont l'état légal était régi par des traités d'alliance : les XII Tables d'ailleurs ne règlent que le droit *romain* proprement dit : les *Sanates* sont donc évidemment les *Latini prisci cives romani* anciens *Latins. (devenus citoyens romains),* ceux que les Romains avaient amenés des *pagi* latins, et dont ils avaient ainsi fait des plébéiens.

quelques-uns d'entre eux, des familles entières, même, furent admis au droit de cité, autrement dit, au *patriciat*. Sous les empereurs, on citait encore des familles Albaines, ainsi introduites dans Rome, avec droit de cité, après la ruine de leur patrie ; les Jules, les Serviliens, les Quinctiliens, les Clœliens, les Géganiens, les Curiaces, les Métiliens. Ces familles perpétuaient les souvenirs de leur origine, en entretenant des sanctuaires sur l'ancien territoire d'Albe : c'est ainsi que la chapelle des Jules à *Bovilles* redevint illustre à l'établissement de l'empire.

La centralisation ainsi opérée par la fusion de plusieurs petites cités dans une cité plus grande, n'était rien moins que le résultat d'une pensée appartenant en propre aux Romains. Les peuples latins et sabelliques ne sont pas les seuls chez lesquels l'histoire montre la lutte entre le particularisme des cantons et le mouvement vers l'unité nationale : la civilisation des Hellènes offre le même phénomène. Ainsi que pour Rome dans le Latium, la concentration des tribus en un seul État fit la fortune d'Athènes dans l'Attique. Le *sage Thalès* indiqua cette réunion aux peuples de l'Ionie, comme l'unique moyen de sauver leur nationalité. Mais Rome poursuivit l'idée de l'unité avec une persistance, une logique et un bonheur qu'on ne retrouve nulle part en Ionie ; et de même qu'en Grèce le rang éminent occupé par Athènes était dû à une centralisation précoce, de même Rome dut aussi sa grandeur à l'application plus complète et plus énergique encore d'un système politique semblable.

Hégémonie de Rome sur le Latium.

Les premières conquêtes de Rome dans le Latium eurent pour résultat immédiat l'agrandissement de la cité et de son territoire : mais la conquête d'Albe entraîna de plus des conséquences immenses. Si la tradition fait grand bruit de cet exploit des Romains, ce n'est point à cause de la puissance ou de la richesse fort problématiques de la ville vaincue. Mais, celle-ci, métropole de la confédération latine, avait la préséance sur les trente villes alliées. Sa destruction consommée, la fédération ne tomba point pour cela : pas plus que n'était tombée la ligue béotienne après la chute de Thèbes[1]. Seulement, chose en tous points conforme au droit des gens d'alors, et au régime privé des guerres entre les peuples latins, Rome soutint qu'elle avait succédé aux privilèges d'Albe, et revendiqua la présidence de la ligue. Sa prétention fut-elle admise de plein droit? Y eut-il lutte, au contraire, soit avant, soit après cette revendication? On l'ignore. Ce qu'il y a de sûr, c'est que l'*hégémonie* de Rome fut à peu de temps de là généralement acceptée, sauf en deux ou trois localités, qui comme *Labicum* et surtout *Gabies*, réussirent quelque temps à s'y soustraire. A cette époque, déjà, la mer faisait Rome puissante en face de la région intérieure : véritable ville, elle l'emportait sur les bourgades d'alentour : cité fortement unie, elle était prépondérante au milieu d'une fédération de petites villes. C'était enfin par elle, et avec elle seule, que les Latins pouvaient défendre leurs côtes contre les Carthaginois, les Hellènes et les Étrusques ; repousser de leurs frontières leurs voisins remuants des contrées Sabelliques, et s'agrandir même en les refoulant. J'admets que la destruction d'Albe n'a pas plus agrandi le territoire romain que ne l'a fait la conquête d'*Antemnæ* ou de *Collatie* : j'admets, si l'on veut, que, bien avant la prise d'Albe, Rome était déjà la cité la plus puissante parmi

---

[1] Il paraît même que la cité de *Bovilles* a été formée d'une fraction de l'ancien territoire albain, et qu'elle est entrée dans la ligue des villes latines *autonomes*, à la place d'Albe. L'origine est attestée par les cérémonies religieuses de la *gens Julia*, et par les inscriptions où on lit : « *Albani Longani Bovillenses* (Orelli-Henzen, 119, 2252, 6019) : l'autonomie est attestée par Denys d'Hal. 5, 61 ; et par Cic., *pro Planc.*, 9, 23.

les cités du Latium : encore n'est ce qu'à dater de là qu'elle a eu la présidence dans les *grandes fêtes latines;* et que, par suite, elle a conquis l'hégémonie de toute la confédération. Il importe de faire connaître le plus exactement possible cet événement décisif dans son histoire.

<small>Rapports de Rome avec le Latium.</small>

L'*hégémonie* de Rome fut établie sur le pied d'une alliance conférant des droits égaux aux parties contractantes. D'un côté était Rome; de l'autre, la fédération latine. La paix fut déclarée perpétuelle dans tout le territoire; et l'alliance, aussi perpétuelle, fut offensive et défensive tout à la fois : « *Il y aura paix entre les Romains et les cités des Latins,* » disait le traité, « *aussi longtemps que dureront le ciel et la terre : les fédérés ne se feront point la guerre entre eux; ils n'appelleront point l'ennemi dans le pays et ne lui livreront point passage; si l'ennemi les attaque, ils seront secourus par tous; le gain de la guerre faite en commun sera partagé entre tous.* » Égalité complète dans les relations de la vie et du commerce, dans la jouissance du crédit, dans le droit d'hérédité : langues et mœurs pareilles : rapports multiples et quotidiens entre les villes alliées : tout créait la communauté des intérêts, resserrait l'alliance et produisait aussitôt l'effet obtenu de nos jours par la suppression des barrières douanières. Chaque cité pourtant conserva son droit propre : entre le droit latin et celui des Romains, il n'y eut pas identité nécessaire et préconçue, du moins jusqu'au temps de la *guerre sociale*. Citons un exemple : les fiançailles consommées engendraient une *action*, qui fut maintenue chez les Latins, alors que depuis longtemps elle avait disparu à Rome. Mais le génie de la loi latine était simple et populaire ; il tendait à fonder partout l'égalité : et bientôt, dans le régime du droit privé, il amena, pour le fond et pour la forme, l'identité même des institutions. Les dispositions relatives à la perte ou à l'acquisition de la liberté civile, attestent d'une façon remarquable l'égalité du droit entre les Latins. L'on sait qu'en vertu d'un antique et vénérable précepte, nul citoyen ne pouvait devenir esclave, ou perdre la cité, là où il avait vécu libre : que si cependant il avait encouru, à titre de peine, et la privation de sa liberté, et par suite, celle de ses droits civiques, il était obligé de quitter l'État, et devenait esclave chez l'étranger. Cette règle fut en vigueur dans toutes les villes de la ligue : nul citoyen de l'une d'elles ne pouvait tomber en esclavage dans l'étendue du territoire fédéral. A cette même règle se réfèrent : et la disposition des XII Tables, d'après laquelle le créancier, qui veut vendre son débiteur insolvable, est tenu de le conduire de l'autre côté du Tibre [1], c'est-à-dire hors du territoire allié : et l'article du second traité entre Rome et Carthage, suivant lequel tout captif appartenant aux fédérés romains, redevient libre dès qu'il touche à un port appartenant à Rome. Nous avons vu que, très-probablement, l'égalité juridique, établie dans la confédération, avait eu aussi pour résultat la communauté des mariages : et que tout citoyen d'une ville latine contractait de *justes noces* en épousant une femme, citoyenne d'une autre ville aussi latine (p. 55.). Il ne pouvait espérer de droits politiques que dans sa cité seule, cela est clair : mais, dans l'ordre du droit civil privé, il avait là faculté de s'établir en tout lieu du Latium. Pour emprunter le langage moderne, à côté du droit civil spécial à chaque cité, et aux termes du droit fédéral commun à tous les membres de l'alliance, la complète liberté du domicile existait au profit de tous. Rome, plus que toute autre

---

[1] [Aul. Gell., *noct att.*, xx, 1.]

ville, tira avantage de ces institutions. Capitale de la confédération des États latins, seule elle offrait les ressources d'une ville relativement grande, au commerce, à l'esprit de lucre et au besoin des jouissances matérielles. On ne sera pas étonné en voyant le nombre de ses habitants s'accroître démesurément vite, à dater du jour où le pays latin va vivre avec elle sur le pied d'une paix perpétuelle.

Les cités latines ne restèrent pas seulement indépendantes et souveraines dans les choses qui tenaient à leur constitution et à leur administration particulières, ou qui n'avaient plus trait aux devoirs fédéraux : de plus, et réunies en un corps de trente cités, elles conservèrent d'abord leur autonomie réelle en face de Rome. Quand l'histoire affirme que vis-à-vis d'elles, Albe avait exercé une prépondérance plus grande que celle accordée ensuite à Rome, et qu'après la chute de la première, elles maintinrent leur indépendance extérieure, l'histoire dit vrai, peut-être. Albe était *essentiellement* ville fédérale : Rome, au contraire, formait un État séparé, placé à côté de la confédération bien plus qu'au dedans d'elle. Il en fut ici, sans doute, comme de la souveraineté des États de la *Confédération du Rhin* : souveraineté indépendante selon la lettre de la loi, tandis que les États de l'ancien empire d'Allemagne relevaient d'un commun suzerain. En fait, la prééminence de la cité d'Albe ne fut guère qu'un titre honorifique, semblable à celui de l'empereur allemand (p. 56); le protectorat de Rome, au contraire, emporta une véritable domination, comme il en a été plus tard du protectorat de Napoléon vis-à-vis des États Rhénans. Albe avait la présidence dans le conseil fédéral : Rome laisse les représentants des cités latines délibérer entre eux, sous la présidence d'officiers qu'elles ont choisis ; elle se contente de la préséance d'honneur dans les fêtes fédérales; elle érige un second sanctuaire fédéral dans ses murs mêmes, le *Temple de Diane*, sur l'Aventin; et dorénavant la religion a ses doubles solennités consacrées à l'alliance : on sacrifie à Rome, pour Rome et le Latium; on sacrifie en pays latin, pour le Latium et pour Rome. Celle-ci, d'ailleurs, avait pris l'important engagement de ne point former d'alliance séparée avec une autre cité latine : stipulation qui témoigne clairement des inquiétudes suscitées chez les fédérés par la puissance et l'influence agrandies de leur voisine. Si telle était la position de Rome, en dehors et à côté plutôt qu'au dedans de la confédération latine, il en devait sortir une préoccupation constante du maintien de l'égalité entre les deux parties contractantes. Or, cette préoccupation se manifeste aussitôt dans les combinaisons adoptées en cas de guerre. L'armée confédérée, ainsi que le démontre irrésistiblement le mode ultérieur de son recrutement, est formée de deux contingents, l'un romain et l'autre latin, de force égale. Le commandement supérieur alterne entre Rome et le Latium ; dans l'année où il appartient à Rome, le contingent latin vient jusqu'aux portes de la ville et acclame pour chef le général choisi par les Romains; après, toutefois, que les augures romains, délégués par le conseil général latin, ont consulté le vol des oiseaux, et se sont assurés que ce choix a reçu l'assentiment des dieux. Tout le gain fait à la guerre est aussi partagé, terres et butin, en deux parts égales, entre Romains et Latins. L'égalité des droits et des devoirs fédéraux est donc maintenue partout avec une extrême jalousie ; et nous croyons volontiers que dans les premiers temps aussi Rome n'a pas eu le pouvoir de représenter seule la ligue auprès de l'étranger. Les traités n'interdisent ni à Rome ni aux Latins d'entamer au dehors, et pour leur compte, une guerre offensive. Mais, quand la ligue tout entière a pris les armes, soit en vertu d'une décision du conseil fédéral, soit pour repousser une attaque de l'ennemi, ce conseil a évidemment à délibérer sur la conduite et la mise à fin de la guerre. Tel était l'état de droit au début ; mais je soupçonne que, dès l'époque où nous sommes, Rome avait conquis la prééminence réelle au sein de la ligue : entre une cité forte et unie et une confédération de cités qui se lient par un traité durable d'alliance, la prépondérance appartient bientôt à la première.

Extension du territoire romain après la chute d'Albe.

Albe est tombée, et Rome, maîtresse d'une région considérable, devient la puissance dirigeante au sein de la ligue latine. Nul doute qu'elle n'augmentera tous les jours son territoire médiat et immédiat. Ici, le détail des faits nous échappe. La possession de *Fidènes* est l'objet de luttes quotidiennes avec les Étrusques, avec les *Véiens* surtout. Mais, en dépit des Romains, cet avant-poste de l'ennemi, planté sur la rive latine du Tibre, à un peu plus de deux lieues seulement de leurs murs, demeure entre ses mains : ils ne réussissent point encore à arracher aux Véiens cette base offensive si menaçante. Ailleurs ils sont plus heureux, et la possession du *Janicule* et des deux rives du Tibre à son embouchure, leur demeure incontestée. Vis-à-vis des *Sabins* et des *Éques*, Rome est également la plus forte : dès le temps des rois, elle entre en relations qui se resserreront chaque jour davantage, avec le peuple plus éloigné des *Herniques*. Aidés de ceux-ci et des Latins confédérés, elle enferme et contient des deux côtés ses turbulents voisins de l'Est. Mais à cette même époque, le champ de bataille le plus habituel est la frontière sud du Latium, le pays des *Rutules* et surtout celui des *Volsques*. C'est de ce côté que le territoire latin s'est étendu le plus tôt : c'est là que nous rencontrons pour la première fois des colonies, dites *latines*, des cités fondées à la fois par Rome et les Latins en pays étranger, et appartenant à la confédération, tout en gardant leur autonomie. Les plus anciennes de ces colonies paraissent remonter au temps des rois. Quant aux limites de la terre romaine, à cette même heure, on ne peut les déterminer. Les annales contemporaines des rois parlent assez et trop souvent des luttes de Rome avec ses voisins Latins, et Volsques; mais elles sont presque toujours muettes sur le point qui nous occupe; ou encore, leurs rares indications, sauf peut-être celle relative à la reddition de *Suessa*, dans la plaine *Pontine*, n'ont pas une valeur historique sérieuse. Assurément Rome, sous les rois, n'a pas seulement vu poser les fondements politiques de la cité; elle a vu aussi s'ébaucher sa puissance au dehors. Quand s'ouvre l'ère républicaine, elle est déjà bien moins placée dans la ligue latine, qu'elle ne s'élève à côté et au-dessus d'elle. D'où il faut conclure que déjà elle a conquis à sa souveraineté extérieure un domaine assez vaste. Des événements, des succès brillants se sont réalisés, dont le bruit s'est évanoui, mais dont l'éclat persiste et, se projetant sur les rois, sur les Tarquins entre tous, ressemble à ces feux du soir, au milieu desquels se perdent les lignes de l'horizon.

Pendant que la famille latine s'avance vers l'unité sous l'impulsion de Rome, et qu'elle agrandit son domaine à l'est et au sud, la ville elle-même, grâce aux faveurs de la fortune, et à l'énergie de ses habitants, cesse d'être une simple place de commerce ou un bourg agricole, pour devenir le centre imposant des campagnes voisines. Il y a un étroit rapport entre la refonte des institutions militaires, la réforme politique dont elle recèle le germe, et que nous nommons la constitution de *Servius Tullius*, et la transformation complète du régime intérieur de la cité. Dans l'ordre maté-

Agrandissement de la ville.

riel, l'affluence de ressources nouvelles, les ambitions surexcitées, l'horizon politique agrandi, n'amènent pas des changements moins considérables. Déjà l'annexion de la cité Quirinale était consommée, quand la réforme de Servius fut entreprise : mais lorsque celle-ci eut concentré la force armée de l'État dans les cadres d'une unité vivace et puissante, il ne suffit plus bientôt à la population de rester enfermée dans les enceintes des collines couvertes de maisons et d'édifices, ou d'occuper aussi, peut-être, l'île du Tibre, qui en commandait le cours, avec la hauteur placée sur la rive opposée. Il fallait à la capitale du Latium un autre système de défense mieux approprié et continu : le mur de Servius fut construit. La nouvelle enceinte partait du fleuve, au-dessous de l'Aventin, qu'elle enfermait. Tout récemment, en 1855, on y a retrouvé, en deux endroits, sur la pente occidentale, en allant vers le Tibre, et sur celle opposée, du côté de l'Orient, les restes gigantesques de l'antique fortification. Des pans de murs hauts comme ceux d'*Alatri* et de *Ferentino*, formés de blocs quadrangulaires, irréguliers, taillés dans le tuf, ont tout à coup revu le jour : témoins, au temps jadis, d'énergies populaires impérissables comme les rochers qu'elles avaient entassés, et plus impérissables qu'eux encore dans les immenses résultats qu'elles enfantèrent. Après l'*Aventin*, le mur contournait le *Cælius*, l'*Esquilin* tout entier, le *Viminal* et le *Quirinal*. Là, un remblai énorme et qui étonne encore aujourd'hui le regard, réparait les inconvénients de la dépression naturelle du terrain, et allait se rattacher à l'escarpement du *Capitole*, dont le mur de ville empruntait l'enceinte : puis, celui-ci allait retomber dans le *Tibre* au-dessus de l'île. L'île, le pont de bois, et le *Janicule*, ne faisaient point partie de la ville, à proprement parler : le *Janicule* en était comme l'ouvrage avancé et fortifié. Jusqu'alors le *Pa-*

latin avait porté la citadelle : actuellement il est livré aux constructions privées, et l'on érige la forteresse nouvelle du *Capitole (arx, capitolium)* [1] sur la hauteur d'en face, la colline *Tarpéienne*, facile à défendre à raison de son isolement même et de sa minime étendue. Le capitole avait sa citerne d'eau vive soigneusement disposée *(le Tullianum)* [2]; il renfermait le trésor *(œrarium)*, la prison publique et l'ancien lieu d'assemblée des citoyens *(area capitolina)*, sur lequel se fit, durant longtemps encore, l'annonce régulière des phases de la lune. Il avait été défendu dans l'origine de construire là des édifices privés de quelque durée [3]. L'intervalle entre les deux sommets, le sanctuaire du *Dieu mauvais (Vediovis)* ou, comme il a été appelé plus tard sous l'influence des idées helléniques, l'*asyle (asylum)*, était caché par un bois, et avait pour destination sans doute de recevoir les paysans et leur bétail, quand l'inondation ou la guerre les chassaient de la plaine. Ainsi, de fait et de nom, le Capitole était l'*acropole* romaine. Son *château* isolé pouvait tenir encore, même après la ville prise. Il avait sa porte tournée vers le point où fut plus tard placé le marché *(forum boarium)* [4]. L'Aven-

---

[1] Ces deux noms, attribués plus tard, le *Capitolium*, à la partie qui regarde le fleuve, l'*Arx*, à celle tournée vers le *Quirinal*, sont comme l'ἄκρα et la κορυφή des Grecs, des appellations purement générales: chaque ville latine avait son *capitole*. Le vrai nom local de la colline de la citadelle est le *mont Tarpéien (mons Tarpeius)*.

[2] [Vidée plus tard et transformée en oubliette: d'où l'expression *in Tullianum dimittere* (Sall. *Cat.* 55.) Cette prison existe encore : c'est le *S. Pietro in carcere*. — V. le dessin v° *Tullianum*, au *Dict. des Antiquités romaines*, de Rich. — V. aussi *supra* p. 62.]

[3] La loi *ne quis patricius in arce aut capitolio habitaret* ne prohibait que les maisons de pierre, véritables forteresses elles-mêmes dans les premiers temps. Elle ne proscrivait pas les constructions usuelles, légères et d'une démolition facile. (Becker, *Cap.*, p. 386.)

[4] C'est par là, en effet, que la *rue sacrée* gravissait la colline Capitoline; et l'on retrouve la courbe qu'elle décrivait avant de joindre la porte, dans le mouvement qu'elle fait à gauche, à côté de l'arc de Sévère. La porte elle-même a été recouverte par les vastes superstructions

tin paraît avoir été également fortifié, quoique avec moins de soin : on n'y bâtissait pas non plus à demeure. C'est enfin en vue de pourvoir encore à des intérêts purement municipaux, à la répartition des eaux des aqueducs, par exemple, que les habitants de Rome se partagèrent alors, en habitants de la ville proprement dite, ou *montagnards (montani)*, et en confréries dites des districts du *Capitole* et de l'*Aventin* [1]. — Ainsi l'enceinte servienne enveloppait tout à la fois les villes Palatine et Quirinale, et les deux citadelles fédérales construites sur les autres collines [2]. Le Palatin, l'an-

élevées plus tard sur le *Clivus.* Quant à celle appelée *Janualis, Saturnia, Aperta*, qui était placée du côté le plus escarpé, et devait demeurer ouverte tant que Rome serait en guerre, elle n'a jamais été qu'une construction symbolique et religieuse, ne servant ni à l'entrée ni à la sortie.

[1] On connaît trois de ces confréries : 1° celle des *Capitolins (Capitolini*, Cic. *epist. ad Quinct.* fr 2, 5), avec ses *maîtres (magistri.* Henzen, 6010. 6011), et ses jeux annuels (Tit. Liv. V, 50. — Preller, *Myth.*, p. 202); 2° celle des *Mercuriales (mercuriales.* — Tiv. Liv. II, 27. Cic. l. c. — Preller, p. 597), avec ses *maîtres*, également : c'était la confrérie de la vallée du *Cirque*, où se voyait le temple de Mercure; 3° enfin celle du *Bourg de l'Aventin (pagani Aventinenses)*, toujours avec ses *maîtres* (Henzen, 6010). Ce n'est point certainement par l'effet du hasard que ces trois corporations, les seules de ce genre qui aient existé dans Rome, ont appartenu précisément aux deux collines, laissées en dehors de la Rome aux quatre quartiers, et enfermées plus tard dans l'enceinte de Servius, le *Capitolin* et l'*Aventin*. Il en est de même des noms de *montani* et *pagani* usités à cette époque pour désigner tous les habitants de Rome (V. outre le passage connu de Cic. *de domo sua,* 28, 74, la loi spéciale sur les aqueducs dont Festus fait mention au mot *sifus*, p. 340 : [*mon*]*tani pagani ve si*[*fis aquàm dividunto*].) Les *montagnards*, ou les habitants primitifs des trois quartiers Palatins (p. 71), sont ici désignés *a potiori* comme formant les habitants de toute la ville aux quatre quartiers; et les *pagani (les hommes du bourg)* sont évidemment les habitants des nouveaux districts du Capitole et de l'Aventin, en dehors des anciennes tribus.

[2] Mais la Rome de Servius Tullius ne se regardait pas comme étant la ville « *aux sept monts* » Cette désignation ne s'applique, dans ces temps, qu'à l'ancienne et plus petite cité Palatine (p. 69 et suiv.). A l'époque de la décadence, quand la fête du *Septimontium*, conservée jusque sous les empereurs, et célébrée même alors avec une continuité et une affluence remarquables, commença d'être considérée à tort comme la fête générale de la ville, l'ignorance des lettrés suivit l'erreur commune;

cienne Rome, était désormais environné d'une ceinture d'autres hauteurs, au pied desquelles s'appuyait la nouvelle muraille avec ses deux châteaux au milieu.

Tous ces travaux seraient restés incomplets si le sol de la ville, protégé à si grands frais contre les incursions de l'ennemi, n'avait pas été, en outre, défendu contre l'invasion des eaux. Celles-ci remplissaient la vallée entre le *Palatin* et le *Capitole*, où la traversée se faisait en bateau (le *Vélabre*) : elles formaient un marais aussi dans les dépressions placées entre le *Capitole* et la *Vélie*, entre le *Palatin* et l'*Aventin*. Mentionnons ici les fameux égouts souterrains, construits en énormes blocs carrés, que les Romains ont plus tard admirés comme l'œuvre étonnante de leurs rois [1]. Nous les croyons d'une époque plus récente; le *travertin* y est employé; et nous savons par maints récits que c'est surtout sous la République qu'il en a été fait usage. Il se peut fort bien que l'égout soit du temps des rois, mais encore a-t-il été bâti à une date plus récente que le mur de Servius et que le Capitole. Des travaux intelligents avaient aussi asséché et rendu libres les vastes terrains, les places publiques dont avait besoin la nouvelle ville. L'assemblée des citoyens, qui naguère se réunissait sur

---

on chercha et l'on crut retrouver les sept collines dans l'enceinte de la Rome impériale. Déjà même, Cicéron, dans une lettre assez énigmatique, en langue grecque, qu'il adresse à Atticus (*Ep. ad Attic.* 6, 5), déjà Plutarque (9. R. 69.) aussi, donnent matière à cette méprise; mais le plus ancien monument qui énumère tout au long les sept collines de la Rome impériale *(montes)* est la *Description de Rome* écrite au temps de Constantin. Elle nomme le *Palatin*, l'*Aventin*, le *Cœlius*, l'*Esquilin*, le *Tarpéien*, le *Vatican* et le *Janicule*, négligeant le *Quirinal* et le *Viminal*, qui ne sont que des collines (*colles*) évidemment, et ajoutant aux anciens *monts (montes)* les deux hauteurs de la rive droite. Une autre liste, plus embrouillée encore, nous a été donnée plus tard par Servius (*ad Æneid.* 6, 783) et par Lydus (*de mens.*, p. 148, ed. Becker). Quant aux sept collines de la ville moderne, qui sont : le *Palatin*, l'*Aventin*, le *Cœlius*, l'*Esquilin*, le *Viminal*, le *Quirinal* et le *Capitole*, nul ancien n'en a jamais donné l'énumération.

[[1] La *cloaca maxima*.]

la place Capitoline[1], dans la citadelle, fut ramenée sur le terrain aplani qui descendait de celle-ci vers la ville (les *comices, comicium*), et se prolongeait entre le *Palatin* et les *Carines*, du côté de la *Vélie*. Là, tout près, et sur les murs mêmes de la citadelle qui dominaient les comices, les membres du sénat, les hôtes de la ville occupaient une place d'honneur, assistant comme du haut d'une tribune, aux fêtes et aux assemblées du peuple. Tout près de là encore, fut construite une *maison du conseil*, la *curia Hostilia*, rappelant par son nom le nom de celui qui l'avait bâtie. L'estrade pour les juges (*tribunal*), celle du haut de laquelle les orateurs parlaient aux citoyens (les *rostres, rostra*, plus tard) furent dressées sur la place même, qui, en se prolongeant vers la *Vélie*, devint le *Marché neuf (forum Romanum)*. A l'ouest, sous le *Palatin*, s'élevait la *maison publique*, demeure officielle des rois d'abord *(Regia)*, renfermant et le foyer sacré de la cité, et la rotonde du temple de Vesta. Plus loin, au sud, s'élevait un second bâtiment, aussi de forme ronde, le *trésor de la cité*, ou le *temple des Pénates*, debout encore, et qui sert aujourd'hui de vestibule à l'église des *SS. Cosma e Damiano*. La pensée qui présida à l'organisation de la ville neuve, si différente de l'ancienne association des habitants primitifs cantonnés sur les sept monts, fut donc une pensée essentiellement unitaire. A côté et au-dessus des foyers sacrés des trente curies que la Rome palatine s'était contentée de réunir sous un même toit, la ville servienne, par une institution caractéristique de la fusion et de l'unité opérées, avait construit un foyer central et commun [2]. Aux deux côtés longs du *Forum*,

---

[1] *Area Capitolina*.

[2] La situation des deux temples, aussi bien que le témoignage formel de Denys d'Halycarnasse (2, 65), suivant qui le temple de Vesta était en dehors de la *Roma quadrata*, démontrent que ces constructions n'ont

étaient les boutiques des marchands et les étalages des bouchers. Entre l'*Aventin* et le *Palatin* avait été réservé un vaste emplacement pour les courses : là, fut le *Cirque*. Sur tous les sommets se voyaient des temples et des sanctuaires : sur l'Aventin, notamment, s'élevait le *temple fédéral de Diane* (p. 143), et sur la hauteur du Capitole, le temple dominant au loin, de *Diovis*, *père* des Romains *(pater Diovis, Diespiter)*, auteur de la grandeur de son peuple, et qui, de même que Rome levait la tête au-dessus des nations environnantes, triomphait, lui aussi, au-dessus de leurs dieux vaincus. — Les noms des hommes qui présidèrent à ces constructions grandioses se sont perdus dans la nuit des temps, comme aussi les noms des généraux qui commandaient les armées romaines aux jours de leurs premières et plus anciennes victoires. La légende a voulu les rattacher successivement aux divers rois : la *Maison du conseil*, ou *Curie* à *Tullus Hostilius*; le *Janicule* et le pont de bois à *Ancus Marcius*; le grand égout, le cirque, le temple de Jupiter à *Tarquin l'Ancien*; le temple de Diane, la nouvelle enceinte, à *Servius Tullius*. Il peut y avoir là beaucoup de choses vraies : la nouvelle enceinte et le nouveau système militaire, si importants pour la défense des murailles de la ville, appartiennent sans doute à un même temps et à une même main. Mais il serait téméraire de demander à la tradition au delà de ce qu'elle peut donner : qu'on se contente de voir Rome se refondre et se renouveler au moment même où sa puissance s'étend dans le Latium, et où sa milice civique vient d'être réorganisée. Une seule et même grande pensée a bien dirigé tous ces changements; mais ils n'ont été

---

rien de commun avec la ville Palatine; mais qu'elles se rapportent plutôt au remaniement de Servius, à la seconde Rome. Nous ne nous arrêterons pas aux récits postérieurs qui rattachent la *Regia* et le *temple de Vesta* à Numa. Le motif de cette fable est trop manifeste pour mériter qu'on s'y arrête.

ni l'œuvre d'un seul homme, ni l'œuvre d'un seul siècle. Notons un autre fait considérable : l'influence hellénique a visiblement marqué tous ces travaux de son empreinte. Il n'est pas possible d'en douter un seul instant; alors cependant qu'on ne saurait dire ni comment, ni jusqu'où, elle s'était fait jour au sein de la cité romaine. Déjà nous l'avons vue se manifester dans le système militaire de Servius (p. 134); nous la verrons plus loin inspirer jusqu'aux détails des jeux du cirque. Le *palais du roi* avec le *foyer de la cité* n'est autre que le *Prytanée* des Grecs; le temple de Vesta, avec sa rotonde tournée à l'est, et que les augures n'ont jamais consacrée, n'offre rien d'italique dans l'ordonnance sacramentelle de sa construction : ici, les rites grecs ont été certainement suivis. Enfin, suivant une antique et vraisemblable tradition, la ligue romano-latine se serait modelée sur la ligue ionienne de l'Asie Mineure; et le nouveau temple fédéral de l'Aventin n'aurait été qu'une imitation de l'*Artemisium* d'Éphèse.

CHAPITRE VIII

LES RACES OMBRO-SABELLIQUES. — COMMENCEMENTS DES SAMNITES

Les migrations des races ombriennes paraissent avoir commencé plus tard que celles des Latins. Comme ces derniers, les Ombriens ont marché vers le sud, mais en se tenant davantage au centre ou le long de la côte occidentale de la Péninsule. On éprouve un sentiment de tristesse en parlant de ces peuples, dont le nom nous arrive comme le son des cloches d'une ville engloutie sous les flots. Hérodote mentionne les Ombriens, et les fait s'étendre jusqu'aux Alpes. Il n'est point improbable, en effet, qu'ils aient primitivement occupé toute l'Italie du Nord, jusqu'au point où s'avançaient du côté de l'est les tribus Illyriennes, et les tribus Ligures, du côté de l'Ouest. La légende raconte leurs combats avec ces dernières, qui semblent avoir aussi dans les anciens temps pénétré vers le Sud. Du moins certains noms l'attestent peut-être. *Ilva* (appellation antique de l'île d'Elbe) offre, par exemple, une remarquable analogie avec le nom de la peuplade Ligure des *Ilvates*. Les Ombriens à l'époque de leur grandeur ont donc eu des établissements dans la vallée du Pô, où les villes antiques

<small>Migrations ombro-sabelliques.</small>

d'*Hatria* (*ville noire*), de *Spina* (*ville de l'Épine*), avaient reçu d'eux, sans doute, des noms décidément italiques. Ils ont laissé des traces nombreuses dans l'Étrurie méridionale, où l'on trouve le fleuve *Umbro* (l'*Ombrone*), les localités de *Camars* (ancien nom de *Clusium*), de *Castrum Amerinum* [près du *Lago Vadimone*]. De même, et dans la région la plus méridionale de cette contrée, entre la forêt *Ciminienne* et le *Tibre* (environs de *Viterbe*), on rencontre des vestiges non méconnaissables du passage d'une race italique antérieure aux Étrusques. Strabon rapporte qu'à *Faléries*, sur la limite de l'Ombrie et de la Sabine, les habitants parlaient une langue autre que l'étrusque ; et l'on y a trouvé de nos jours des inscriptions, dont l'alphabet et l'idiome, tout en ayant quelques rapports avec l'étrusque, offrent dans l'ensemble une analogie grande avec le latin [1]. Le culte local y montre aussi des traces sabelliques ; et c'est à cette circonstance qu'il faut rattacher les relations religieuses primitives entre Rome et Cœré. Les Étrusques n'ont arraché ces contrées aux Ombriens que longtemps après qu'ils avaient conquis la région située au nord de la forêt Ciminienne ; et même après la défaite, quelques peuplades de la race vaincue sont restées au milieu des vainqueurs. Enfin l'on constate que la conquête romaine amena chez les Ombriens une *latinisation* rapide et surprenante, pour qui compare ce résultat avec la persistance opiniâtre de la langue et des mœurs dans l'Étrurie du

---

[1] Dans cet alphabet, on remarque surtout l'*r*, qui emprunté la forme latine R, et non celle étrusque D ; et le Z, ⊐. Il a donc été emprunté au latin primitif, et il le doit fidèlement reproduire. La langue est aussi toute voisine du latin. *Marci Arcarcelini he cupa* (*Marcius Acarcelinius heic cubat*) : *Menerva A. Cotena La. f... zenatuo senten... dedet cuando... cuncaptum*, c'est-à-dire : *Minervæ A (ulus ?) Cotena La(rtis) f(ilius)... de senatus sententia dedit quando* (pour *olim*) *conceptum*) — A côté de ces inscriptions et d'autres toutes semblables, on en a trouvé d'autres encore différant et par l'idiome et par l'écriture, et qui sont évidemment étrusques.

Nord. Le séjour des Ombriens, dans la région du Sud donne la clef de ce phénomène. Ainsi refoulés et au Nord et à l'Ouest, les Ombriens, après des combats acharnés, se retranchèrent dans la contrée montueuse et étroite que l'Apennin enferme de ses deux bras, et qu'ils ont possédée jusque dans les temps postérieurs. Ici la géographie enseigne leur histoire, comme elle enseigne ailleurs celle des Grisons et des Basques : et pour achever notre conviction à cet égard, la légende elle-même raconte que les Étrusques leur avaient enlevé trois cents villes. Dans la prière nationale des *Iguviniens* (peuple ombrien [1]), que nous possédons encore [2], nous voyons les Étrusques inscrits en tête des ennemis du pays.

C'est alors sans doute que les Ombriens se tournent vers le Sud, tout en restant à cheval sur la chaîne de l'Apennin. Au Nord, en effet, un peuple plus fort les repousse : à l'Ouest, ils trouvent les plaines du Latium occupées déjà par des peuples d'une race apparentée avec la leur, qu'ils entament ou arrêtent à leur tour, ou avec lesquels ils se mêlent d'autant plus aisément qu'à cette époque ancienne, les divergences de la langue et des mœurs étaient moins grandes qu'elles ne le devinrent plus tard. C'est à ces contacts avec les Latins que se réfère la légende, quand elle raconte les incursions des Réatins *(Reate, Rieti)* et des Sabins, dans le Latium, et leurs combats avec les Romains. Des événements pareils se sont probablement déroulés le long de la côte occidentale. Les Sabins, en définitive, restèrent dans la région voisine du Latium, à laquelle ils ont donné leur nom, et aussi dans le pays Volsque : ils n'y avaient rencontré sans doute qu'une population peu dense, ou dans tous les cas, moins nombreuse ; tandis qu'ailleurs,

---

[1] [Auj. *Gubbio.*]
[2] [V. les *tabulæ Eugubinæ*, trouvées dans un théâtre en 1444.]

la plaine déjà occupée par les Latins leur avait toujours résisté, sauf à recevoir, bon gré malgré parfois, les hôtes venus de la montagne, comme la tribu des Titiens, ou comme la *gens Claudia*, plus tard (p. 64). Dans toute cette contrée, le mélange des races naquit aussi des rapports de tous les jours, et la *Latinité* absorba de bonne heure et les Sabins et les Volsques.

Les Samnites. Le rameau principal de la souche ombrienne s'établit dans les *Abruzzes*, à l'est de la Sabine, et dans le pays montueux qui lui fait suite au Midi. Là encore, les Ombriens occupèrent les crêtes, dans une région dont les habitants disséminés leur cédèrent la place ou se soumirent à leur joug. Il en fut autrement de la côte Apulienne, où ils trouvèrent devant eux les *Japyges*, qui luttèrent sur leur frontière du Nord, autour de *Luceria* et d'*Arpi*[1], et se maintinrent jusqu'au bout sur leur propre territoire. Nous ignorons l'époque de ces migrations; elles eurent lieu, vraisemblablement, au temps des rois romains. La légende rapporte que les Sabins, pressés par les Ombriens, *vouèrent un printemps (ver sacrum)*, c'est-à-dire jurèrent d'expulser hors de leurs frontières, une fois qu'ils seraient parvenus à l'âge adulte, tous leurs fils et filles nés dans l'année de la guerre, pour que les dieux en fissent à leur volonté, soit en les laissant périr, soit en leur donnant une nouvelle patrie. L'une des bandes partit avec le *taureau de Mars* à sa tête; elle donna naissance aux *Safines* ou *Samnites*, qui s'établirent dans la montagne et aux bords du *Sagrus (Sangro)*; et de là conquirent les belles plaines situées à l'est du *Monte Matese*, et aux sources du *Tifernus (Biferno)*; nommant dans l'une et l'autre région, là près d'*Agnone*, ici près de *Bojano*[2], le lieu de leurs assem-

---

[1] [*Lucera*, dans la Capitanate actuelle. *Arpi* ou *Argyripa*, dans la haute Apulie.]

[2] [*Abruzze citérieure* et *Molise*.]

blées populaires d'après le taureau qui leur avait servi de
guide *(Bovianum)*. Une autre bande suivit le *Pic*, oiseau
de mars, et fonda les *Picentins*, ou le *peuple du Pic*, lesquels occupèrent le pays actuel d'Ancône : une troisième
suivit le *loup (hirpus)* et fonda les *Hirpins*, dans le pays de
Bénévent. C'est aussi de cette même souche commune
que descendirent d'autres petits peuples, les *Prætuttiens*,
non loin d'*Interamne* [1], les *Vestins*, au pied du Gran-
Sasso; les *Marrucins*, près de *Chieti;* les *Frentrans*,
le long de la frontière Apulienne; les *Pœligniens*, près
du *Monte Majella*, et enfin autour du lac *Fucin*, les
Marses, qui touchaient aux Latins et aux Volsques.
Chez tous, le sentiment d'une commune origine et
d'une parenté rapprochée demeura fort et vivace, et
la légende s'en est fait l'éloquente interprète. Tandis
que les Ombriens succombaient dans une lutte inégale;
que les rameaux occidentaux de la nation allaient se
noyer dans le flot des populations latines et helléniques, les peuples Sabelliques demeurant enfermés dans
l'amphithéâtre reculé de leurs montagnes se dérobèrent
longtemps aux coups des Étrusques, des Latins et des
Grecs. Ils continuèrent à habiter en rase campagne :
chez eux, point ou peu de villes fermées : leur position
géographique les tenait éloignés de tout courant commercial : les pics des monts, les réduits bâtis sur les
sommets suffisaient aux besoins de leur défense : les
paysans résidaient dans les bourgs ouverts, ou s'établissaient, selon leur bon plaisir, partout où les appelait
une source vive, un bois, une prairie. Leurs institutions étaient comme eux, immobiles : pareilles à celles
des Arcadiens, de ce peuple grec placé dans des conditions semblables, elles n'engendrèrent jamais la cité,
par l'incorporation des communautés réunies. Tout au

---

[1] [*Teramo, Abruzze ultérieure.*]

plus, se prêtèrent-elles à la formation de petites fédérations, sans lien étroit et suffisamment fort. Dans les Abruzzes surtout, les hautes montagnes qui séparaient les vallées séparaient complétement aussi les diverses peuplades, éloignées entre elles autant qu'elles l'étaient de l'étranger. Aussi nulles relations mutuelles. Vis-à-vis le reste de l'Italie, l'isolement est complet. En dépit de son incontestable bravoure, ce peuple exercera moins que tout autre une influence quelconque sur le mouvement historique de la Péninsule. Mais parmi les Ombriens de la région orientale, les Samnites sont les plus avancés dans la vie politique, de même que les Latins marchent au premier rang dans l'Ouest. De temps immémorial, peut-être même dès l'époque de leur immigration, ils vivent sous la loi d'une organisation politique égalitaire, et relativement puissante. Elle les fera assez forts pour disputer un jour la première place à Rome. Nous ne savons ni quand, ni comment, ni dans quelles formes s'est constituée la ligue samnite. Ce qui est sûr, c'est que dans le Samnium, aucune cité ne dominait sur les autres : c'est qu'il n'y avait point de ville centrale ou chef-lieu commun, ainsi que Rome l'était devenue pour les Latins. La puissance publique reposait directement dans les communautés rurales, puis dans l'assemblée générale de leurs délégués; celle-ci, en cas de besoin, nommant les généraux de l'armée. La politique de la ligue fut d'ailleurs ce qu'on la suppose aisément, nullement agressive, et se contentant de pourvoir à la défense des frontières. Il n'appartient qu'à un État uni, centralisé, d'éprouver des passions puissantes, et de poursuivre l'extension méthodique de son territoire. Aussi voit-on l'histoire des deux nations latine et samnite se refléter tout entière dans le système diamétralement opposé de leurs colonisations. Ce que les Romains gagnent à la guerre est gagné pour l'État : les terres occupées par des Samnites, le sont par de libres bandes, sorties de leur patrie pour faire du butin, et que la patrie abandonne à leur sort, heureux ou malheureux. D'ailleurs, les conquêtes faites par eux sur les côtes de la mer Tyrrhénienne et Ionienne, appartiennent à une époque toute postérieure. Au temps des rois romains, ils viennent de se fixer seulement dans la région où nous les trouverons plus tard. Leur migration a produit un ébranlement considérable chez les peuples italiques; et l'un de ses contre-coups les plus remarquables est l'attaque dirigée contre *Cymé* par les *Tyrrhéniens* de la *Mer supérieure*, les *Ombriens* et les *Dauniens*, en l'an 230 de Rome. Il semble, s'il — 524 av. J. C. est possible d'en juger d'après les récits du temps embellis par la légende, que vainqueurs et vaincus s'étaient réunis en une seule armée, comme cela arrive parfois en cas pareil ; les *Étrusques* donnant la main à leurs ennemis de l'*Ombrie*; les *Japyges* refoulés au Sud par les *Ombriens*, se joignant aussi à eux tous. L'entreprise échoua : la science militaire des Grecs et la bravoure du tyran *Aristodème* réussirent cette fois à soustraire la belle et élégante ville maritime aux fureurs de l'orage barbare.

CHAPITRE IX

LES ÉTRUSQUES

Nationalité étrusque.

Les peuples des Étrusques, ou des *Rasés* [1], ainsi qu'il se nommait lui-même, diffère essentiellement des familles latines et sabelliques, et aussi des races helléniques. Ces différences sont marquées tout d'abord dans les caractères ethnographiques : au lieu de la stature fine et équilibrée des Grecs et des Italiques, les figures étrusques sculptées nous représentent des corps ramassés et solides, de grosses têtes, des bras épais. Ce que nous savons des mœurs et des usages des Étruques nous atteste aussi une divergence profonde et originaire. Leur religion a un caractère sombre et fantastique ; elle se complaît dans les mystères des nombres, dans les images et les pratiques licencieuses et cruelles. Elle est aussi éloignée du rationalisme exact des Romains que de l'anthropomorphisme serein et brillant de la Grèce. Toutes ces indications, le plus important des attributs de la nationalité, la langue, les confirme. Jusqu'ici, on n'a pu trouver à l'Étrusque sa place et son rang cer-

---

[1] *Ras-ennæ*, avec la terminaison patronimyque que nous indiquerons *infrà*.

tains dans le tableau des idiomes, loin qu'on ait pu même en interpréter les restes arrivés jusqu'à nous. L'étrusque a eu deux époques, voilà ce qui est sûr. Dans la première et la plus ancienne, les voyelles sont partout conservées; l'*hiatus* est évité avec soin [1]. Plus tard, il rejette les voyelles et les consonnes finales; affaiblit ou élide les voyelles dans le corps du mot, et de doux et sonore qu'il était, il se transforme en un parler d'une rudesse et d'une dureté excessives [2]. Ainsi *ramuϑaf* devient *ramϑa*; *Tarquinius, Tarchnas; Minerva, Menrva ; Menelaos, Polydeukes, Alexandros* sont changés en *Menle, Pultuke, Elchfentre.* Veut-on une autre preuve de la rudesse en même temps assourdie de la prononciation? L'*o* et l'*u*, le *b* et le *p*, le *c* et le *g*, le *d* et le *t*, se confondent de très-bonne heure dans cette langue. Comme chez les Latins, et dans les plus durs dialectes de la Grèce, l'accent y est ramené sur la syllabe initiale. Les consonnes aspirées sont également modifiées : tandis que les Italiques les rejettent toutes à l'exception de la *labiale aspirée b*, et aussi de l'*f*; tandis que les Grecs, au contraire, les gardent toutes (θ, φ, χ), à l'exception de l'*f*, les Etrusques abandonnent la plus douce et la plus agréable à l'oreille, le φ (sauf à la maintenir dans quelques mots d'emprunt, seulement), et, quant aux trois autres (θ, χ. *f*,) ils en font un emploi continuel, là même où elles n'ont rien à faire; pour eux, *Thetis* devient *Theϑis; Telephus,* Θ*elaphe; Odysseus, Utuze* ou *Uthuze.* Le peu de mots ou de terminaisons dont le sens nous soit connu, n'a pas la moindre analogie avec les idiomes grecs ou italiques. La finale *al* indique la descendance, celle

---

[1] Citons, par exemple, l'inscription suivante qui se lit sur un vase d'argile trouvé à Cœré : *miniceϑumamimaϑumaramlisiaiϑipurenaie ϑeeraisieepanamineϑunastavhelefu;* ou celle-ci : *mi ramuϑaf kaiufinaia.*

[2] Citons, pour faire saisir de suite la transformation opérée dans les sons, les premiers mots de la grande inscription de Pérouse: *eulat tanna larezul amevaχr lautn velϑinase stlaafunas sleleϑcarú.*

maternelle d'ordinaire : ainsi *Cainal*, dans une inscription bilingue de *Chiusi*, est traduit par ces mots *Cainia natus*. La finale *sa*, dans les noms des *femmes*, indique la famille à laquelle elles sont alliées par le mariage. Ainsi l'épouse d'un certain Licinius s'appelle *Lecnesa*. Citons quelques mots : *cela* ou *clan*, faisant *clensi* dans les cas déclinés, veut dire *fils* ; *seχ*, veut dire *fille* ; *ril*, *année*. Le Dieu Hermès s'appelle *Turms* ; Aphrodite, *Turan* ; Hephæstos, *Sethlans* ; Bacchus, *Fufluns* : ce sont là autant de formes et de sons étrangers. A côté d'eux pourtant se rencontrent quelques analogies non méconnaissables avec les langues italiques. Les *noms propres* sont formés en général de la même manière que dans ces dernières. Ainsi, de même qu'on trouve chez celles-ci la terminaison *enas* ou *ena* [1], indicative de la *famille* et correspondant avec l'*enus* sabellique ; de même les noms étrusques *Vibenna*, *Spurinna*, correspondent exactement aux *Vibius*, *Vibienus*, *Spurius* des Romains. On lit fréquemment sur les monuments des noms de dieux ; on en rencontre aussi chez les auteurs, qui sont donnés comme étrusques, et qui semblent, soit par leur radical, soit souvent par leur terminaison même, d'une formation évidemment identique au latin ; au point que s'ils étaient réellement et originairement étrusques il faudrait en conclure l'étroite affinité des deux langues : citons *usil* (le *soleil* et l'*aurore*, cf. avec *ausum*, *aurum*, *aurora*, *sol*) ; *Minerva* (*menervare*) ; *Lasa* (*lascivus*) ; *Neptunus* ; *Voltumna*. Hâtons-nous de dire que ces analogies remarquables s'expliquent très-bien par les contacts politiques et religieux, si fréquents plus

---

[1] Sic : *Mœcenas, Porsena, Vivenna, Cæcina, Spurinna*. La voyelle de la syllabe pénultième était longue d'abord : mais par suite du retrait de l'accent, qui fut reporté sur la première, cette voyelle devint brève, ou fut même élidée souvent. Ainsi, au lieu de *Porsēna*, on trouve souvent écrit *Porsĕna* ; au lieu de *Cæcina*, *Ceicne*.

tard entre les Étrusques et les Latins : d'où ces emprunts et ces accommodements partiels entres les deux idiomes. Mais tout cela ne contredit en rien les résultats auxquels la philologie a été décidément conduite. Bien certainement la langue étrusque s'éloigne des langues gréco-italiques autant que le celte ou le slave. L'oreille des Romains ne les avait pas trompés à cet égard. Pour eux le « *toscan* et le *gaulois* » sont des idiomes barbares ; tandis que « l'*osque* et le *volsque* » ne sont que des *patois latins rustiques*. Étranger à la famille gréco-italique, à quel rameau connu l'étrusque pourra-t-il donc se rattacher ? Nul ne le peut dire. Les archéologues se sont mis à la torture, ils l'ont rapproché de tous les idiomes possibles, toujours sans le moindre succès. On avait cru d'abord, se fondant tout naturellement sur quelques rapports géographiques, lui trouver des analogies dans la langue basque ; les chercheurs ont perdu leur peine. On a tenté également en vain un rapprochement avec quelques noms de lieux et d'hommes, avec les faibles vestiges qui nous sont restés de la langue ligurienne. Il n'a pas été non plus possible de rattacher l'étrusque au peuple éteint qui a érigé par milliers dans les îles toscanes, et surtout dans la Sardaigne, ces étranges tours sépulcrales, appelées *nouraghes* ; mais aucun édifice de ce genre ne se trouve en Étrurie [1]. Tout ce que l'on peut dire, c'est qu'à en juger par quelques indices assez décisifs, les Étrusques doivent être rangés dans la grande famille indo-germanique. Ainsi, le mot *mi* qui se lit au commencement d'un grand nombre d'inscriptions fort anciennes, n'est évidemment pas autre que ἐμί, εἰμί : le génitif, dans certains radicaux consonnants, *veneruſ*, *rafuvuſ*, se trouve aussi dans le latin archaïque, et répond à la finale sanscrite en *as*. De

---

[1] [C'est l'opinion d'Ott. Müller, *Manuel d'Archæol.*, § 168.]

même le nom du Jupiter étrusque *Tina* ou *Tinia* ressemble au sanscrit *dina* (*jour*), comme *záv* (étr.) correspond à *diwan* (sanscr.), qui a le même sens. Quoi qu'il en soit, les Étrusques n'en demeurent pas moins *isolés* dans la grande famille des peuples. « Ils ne ressemblent, » dit Denys d'Halycarnasse « à aucune nation, ni par la langue, ni par les mœurs. » La critique moderne ne saurait ajouter un mot à ce jugement.

<small>Patrie des Étrusques.</small> L'origine des Étrusques, le pays d'où ils sortirent un jour, pour venir en Italie, nous sont également ignorés. Perdons-nous beaucoup à cela ? Leur migration touche évidemment au temps de leur enfance : leur développement historique commence et s'achève en Italie. Néanmoins on a entassé les recherches sur le problème de leurs origines. Les archéologues ont un peu l'habitude de vouloir surtout connaître ce qui ne peut être retrouvé, ou ce qui n'en vaut pas la peine, s'inquiétant surtout de savoir, selon le mot de Tibère, « qui fut la mère d'Hécube ! » Comme les villes les plus anciennes et les plus importantes de l'Étrurie étaient placées dans l'intérieur, et qu'à l'exception de *Populonia* (laquelle d'ailleurs n'a jamais fait partie de l'antique Dodécapole), il n'en existait pas une sur les bords de la mer qui méritât d'être nommée ; comme enfin nous voyons ce peuple, dans les temps historiques, se mouvoir du nord au sud, il nous semble probable qu'ils sont descendus par voie de terre dans la Péninsule : leur civilisation fort humble encore, au moment où ils se font connaître, ne se concilierait pas non plus facilement avec l'hypothèse d'une immigration maritime. Dès les temps les plus anciens, on a vu des peuples franchir un détroit, comme ils eussent fait un fleuve : mais il était tout autrement difficile de venir débarquer sur les côtes de l'Italie occidentale. C'est donc vers le nord ou à l'ouest de l'Italie qu'il convient d'aller chercher la patrie des Étrusques.

Rien ne défend de croire qu'ils aient suivi la route des Alpes rhœtiennes : les plus anciens habitants des Grisons et du Tyrol, les Rhœtiens, ont parlé étrusque, au dire des premiers historiens, et leur nom ne diffère pas sensiblement de celui des Rases. Sans doute, les Rhœtiens peuvent n'être eux-mêmes que les restes d'une colonisation étrusque *transpadane* ; mais pourquoi ne pas les considérer plutôt comme le peuple primitif demeuré dans ses cantonnements anciens ? Cette hypothèse est toute simple : elle est conforme à la nature des choses. Lui opposera-t-on le récit différent, d'après lequel les Étrusques ne seraient qu'une colonie *lydienne*, venue d'Asie ? Ce récit a pour lui l'ancienneté de sa date ; Hérodote y fait allusion [1], et les auteurs qui ont écrit à la suite en donnent des versions nombreuses et rehaussées par l'exagération des détails. Mais d'abord il est nettement démenti par d'anciens et intelligents critiques : Denys d'Halycarnasse, par exemple, se prononce contre une telle origine. Il prouve qu'il n'y a aucune ressemblance entre les Lydiens et les Étrusques : tout chez eux est autre, la religion, les lois, les mœurs et la langue. Il se peut qu'un jour une bande de pirates de l'Asie Mineure soit descendue sur la côte toscane, et ait ainsi donné matière à la légende ; mais nous croyons bien plus encore à l'existence d'une espèce de quiproquo. Une ressemblance de nom, toute de hasard, a semblé rapprocher les Étrusques italiques ou *Tursennæ* (car telle est la forme primitive, d'où les Grecs ont fait Τυρσ-ηνοί, Τυρρηνοί ; les Ombriens, *Turs-ci* ; et les Romains, *Tusci* et *Etrusci*), et le peuple lydien des *Torrhébes* (Τορρηβοί), appelés aussi Τυρρηνοί, de leur ville Τύρρα. L'antiquité de l'erreur une fois admise, n'en a pas corrigé le vice : et la ressemblance fortuite des noms ne

---

[1] [Hérod. I, 173.]

saurait justifier l'échafaudage de toute une Babel d'opinions erronées. C'est ainsi qu'on a expliqué le commerce maritime des Étrusques par les habitudes de la piraterie lydienne : puis, que plus tard, acceptant sans contrôle une opinion relatée par Thucydide lui-même [1], on a fait des pirates *Torrhébes* un rameau détaché de la grande souche des Pélasges, ces flibustiers des anciennes mers. A partir de là, la tradition embrouille considérablement l'histoire. Les *Tyrrhéniens* sont les *Torrhébes* de Lydie, à en croire les documents les plus antiques, les hymnes homériques [2]; ailleurs, ils ne sont que des Pélasges, ou même ils constituent à eux tout seuls la nation pélasgique : ailleurs enfin, ils sont les Étrusques italiques, sans avoir jamais eu avec les Pélasges ou les Torrhébes des relations continues, et sans avoir avec eux une commune origine.

Il est d'un plus haut intérêt de déterminer la contrée où les Étrusques se sont établis d'abord, et d'où ils ont rayonné en divers sens. Avant la grande invasion celtique, ils s'étaient arrêtés au nord du Pô, tout le démontre; touchant du côté de l'est à l'*Athésis* [*Adige*], et aux *Vénètes*, de race illyrienne (ou albanaise?), et du côté de l'ouest aux *Ligures*. Citons-en pour preuve, encore, ce rude dialecte étrusque, parlé jusque dans le siècle de Tite-Live par les habitants des Alpes rhétiques; citons Mantoue, restée étrusque jusque dans les temps postérieurs. Au sud, et aux embouchures du Pô, les Étrusques et les Ombriens s'étaient mêlés, les premiers dominant sur les seconds. Ceux-ci avaient pour eux l'ancienneté; ils avaient fondé les villes de commerce d'*Hatria* et de *Spina*; *Felsina* (*Bononia*, Bologne) et *Ravenne* au contraire, semblent étrusques. Les Celtes eurent

Régions Italiennes occupées par les Étrusques.

---

[1] [Thucyd. IV, 109.]
[2] [Hymn. in Bacch. v. 7 et 59.]

besoin d'un assez long temps avant de franchir le Pô : aussi, la civilisation tusco-ombrienne s'était-elle enracinée plus profondément sur la rive droite que sur la rive gauche, de bonne heure abandonnée. Quoi qu'il en soit, les régions au nord de l'Apennin changèrent trop souvent et trop vite de maîtres, pour qu'il s'y pût former alors une nationalité durable ; mais le grand établissement fondé par les Étrusques dans la contrée qui porte leur nom est d'une haute importance historique. Que les Ligures ou les Ombriens (p. 154) y soient venus un jour, peu importe : les vestiges de leur passage ont été presque entièrement effacés par l'occupation étrusque, et la civilisation qui s'y est développée. Là, depuis les côtes de *Pise* jusqu'à *Tarquinies* [*Corneto*], et à l'est jusqu'à la chaîne Apennine, la nationalité étrusque s'est fondée à demeure, et s'est maintenue opiniâtre et vivace, même jusque sous les empereurs. Au nord, l'*Arnus* [*Arno*], formait la frontière : plus loin et en remontant vers l'embouchure de la *Macra* [*Magra*], et les contre-forts de l'Apennin, le territoire était disputé ; il appartint tantôt aux Ligures et tantôt aux Étrusques. Il ne s'y fonda pas de grands établissements. La frontière du sud, placée d'abord à la *forêt Ciminienne* (*Ciminius saltus*), chaîne de collines courant entre Viterbe et le Tibre, fut ensuite portée jusqu'au fleuve. Nous avons constaté déjà (p. 154) que cette région, où s'élevèrent les villes de *Sutrium* [*Sutri*], *Nepete* [*Nepe*], *Faléries* [non loin de *Civita-Castellana*], Véies [près d'*Isola-Farnese*], *Cœré* [*Cervetri*], ne furent occupées par les Étrusques que longtemps après la région du nord, et peut-être seulement au second siècle de Rome. La population italique s'y maintint encore, mais dans un état de sujétion, notamment à Faléries. Le Tibre étant devenu la limite étrusque du côté de l'Ombrie et du Latium, les rapports internationaux s'y établirent sur un pied de paix, et le peuple étrusque ne poussa pas plus loin son territoire. Quelque étranger qu'il fût aux yeux des Romains, pour qui les Latins étaient des parents, ceux-ci, au contraire, semblent avoir bien moins redouté des attaques et des dangers venant de la rive droite, que du côté de Gabies et d'Albe. La raison en est simple; ils avaient pour les protéger contre les Étrusques le large courant du fleuve; et, circonstance toute propice aux progrès mercantiles et politiques de leur ville, aucune des cités puissantes de l'Étrurie n'était placée sur le Tibre. Autrement en était-il du Latium. C'est avec *Véies*, la cité étrusque la plus rapprochée du fleuve, qu'eurent lieu les premières et les plus fréquentes luttes, entre Rome et le Latium coalisés. Il s'agissait de la possession de *Fidènes*, tête de pont aussi importante pour les Véiens sur la rive gauche, que le Janicule pour les Romains sur la rive droite : les chances des combats en firent une possession tantôt latine et tantôt étrusque. Avec *Cœré*, plus éloignée de Rome, les relations furent bonnes et amicales, beaucoup meilleures surtout qu'elles ne l'étaient alors d'ordinaire entre peuplades voisines. La légende fait bien allusion à des conflits oubliés, dans les temps les plus lointains, entre cette ville et les Latins : Mézence, roi de Cœré, leur aurait fait subir une défaite désastreuse, et imposé un tribut payable en *vin* : mais, après ces hostilités anciennes, la tradition énumère avec complaisance les relations journalières et étroites, qui s'étaient plus tard établies entre les deux centres commerciaux et maritimes des deux peuples.

Nous disions que par la voie de terre, les Étrusques ne se sont pas avancés au delà du Tibre. Nul vestige certain, du moins, n'indique qu'ils soient allés plus loin. Nous les trouvons bien au premier rang dans l'armée barbare, anéantie sous les murs de *Cymé* [*Cumes*] par *Aristo-*

déme, en l'an 230 de Rome (p. 159); mais tout ce que l'on 524 av. J.-C. peut en induire, à supposer vrais, jusque dans leurs détails, les récits qu'on a faits de cet événement, c'est que des bandes étruriennes avaient pris part à cette expédition de flibustiers. On ne trouve dans les terres, au sud du Tibre, aucun grand établissement étrusque; et l'histoire ne mentionne pas que les Latins se soient jamais vus attaqués et refoulés sur leur propre territoire. Le Janicule, les deux rives du Tibre et son embouchure sont toujours, et sans difficultés, demeurés entre les mains des Romains. Veut-on parler d'immigrations dans Rome même? Les annales étrusques n'en mentionnaient qu'une seule. Suivant elles, une bande, conduite par *Cœlius Vivenna* de *Vulsinies* [*Volsinii, Bolsena*], puis après sa mort, par son compagnon fidèle *Mastarna*, aurait fini par entrer dans Rome, et s'établir sur le Cœlius. Nous admettons volontiers la réalité du fait, sauf à rejeter la conjecture plus qu'improbable, suivant laquelle ce même Mastarna serait plus tard devenu roi sous le nom de Servius Tullius. Il faut, pour y ajouter foi, se convertir avec certains archéologues au système du parallélisme des légendes. Le nom de « *quartier Étrusque*, » donné à un groupe d'habitations situées au-dessous du Palatin, semble aussi faire allusion à quelque immigration du même genre (p. 70).

On ne peut pas, non plus, mettre en doute l'origine étrusque des derniers rois de Rome, qu'ils soient venus de Tarquinies, comme le veut la légende, ou plutôt de Cœré même, où la tombe des *Tarchnas* a été récemment mise à jour [1]. Enfin, le nom de femme *Tanaquil* ou *Tanchvil* [2], mentionné dans la légende, n'est point latin, et se rencontre fréquemment en Étrurie. Mais aller

---

[1] [En 1845.]
[2] [Femme de Tarquin l'Ancien.]

croire avec les traditions reçues à Rome, que Tarquin l'Ancien était le fils d'un Grec émigré de Corinthe à Tarquinies [1], et qu'il était venu lui-même se fixer à Rome : c'est embrouiller à la fois et l'histoire et la légende; c'est briser et confondre la chaîne des événements. N'acceptons rien de plus de ce récit que le fait nu et insignifiant en lui-même, de l'introduction dans Rome d'une famille de descendance étrusque, et à laquelle un jour aurait été remis le sceptre des rois. La royauté donnée à un citoyen originaire de l'Étrurie n'implique nullement la conquête de Rome par les Étrusques, ou par une cité étrurienne, pas plus qu'elle ne donne à conclure que Rome était alors maîtresse de l'Étrurie méridionale. Il n'existe pas de raison suffisante pour accepter soit l'une, soit l'autre des deux hypothèses. Les Tarquins ont leur histoire à Rome seulement; et pendant le temps des rois, l'Étrurie n'a pas, que nous sachions, exercé une influence décisive sur la langue ou sur les mœurs romaines, ou arrêté, dans leur cours également régulier, les progrès de l'État romain et de la ligue latine. Qu'on ne s'étonne pas de l'état passif de l'Étrurie en face de ses voisins : à cette même époque, les Étrusques avaient à combattre les Celtes sur le Pô, que ceux-ci paraissent n'avoir franchi qu'à une date postérieure à l'expulsion des rois. Puis, tous leurs intérêts s'étaient tournés du côté de la mer et des expéditions maritimes. Ils visaient à la domination des côtes, ainsi que le démontrent leurs établissements dans la Campanie, sur lesquels nous reviendrons plus tard (ch. x).

Constitutions étrusques. Comme chez les Grecs et les Latins, les institutions étrusques ont pour base l'association des diverses familles dans la cité. Mais la nation étrurienne s'étant adonnée à la navigation, au commerce et à l'industrie, de bien

---

[1] [*Démarate*, riche marchand de la famille des *Bacchiades*.]

meilleure heure que les autres peuples de l'Italie, les institutions urbaines se trouvèrent aussitôt placées dans les conditions les plus favorables. Les Grecs mentionnent le nom de *Cœré* avant celui de toute autre ville italique. D'un autre côté, les Étrusques sont moins guerriers et moins habiles soldats que les Romains et les Sabins ; ils ont tout d'abord des mercenaires qui combattent pour eux, chose inconnue chez les peuples italiotes. Les institutions des communautés primitives ont ressemblé sans doute à celles des *pagi* romains. Elles avaient pour chefs des rois ou *lucumons* portant des insignes semblables à ceux des rois romains, et ayant, comme eux, la plénitude des pouvoirs. Il y avait une démarcation tranchée entre les nobles et les non-nobles. L'organisation de la famille étant la même, le système des noms était le même aussi; seulement, chez les Étrusques, il était tenu compte davantage de la filiation maternelle. Le lien des diverses confédérations était des moins resserrés. Une seule et même ligue n'embrassait pas toute la nation : les Étrusques du nord, ceux de la Campanie avaient leurs ligues particulières, comme aussi les cités de l'Étrurie propre. Chaque ligue enfermait douze cités, qui sans doute avaient leur métropole pour le culte, pour la direction de la ligue, et aussi peut-être leur grand prêtre commun. Mais, d'un autre côté, chacune d'elles avait les mêmes droits, la même puissance, en telle sorte qu'il n'y eût ni suprématie, ni pouvoir central, qui pût s'établir ou se consolider dans une même cité. La métropole de l'Étrurie propre était *Vulsinii (Bolsena)* : quant aux autres localités de cette *Dodécapole*, la tradition n'a fait connaître, d'une façon certaine, que les noms de *Perusia [Pérouse]*, de *Vetulonium [Vetulia]*, de *Volci [Ponte della Badia]* et de *Tarquinies [Corneto]*. Au surplus, une entente commune de tous les Étrusques coalisés était chose aussi rare qu'elle était fréquente chez les Latins. En Étrurie, chaque cité fait la guerre pour son compte ; elle n'y intéresse ses voisins que si elle le peut ; et quand par hasard une guerre fédérale est décidée, on voit souvent plusieurs cités n'y pas prendre part. Les confédérations étrusques, bien plus encore que les ligues formées entre peuplades affiliées au sein des peuples italiques, ont toujours manqué d'une direction forte et suprême.

CHAPITRE X.

LES HELLÈNES EN ITALIE. — PUISSANCE MARITIME
DES ÉTRUSQUES ET DES CARTHAGINOIS.

La lumière ne se fait pas tout d'un coup dans l'histoire des peuples de l'antiquité. Pour l'Italie aussi le jour naît en Orient; pendant que la Péninsule est encore noyée dans l'obscurité de l'avenir. Les régions qui environnent le bassin de la Méditerranée, à l'est, s'éclairent de toutes parts des lueurs d'une civilisation féconde. Les peuples, à leur point de départ, trouvent d'ordinaire un modèle, un *dominateur* dans un peuple frère. L'Italie n'a pas échappé à ce destin, tant s'en faut. Mais ce n'est pas par la voie de terre qu'elle a reçu l'impulsion civilisatrice. Sa situation géographique fait comprendre de suite pourquoi. Les communications terrestres, entre l'Italie et la Grèce, étaient par trop difficiles dans les anciens temps; et nul vestige n'est resté d'un courant établi par cette route. Que le commerce ait pu cependant franchir quelquefois les Alpes, nous l'admettons. L'ambre a été apporté des côtes de la Baltique jusqu'aux bouches du Pô, en des temps d'une antiquité reculée : la légende grecque a placé sa patrie dans le Delta du grand fleuve. Une autre route, partant du même point, traversait l'Apennin et venait droit tomber à Pise ; mais, en réalité,

L'Italie
et les
pays étrangers.

elle n'introduisait pas l'élément civilisateur au milieu des Italiques. C'est aux nations maritimes de l'Orient que revient la gloire d'avoir donné à l'Italie tout ce qu'elle a reçu du dehors, en fait de culture étrangère.

Les Phéniciens en Italie.

Le plus ancien des peuples civilisés de la Méditerranée, le peuple Égyptien, ne se risquait pas encore sur les mers: son influence directe sur l'Italie a été nulle. Les Phéniciens ne firent pas davantage pour elle. Les premiers, ils quittèrent leur patrie et l'étroite bande de terre qu'ils occupaient; et ils allèrent, sur leurs maisons flottantes, se mêler à toutes les races connues. Se lançant à la recherche des poissons, des coquillages utiles; puis bientôt s'ouvrant toutes les voies du commerce, les premiers, ils coururent les mers dans tous les sens, et se répandirent avec une incroyable rapidité jusque dans les stations les plus reculées de la Méditerranée occidentale. Ils précèdent les Grecs presque partout, dans les ports grecs même, en Crète, à Chypre, en Égypte, en Lybie, en Espagne, et aussi dans les régions maritimes, à l'ouest de l'Italie. Thucydide rapporte qu'avant la venue des Hellènes, ou tout au moins avant leurs émigrations et l'établissement de leurs colonies, les Phéniciens avaient déjà fait le tour de la Sicile, fondé des comptoirs sur ses caps et dans les îles adjacentes, n'occupant pas les terres et se contentant du commerce avec les indigènes [1]. Avec le continent italique ils n'agissent pas de même ; on n'y a jamais connu sûrement qu'une seule colonie phénicienne, la factorerie de Cœré, dont le souvenir s'est conservé dans le nom d'une petite localité voisine (*Punicum*), située sur la côte, et dans le second nom de Cœré elle-même ; *Agylla* [2], qui n'a rien de Pélasge, quoi qu'en dise la fable, est purement phé-

---

[1] [Thucyd., VI, 2.]
[2] [Auj. *Cervetri* (*Cœre vetere*).]

nicien et signifie « *ville ronde*, » à raison de la forme de l'enceinte, quand on la voyait du rivage. Cette station était d'ailleurs peu importante ; elle fut promptement abandonnée avec toutes celles, s'il y en eut d'autres, qui auraient été fondées alors sur les côtes italiennes. Comment, en effet, dans l'hypothèse contraire, tous les vestiges en auraient-ils disparu? Ajoutons qu'il n'y a pas de motifs sérieux de tenir ces établissements pour les aînés de ceux des Grecs dans les mêmes contrées. Citons une autre et incontestable preuve. Le nom latin des Phéniciens est emprunté à la dénomination usitée en Grèce [Φοινίκοι] n'en faut-il pas conclure que les Chananites n'ont été connus dans le Latium que par l'intermédiaire des Grecs ?

C'est par les Grecs, en effet, qu'eut lieu la première initiation de l'Italie aux mystères de la civilisation orientale; et, pour qui ne veut pas remonter jusqu'aux temps anté-helléniques, le comptoir phénicien de Cœré peut fort bien n'avoir été créé que plus tard, et à l'occasion de relations commerciales établies avec Carthage. La navigation primitive n'était guère qu'un cabotage côtier : elle resta telle pendant des siècles ; et, pour les caboteurs, le continent italien était placé à la plus longue distance des côtes phéniciennes. Les Phéniciens ne pouvaient y arriver par la Grèce occidentale, ou par la Sicile; et tout porte à croire que les rapides progrès de la marine des Hellènes leur ont permis de devancer leurs maîtres dans les parages des mers Tyrrhénienne et Adriatique. Les Phéniciens n'ont donc point exercé, dès l'origine et directement, une influence grande sur la civilisation italique : mais, plus tard, devenus maîtres de la Méditerranée occidentale, nous les verrons entrer en rapports plus fréquents avec les peuples de la mer Tyrrhénienne.

Suivant toute apparence, les navigateurs de la Grèce,

<small>Les Grecs en Italie.</small>

ont été les premiers, parmi les habitants de la mer Orientale, à visiter les parages italiques. De quelle contrée de la Grèce, en quel temps y sont-ils venus? Sur la question de date l'histoire se tait; mais elle est plus sûrement et plus complétement renseignée sur l'autre. Le commerce grec s'était puissamment développé dans les villes éoliennes et ioniennes de la côte de l'Asie Mineure. C'est de là que partirent les expéditions qui d'un côté pénétrèrent dans la mer Noire, et de l'autre descendirent en Italie. Le souvenir de la découverte des côtes du sud et de l'est, par les marins de l'Ionie, s'est perpétué dans les noms de la *mer Ionienne*, entre l'Épire et la Sicile, et du *golfe Ionien* [*mer Adriatique*]., que les Grecs donnèrent tout d'abord à ces deux régions marines. Leur plus ancien établissement en Italie, *Cymé* [*Cumes*], à en juger par son nom, et à en croire la tradition, est une colonie de la ville de Cymé, sur la côte d'Anatolie. Enfin, s'il faut en croire les récits faits par les Grecs, les Phocéens de l'Asie Mineure furent les premiers à parcourir les mers lointaines de l'Occident. D'autres les suivirent sur ces routes nouvellement ouvertes: les Ioniens de Naxos et de Chalcis d'Eubée, les Achéens, les Locriens, les Rhodiens, les Corinthiens, les Mégariens, les Messéniens même et les Spartiates. De même qu'après la découverte de l'Amérique on a vu, dans les temps modernes, toutes les nations de l'Europe civilisée y accourir, comme à l'envi, et y fonder des colonies; de même que les instincts de la solidarité qui les doit unir toutes, se révélèrent plus puissants que dans leur ancienne patrie chez ces émigrés d'origine diverse, de même les expéditions maritimes des Hellènes dans l'ouest, et les établissements fondés à la suite, loin de leur apparaître comme la chose d'une seule cité ou d'une seule famille, leur semblèrent la propriété de tous. De même aussi que les colonies anglaises et françaises, hollandai-

Patrie des premiers émigrants.

ses et allemandes se sont mêlées et confondues sur le sol de l'Amérique du Nord ; de même la Sicile grecque et la « Grande-Grèce, » furent la création commune et indivise de toutes les peuplades helléniques, y compris celles qui différaient le plus entre elles. Néanmoins, et laissant de côté quelques établissements isolés, tels que ceux des Locriens à *Hippone*[1] et à *Médama*[2], ou que la colonie fondée, vers la fin de cette période, à *Hyélé (Velia, Elea*[3]), par les Phocéens, on peut reconnaître trois principaux groupes. Le premier est le groupe *ionien*, celui des *cités chalcydiques*, comme elles furent appelées plus tard. Il comptait, en Italie, *Cymé* [*Cumes*] avec les autres colonies grecques aux alentours du Vésuve, et *Rhégion* [*Reggio*] : en Sicile, *Zankle* (la future *Messana* ou *Messine*) ; *Naxos*[4], *Catane*, *Leontium*[5], *Himère*[6]. Le second est le groupe *achéen*, auquel se rattachent *Sybaris* et la plupart des villes de la Grande-Grèce ; le troisième, enfin, est le groupe *dorien*, avec *Syracuse*, *Géla*[7], *Acragas* [*Agrigente* ou *Girgenti*] et la plupart des colonies siciliennes, avec Taras *(Tarentum)* et sa colonie d'*Héraclée*[8], en Italie. Les plus anciennes migrations, celles des Ioniens et des races péloponésiaques antérieures à la grande conquête dorienne, ont été de beaucoup les plus nombreuses : quant aux Doriens, ce n'est guère que de leurs villes à population mixte, comme Corinthe et Mégare, que sont partis les colons : les pays doriens purs ne fournissent qu'un contingent minime. Il devait en être

---

[1] [*Hippo* ou *Hipponium*, appelée par les Romains *Vibo Valentia*, dans le Brutium ; auj. *Bivona*.]

[2] [Aussi dans la Calabre ultérieure, non loin de *Nicotera*.]

[3] [*Castello a mare della Brucca*, entre les golfes de *Salerne* et de *Policastro*.]

[4] [Depuis *Tauromenium, Taormine*.]

[5] [*Lentini*, dans le *Val di Noto*.]

[6] [Sur le *Fiume grande*.]

[7] [*Terra nuova*, côte sud, prov. de *Caltanisetta*.]

[8] [*Heraclea Lucaniæ*; aujourd'hui, à ce que l'on croit, *Policoro*.]

ainsi naturellement. Les Ioniens pratiquaient depuis longtemps le commerce et la navigation ; les races doriennes, au contraire, n'ont quitté que plus tard leurs retraites perdues dans les montagnes, pour descendre vers les côtes : elles étaient restées étrangères aux affaires commerciales. Les différents groupes d'émigrés se distinguent d'une façon remarquable par le titre de leur monnaie. Les Phocéens frappent la leur sur le pied de la monnaie *babylonienne*, lequel prédomine en Asie. Les villes chalcydiques suivent d'abord le pied *éginétique*, usité dans presque toute la Grèce européenne ; puis elles adoptent la modification que l'Eubée a aussi admise. Les villes achaïques suivent l'étalon *corinthien* ; les villes doriennes adoptent à la fin les valeurs introduites par Solon dans l'Attique, l'an 160 de Rome. Toutefois, *Taras* et *Héraclée*, pour toutes leurs monnaies importantes, imitent de préférence celles de leurs voisins achéens, et se séparent en cela de leurs compatriotes doriens de la Sicile.

594 av. J.-C.

Date de la colonisation grecque.

Les premières expéditions des Grecs, leurs premiers établissements remontent à une date qu'il sera toujours difficile de préciser. Quelques conjectures semblent pourtant permises. Dans les plus anciens monuments de la littérature hellénique (appartenant aux Ioniens de l'Asie, comme aussi les premiers actes de commerce avec l'Occident) ; dans les poëmes d'Homère, l'horizon géographique s'étend à peine encore au delà du bassin oriental de la Méditerranée. Quelques navigateurs, jetés par la tempête dans les parages occidentaux, avaient bien pu dire l'existence d'une grande terre au delà ; ils avaient parlé sans doute des tourbillons dangereux, et des îles vomissant le feu qu'ils avaient rencontrés. Il n'est pas moins certain que, dans le pays même de la Hellade où fut ouverte à la civilisation sa voie nouvelle, l'Italie, la Sicile étaient à peu près inconnues. Les faiseurs de contes et les poëtes de l'Orient pouvaient, sans craindre un démenti, remplir de leurs inventions faites à plaisir les espaces vides de l'Ouest, comme en d'autres temps les Occidentaux en ont rempli l'Orient à leur tour. Viennent ensuite les poésies hésiodiques; là, l'Italie et la Sicile commencent à apparaître. On y lit les noms de quelques peuples, de quelques montagnes et de quelques villes; mais l'Italie n'est encore pour le poëte qu'un groupe d'îles. Plus tard, les connaissances se sont accrues, et les écrivains d'alors parlent de la Sicile et de toutes les échelles italiennes en des termes généralement exacts. Nous suivons donc assez bien les étapes successives de la colonisation. Au temps de Thucydide, Cymé passait pour la plus ancienne colonie qui ait mérité ce nom: et Thucydide ne se trompe pas, en se rangeant à l'opinion commune. Certes les navigateurs auraient pu aborder en maints lieux plus proches; mais ils y trouvaient les tempêtes ou les Barbares; et l'île d'Ischia[1], où Cymé fut fondée d'abord, leur offrait un sûr abri, ce qui n'était point une considération sans importance; car, quand la ville fut plus tard transportée sur la terre ferme, on choisit aussi pour son nouvel emplacement, le rocher escarpé, mais bien défendu, qui porte encore de nos jours le nom vénérable de la métropole asiatique. [*Cuma, Cumes*]. En nul endroit de l'Italie, autant que dans les alentours de Cumes, ne se sont localisés en traits vivaces et ineffaçables les détails de noms et de lieux dont fourmillent les contes venus de l'Asie Mineure. Là, l'esprit tout rempli des merveilles que la légende plaçait dans l'Ouest, les premiers arrivants parmi les Grecs foulèrent pour la première fois le sol du pays de la Fable; là les rochers des *Sirènes*, le lac d'*Aornos* [l'*Averne*], entrée des Enfers, sont demeurés comme les restes de

---

[1] [*Ænaria* et *Pithœusa*, autrefois.]

ce monde merveilleux où ils avaient cru mettre le pied. C'est à Cymé que les Grecs se trouvèrent en contact avec les Italiens ; et, comme ils avaient pour voisins immédiats le petit peuple des *Opiques*, ils donnèrent son nom pendant des siècles à tous les peuples italiques. On rapporte, et cela peut être vrai, qu'un long temps s'écoula entre la fondation de Cymé et les immigrations en masse qui remplirent l'Italie du sud et la Sicile. Les Ioniens de *Chalcis* et de *Naxos* vinrent d'abord avant tous les autres. La Naxos sicilienne [*Taormine, Tauromenium*] est la plus ancienne de ces colonies: les Achéens et les Doriens ne vinrent qu'après. Il est d'ailleurs impossible d'assigner des dates certaines à tous ces faits. Notre unique point de repère, c'est la fondation de l'achéenne *Sybaris*, l'an 33 de Rome; ou celle de la dorienne *Taras* [*Tarente*], l'an 46. Voilà dans l'histoire gréco-italique les plus anciennes dates dont il soit possible d'affirmer approximativement l'exactitude. Mais, de même que nous ne saurions fixer l'époque des poésies homériques et hésiodiques, de même nous ne pouvons dire de combien il faut remonter en arrière pour préciser celle de la première colonisation ionienne. Si Hérodote a assigné sa date vraie au siècle d'Homère, l'Italie était encore ignorée des Grecs, un siècle avant la fondation de Rome: mais cette opinion, comme toutes celles qui se réfèrent à l'époque contemporaine d'Homère, n'a rien de probant en soi ; elle n'est elle-même qu'une induction. Pour qui se reporte à l'histoire de l'alphabet italique; pour qui se rappelle que, chose remarquable, le monde hellénique a été révélé aux Italiens avant que le nom plus nouveau des *Hellènes* ait pris la place du nom des *Grecs*, bien plus ancien que lui [1], l'époque où les relations ont

---

[1] Le nom des *Grecs*, comme celui des *Hellènes*, se rattache au centre primitif de la civilisation grecque, à la contrée intérieure de l'Épire et au pays avoisinant Dodone. Dans les Ééès d'Hésiode toute la nation s'ap-

commencé entre les deux peuples semblera beaucoup
plus reculée encore.

L'histoire de la Grèce siculo-italienne ne fait pas
partie de l'histoire italique : les colons grecs de l'Ouest
restèrent en rapports quotidiens avec la mère patrie,
prenant part à toutes les fêtes nationales, exerçant tous
leurs droits comme Hellènes. Il n'en est pas moins utile
de rechercher les divers caractères des colonies grecques,
et d'y retrouver les sources multiples et variées de leur
influence sur la civilisation de l'Italie.

Caractère de l'immigration grecque.

Parmi tous ces établissements, il n'en est pas où le
système des institutions soit aussi exclusif, aussi concentré que celui d'où sortit la ligue des villes achéennes.
Elle se composait des villes de *Siris, Pandosie, Métabus*
[ou *Métapontion, Métaponte*]. *Sybaris* avec ses colonies
de *Posidonie* et *Laos, Crotone, Caulonia, Temesa, Terina,*
et *Pyxus*[1]. Les colons en appartenaient, pour la plupart,
à une race hellénique, qui conserva obstinément son
dialecte propre, différent du dorien, son voisin, sous
plusieurs rapports et notamment par l'absence de la

Ligue des villes achéennes.

pelle encore la nation des Grecs; mais cette appellation, déjà repoussée
avec affectation, est subordonnée à celle d'*Hellènes*. Celle-ci n'apparaît
point encore dans Homère. A l'exception d'Hésiode, on ne la rencontre,
pour la première fois, que dans Archiloque, vers l'an 50 de Rome; mais
elle remonte évidemment à une date beaucoup plus ancienne. (Duncker,
Gesch. d. Alterth. (Hist. de l'Antiquité), 3, 18, 556.) Ainsi, dès avant ce
temps, les Italiens connaissaient assez les Grecs pour leur donner, non
pas le nom d'une des familles grecques, mais le nom générique de la
nation. Maintenant, comment concilier ce fait avec cette autre assertion,
qu'un siècle avant la fondation de Rome, l'Italie était absolument inconnue aux Grecs de l'Asie Mineure? Nous parlerons plus loin de l'alphabet; son histoire nous conduira au même résultat et à la même contradiction. On nous trouverait téméraires, si nous nous permettions de
rejeter, par les motifs qui précèdent, les indications d'Hérodote en ce
qui touche le siècle d'Homère; mais n'est-on pas bien plus hardi en
décidant la question sur la foi de la seule tradition?

[1] [Voici les noms modernes de ces diverses localités :
Torre di Senna (Calabre); *Anglona* (Calabre); *Torre di Mare*, côté es
des Calabres, près des bouches du *Bradano*; *Pœstum*; *Laüs, Laino*, au
sud du golfe de Policastro; *Cotrone*; *Castelvetere*; *Torre di Nocera*;
Sainte-Euphémie, sur la baie de ce nom; *Policastro*.]

lettre *h* (H)[1]. Cette race, de même, continua à pratiquer l'ancienne écriture, au lieu d'accepter le nouvel alphabet, usité partout ailleurs. Enfin, en s'associant dans une forte et étroite ligue, elle sut défendre sa nationalité particulière, tant contre les Barbares que contre les autres Grecs. Il convient d'appliquer à la ligue achéenne de l'Italie ce que Polybe dira plus tard de la *Symmachie* achéenne du Péloponèse : « Non-seulement les Achéens » vivent dans les liens amicaux de la communauté fédé- » rale, mais ils se servent des mêmes lois, des mêmes » poids et mesures, de la même monnaie; leurs chefs, » les membres de leurs conseils, et leurs juges sont les » mêmes. » — Une telle ligue constate une véritable et solide colonisation. Les villes, à l'exception de Crotone, avec sa rade médiocre, n'avaient ni havres, ni commerce propre : le *Sybarite* se vantait de vieillir entre les ponts de ses lagunes; les Milésiens et les Étrusques lui achetaient ou lui vendaient des produits divers. Mais, ici, les Hellènes ne s'étaient point contentés d'occuper la côte; ils dominaient d'une mer à l'autre sur « *le pays du vin* » ou « *des bœufs* » (Οἰνωτρία; Ἰταλία) ou encore « *la Grande Grèce.* » Les paysans indigènes subirent l'esclavage ou la clientèle, cultivant pour les Grecs les terres, ou leur en payant la rente. Sybaris, en son temps, la plus grande ville d'Italie, commandait à quatre peuplades barbares, et à vingt-cinq plus petites villes : elle fonda sur l'autre rivage *Laos* et *Posidonie*. Les vallées plantureuses du *Crathis* et du *Bradanus* [2] enrichissaient de leurs récoltes les habitants de Sybaris et de Métaponte; et c'est sur leur territoire, peut-être, que les céréales ont été pour la première fois cultivées en vue de l'exportation. — Les

---

[1] [Le caractère H (h) servait d'aspiration dans le grec archaïque, placé après le π, le κ, le τ. Il a été remplacé plus tard par le φ, le χ, le θ.]

[2] [Le *Crati* et le *Bradano*.]

cités achéennes arrivèrent incroyablement vite à l'état le plus florissant : témoins, les quelques ouvrages artistiques que nous possédons encore : témoins, ces monnaies, du travail antique le plus sévère et le plus pur, que les Achéens commencèrent à frapper dès l'an 174, et qui sont les plus anciens monuments, parvenus jusqu'à nous, de l'art et de l'écriture en Italie. Non contents de se tenir au courant des progrès si merveilleux de la plastique dans la mère patrie, les Achéens occidentaux la dépassèrent même dans les procédés techniques : au lieu des pièces d'argent épaisses, frappées d'un seul côté, et d'ordinaire sans légende écrite, ayant cours alors aussi bien dans la Grèce propre que chez les Doriens italiques, les Achéens frappent en foule, avec une habileté toute originale, de grandes et minces monnaies du même métal, portant deux empreintes pareilles, partie en creux, partie en relief, et ayant toujours leur inscription spéciale. Comme à cette époque, les faux monnayeurs savaient déjà appliquer deux minces feuilles d'argent sur une plaque de métal grossier, la forme des empreintes monétaires fut calculée en vue d'empêcher une telle falsification : les précautions prises à cet effet dénotent déjà une organisation savante. — Malheureusement cette civilisation fleurit sans porter de fruits. Placés en face d'indigènes qui se soumettaient sans résistance, menant sans travail une vie facile, les Achéens s'endormirent dans leurs loisirs, et virent s'éteindre en eux et l'énergie de l'esprit et la vigueur du corps. Il n'est sorti du milieu d'eux aucun de ces hommes dont le nom éclatant, dans les arts et la littérature, a honoré la civilisation grecque. Pendant que la Sicile les produit en foule; pendant que la chalcydique Rhégium donne naissance à *Ibycus*, que la dorienne Tarente compte *Archytas* parmi ses enfants, ce peuple, pour qui « *la broche tourne toujours devant le foyer* » ne sait rien inventer que les luttes du pugilat.

580 av. J.-C.

L'aristocratie dominait, et ne laissait pas surgir un tyran. Elle avait de bonne heure pris en main la direction politique dans les cités ; et, en cas de besoin, elle trouvait un sûr appui dans le pouvoir fédéral central. Mais on devait craindre de la voir dégénérer peu à peu en *oligarchie*, alors surtout que les familles privilégiées s'associaient entre elles, et s'entr'aidaient de cité à cité. Telle était, à n'en pouvoir douter, cette association des « *Amis* » fondées dans les conditions d'une solidarité réciproque, et à laquelle se rattache le nom de *Pythagore*. Elle prescrivait « d'honorer à l'égal des dieux » les citoyens de la haute classe; « d'assujettir à l'égal des animaux » les habitants des classes serves. La mise en pratique de ces théories iniques amena promptement une réaction terrible. Les Amis furent détruits, et l'ancienne confédération fut renouvelée. Mais le mal était sans remède. Les querelles furieuses des partis, les soulèvements en masse des esclaves, les embarras sociaux de toute espèce, les applications maladroites d'une philosophie politique quasi-impraticable; bref, tous les maux d'une civilisation dégénérée, concoururent comme à l'envi à jeter la perturbation au sein des cités achéennes, et amenèrent la chute de leur puissance. — Qu'on ne s'étonne donc pas du peu d'influence réelle exercée par les Achéens sur la civilisation italienne. Cette influence était réservée aux autres colonies grecques. Les colons agriculteurs des villes achéennes ne la recherchaient nullement au delà de leurs frontières; tandis que les cités commerçantes, au contraire, ne visaient qu'à l'étendre. Chez eux, les Achéens réduisaient les indigènes en esclavage, étouffaient tous les germes nationaux, sans ouvrir aux Italiens une voie nouvelle au sein de l'Hellénisme. Aussi les institutions grecques de *Sybaris* et de *Métaponte*, de *Crotone* et de *Posidonie*, après s'être montrées d'abord pleines de vie, en dépit de toutes les disgrâces politiques,

se sont-elles ensuite évanouies, sans laisser de traces, sans
gloire, et plus fugitives qu'en nulle autre contrée. Un
peuple mêlé, parlant les deux langues, naquit plus tard
des débris indigènes et achéens, et des récentes migrations des bandes sabelliques. Il ne prospéra pas davantage : mais la catastrophe qui l'attend, n'appartient pas
à la période actuelle. [*V. infrà*, liv. II, chap. v.]

Nous avons dit que les colonies fondées par les autres
Grecs étaient toutes différentes, et que leur action fut
grande au sein de l'Italie. Non qu'elles aient méprisé
l'agriculture et la richesse foncière : les Hellènes
n'avaient pas pour habitude, depuis qu'ils se sentaient
forts surtout, de se contenter de simples comptoirs
créés en terre barbare, à la mode phénicienne. Mais ces
colonies n'en avaient pas moins été fondées pour le
commerce, d'abord ; et, par cette raison, elles avaient
été placées, chose à laquelle les Achéens ne songeaient
jamais, sur les points de débarquement, sur les meilleurs havres de la côte. L'origine, le motif, l'époque de la
fondation de chacune d'elles variaient nécessairement.
Mais il s'était établi entre elles, et notamment en face
de la ligue achéenne, une sorte de communauté d'usages,
d'intérêts et de vues. Elles suivaient, par exemple, le
nouvel alphabet des Grecs [1]. Le dialecte dorien fut
généralement adopté partout, même dans les cités, qui
comme Cymé [2], avaient originairement suivi le doux
parler ionien. On conçoit, d'ailleurs, que toutes ces
colonies aient très-diversement influé sur la civilisation

Villes ionico-doriennes.

---

[1] Nous entendons parler de celui qui remplaça les anciennes formes
orientales de l'*iôta* ⌐, du *gamma* ⌐ ou ⌐, et du *lambda* Λ, par les lettres
nouvelles plus claires I C Λ ; et distingua du *p*, Γ, avec lequel elle pouvait facilement se confondre, la lettre *r*, P, à laquelle un trait recourbé
fut ajouté, comme il suit : R.

[2] Citons, pour exemple, l'inscription suivante, tirée d'un vase d'argile cuméen : Ταταίες ἐμί λέκυθος hὸς δ'άν με κλέφσει θυφλὸς ἔσται.
[« D'aujourd'hui je suis vase à parfums : devienne aveugle qui me
vole. »]

italienne, les unes en plus, les autres en moins. Qu'il nous suffise d'entrer dans quelques détails à l'égard de deux d'entre elles, dont l'importance a été plus décisive, la dorienne *Tarente*, et l'ionienne *Cymé*, dont nous avons souvent cité les noms.

Tarente. — Aux Tarentins est échu le rôle le plus brillant. Un port excellent, le seul bon port de la côte méridionale, faisait de leur ville l'entrepôt du commerce maritime dans ces parages, et même d'une partie de celui de la mer Adriatique. Les pêcheries abondantes du golfe, la production et le travail des laines fines du pays, leur teinture à l'aide du coquillage tarentin, dont la pourpre luttait avec celle de Phénicie, toutes ces industries fécondes apportées de *Milet*, d'Asie Mineure, occupaient des milliers de bras, et fournissaient ample matière au transit et aux exportations. Les Tarentins frappaient la monnaie, même celle d'or, en quantités plus considérables que les autres Grecs-Italiques. Tous les jours encore on en retrouve des spécimens attestant la grandeur et l'activité du commerce de ce peuple. Déjà, à l'époque où nous sommes, Tarente disputait à Sybaris le premier rang; et, déjà, par conséquent, ses relations s'étaient agrandies au dehors. Toutefois elle ne semble pas s'être jamais appliquée, avec un succès durable, à l'extension de son domaine dans l'intérieur des terres, ainsi que l'avaient fait les villes de la ligue achéenne.

Les villes grecques de la région du Vésuve. — Tandis que les colonies grecques de l'Est prenaient un essor rapide et éclatant; celles situées plus au nord, au pied du Vésuve, accomplissaient des destinées plus modestes en apparence. Là, les Cyméens, quittant leur île fertile d'*Ænaria* [*Ischia*], descendaient sur la terre ferme, et se construisaient une seconde patrie au sommet d'une colline dominant la mer. Puis ils fondaient aux environs le port de *Dicœarchia* [plus tard *Puteoli, Pouzzoles*] et les villes de Parthénopée et de Néapolis. Avec presque toutes les villes chalcydiques de l'Italie et de la Sicile, ils suivaient les lois rédigées par *Charondas*, de *Catane* (en l'an 100), instituant une démocratie tempérée par un cens élevé, donnant le pouvoir à un conseil de citoyens choisis parmi les riches : lois durables par cela même, et qui préservèrent souvent les cités ioniennes de la tyrannie des usurpateurs, et de la tyrannie de la multitude. D'ailleurs, nous ne savons que peu de chose de l'histoire extérieure des Grecs Campaniens. Par la force des choses, ou par leur libre choix, ils restèrent, plus que les Tarentins même, enfermés dans des limites territoriales très-circonscrites : ils n'en sortirent jamais en conquérants, pour assujettir les indigènes; et, nouant avec eux de simples rapports d'amitié ou de commerce, ils se créèrent une douce et heureuse existence, et prirent à la fois le premier rang parmi les missionnaires de la civilisation grecque en Italie.

(54 av. J. C.

Les deux cités du détroit de *Rhegium*; tout le rivage méridional, et tout le rivage occidental jusqu'au Vésuve, sur la terre ferme; dans la Sicile, la plus grande moitié orientale de l'île, étaient devenue terres grecques. Il n'en fut pas de mêmes des régions de l'Ouest, au nord du Vésuve, et de toute la côte orientale de la Péninsule. On ne trouve nulle part trace d'établissements créés sur le rivage italien de l'Adriatique. Entre ce fait remarquable, et la rareté presqu'aussi grande des colonies, presque toujours sans importance, fondées en face, sur la côte illyrienne, ou dans les îles nombreuses qui la bordent, il y a une concordance singulièrement frappante. Toutefois, sur un point tout rapproché de la Grèce propre, deux places commerciales considérables, *Epidamne* (plus tard, *Dyrrachium, Durazzo*), et *Apollonie* (non loin d'*Avlona*), s'étaient élevées dans les temps qui précédèrent l'expulsion des rois romains : la première, en 127; la seconde, en 167. Plus au nord,

627. 537.

sauf le petit établissement de la *Corcyra Melœna* [*Corcyra Nigra*, aujourd'hui *Curzola*], datant de 174 environ, il n'y a plus rien. Quelle fut la raison de cette abstention ? c'est ce dont on n'a pu bien se rendre compte. La nature elle-même semblait appeler les Hellènes dans ces contrées : les routes du commerce s'y étaient depuis longtemps ouvertes à la marine corinthienne, à celle de Corcyre [*Kerkyra, Corfou*], colonie presque contemporaine de la fondation de Rome (vers 44). Les villes placées aux bouches du Pô, *Spina*, *Hatria*, étaient des entrepôts importants. Les orages de l'Adriatique, les dangers de la côte inhospitalière, la sauvagerie des Illyriens barbares, ne sauraient suffire pour expliquer une telle singularité. Quoi qu'il en soit, ce fut pour l'Italie un événement de haute importance que de recevoir l'élément civilisateur par la région de l'Ouest, et non immédiatement par sa côte orientale. En même temps, la dorienne *Tarente*, la plus orientale des places de la Grande-Grèce, entra en concurrence, dans ces parages, avec *Corinthe* et *Corcyre*: et par la possession d'*Hydrus* (*Hydruntum*, *Otranto*), elle commanda l'entrée de l'Adriatique, du côté italien. Comme, à l'exception des havres du Pô, il n'y avait pas alors, dans toute la longueur de l'Adriatique, un seul marché méritant ce nom (les succès d'*Ancône* commencent plus tard, et bien plus tard encore ceux de *Brundisium* [*Brindisi, Brindes*]), on comprend que le plus souvent les navires d'*Epidamne* et d'*Apollonie* allaient aussi atterrir à *Tarente*. Enfin, les Tarentins avaient ouvert avec l'Apulie des relations assez suivies par voie de terre, et il faut leur attribuer les quelques éléments de civilisation grecque qui avaient pu pénétrer dans la région du sud-est. Mais, à cette heure, ces éléments sont à l'état de germes seulement ; ils ne se développeront que dans les siècles postérieurs.

Rapports entre les Italiques occidentaux et les Grecs.

Il ne faut pas douter, en revanche, que la côte occidentale, au nord du Vésuve, n'ait été fort anciennement visitée par les Hellènes, et qu'il n'y ait été créé des comptoirs sur les promontoires et dans les îles. Nous avons, tout d'abord, un témoignage précieux de ce fait dans la légende d'Ulysse, qui place les aventures de son héros, non loin des plages tyrrhéniennes [1]. On croyait retrouver les *îles d'Éole,* dans le groupe de *Lipari;* l'île de *Calypso,* près du promontoire *Lacinien* [île d'*Ogygie*]; l'île des Sirènes, près du cap *Misène;* l'île de *Circé,* près du cap *Circéien* [maintenant *Circeo*]; le tombeau élevé d'*Elpénor,* au sommet de la roche escarpée de *Terracine.* Les Lestrigons habitaient près de *Caïéta* et de *Formies* [*Gaëte,* et *Mola di Gaeta*]. Les deux fils qu'Ulysse avait eus de *Circé, Agrios* (c'est-à-dire le *sauvage*) et *Latinos,* régnaient sur les Tyrrhéniens « *dans le coin le plus reculé de l'île sacrée.* » Une autre version, plus récente, mentionne *Latinus,* l'unique fils d'Ulysse et de Circé, et *Ausone,* fils d'Ulysse et de Calypso. Ne sont-ce point là de vieux contes rapportés par ces marins d'Ionie, que l'image de la douce patrie avait accompagnés jusque dans les mers tyrrhéniennes? L'imagination vive et brillante qui se joue dans le cycle poétique de l'Odyssée ionienne, mettait le sceau à la légende, en en transportant le théâtre dans les environs de Cymé et dans tous les parages fréquentés par la marine cyméenne. Ces indices d'anciennes expéditions helléniques ne sont pas les seuls. On en rencontre d'autres encore dans le

---

[1] Les plus anciens écrivains grecs qui fassent mention des aventures d'Ulysse dans les mers tyrrhéniennes, sont : l'auteur de la *Théogonie hésiodique,* dans l'une de ses plus anciennes parties; puis ceux qui viennent un peu avant le siècle d'Alexandre, tels qu'*Ephore,* de qui procède le soi-disant *Scymnus,* et le soi-disant *Scylax.* Le premier de ces monuments appartient à un siècle où les Grecs ne voyaient dans l'Italie qu'un vaste archipel; il est dès lors très-vieux et permet, à bon droit, de faire remonter jusqu'au temps des rois Romains la formation de cette légende ulyssienne.

nom de l'île d'*Æthalia* (*Ilva, Elba*, l'île d'*Elbe*), qui semble, après celle d'*Ænaria* [*Ischia*], avoir été la plus tôt visitée : peut-être aussi dans le nom du port de *Télamon* [*Talamone porto*], en Étrurie ; dans celui des deux villes de la côte de Cœré, *Pyrgi* [près *Santa Severa*] et *Alsion* [près de *Palo*]. L'origine hellénique de ces villes se révèle en outre dans l'appareil architectural des murailles de Pyrgi, lequel est absolument différent des systèmes cœritique, et surtout étrusque. L'*Æthalia*, « *l'île du feu*, » a problablement joué tout d'abord un rôle dans ce mouvement maritime. Ses riches mines de cuivre et de fer y appelèrent l'affluence des étrangers, et y constituèrent un centre commercial entre eux et les indigènes : car, sans commerce avec la terre ferme, cette île étroite et non boisée, n'aurait pu fournir le combustible nécessaire à la fonte des minerais. Les Grecs enfin ont peut-être connu et exploité les mines d'argent de Populonia, situées sur un promontoire, en face de l'île d'Elbe [*Piombino*].

En ces temps, on menait de front le commerce et la piraterie sur terre et sur mer. Les nouveaux venus ne se firent, sans doute, nul scrupule de piller et de brûler quand ils en trouvaient l'occasion, et d'emmener en esclavage les habitants des contrées qu'il visitaient. Ceux-ci, de leur côté, exercèrent de justes représailles. La légende, d'accord en cela avec la réalité, rapporte que les Latins et les Tyrrhéniens surent se défendre avec énergie et succès. Les Italiques, dans la région moyenne, repoussèrent vigoureusement les étrangers : ils se maintinrent dans leurs villes et leurs havres, ou les reconquirent promptement : et de plus, ils demeurèrent les maîtres des mers avoisinantes. L'invasion hellénique, qui apportait l'oppression et la dénationalisation aux races du Sud, n'a fait autre chose, contre le gré des envahisseurs eux-mêmes, que d'enseigner les arts de la navigation et de la colonisation aux peuples latins et toscans. On les vit alors échanger leurs radeaux et leurs bateaux infimes contre la galère à rames des Phéniciens et des Grecs. Alors aussi grandirent et se développèrent les places de commerce les plus importantes : *Cœré*, dans le sud de l'Étrurie, et *Rome* sur le Tibre, que les Grecs n'avaient point fondées, et dont l'origine purement italique est attestée par leur nom d'abord, puis par leur éloignement de la côte; semblables en tout cela aux deux cités des bouches du Pô, *Spina* et *Hatria*, et à celle plus méridionale d'*Ariminum* [*Rimini*]. L'histoire, on le comprend, n'est point en mesure de raconter ce mouvement de la réaction italique contre l'invasion grecque : elle le constate seulement, et fait voir, en outre, ce qui est d'un haut intérêt pour l'avenir de la civilisation italienne, que cette réaction nationale dans l'Étrurie du sud et dans le Latium a suivi une route tout autre que dans l'*Étrurie propre* et dans les pays circonvoisins.

C'est la légende qui, la première, oppose les Latins aux « *Tyrrhéniens farouches*, » et les atterrages faciles des bouches du Tibre aux plages inhospitalières du pays des Volsques. Il n'en faudrait pas conclure, pourtant, que les établissements grecs auraient été tolérés dans certaines contrées de l'Italie moyenne, et repoussés dans d'autres. Au nord du Vésuve, il ne s'est jamais fondé de cité grecque indépendante, à dater de l'époque historique; et, si telle a été l'origine de *Pyrgi*, cette ville était du moins retombée dans les mains des Italiques, c'est-à-dire des *Cœrites*, avant même que le livre des Traditions commence à s'ouvrir. Mais, sur les côtes de l'Étrurie du sud, du Latium, et sur la côte occidentale, il y avait paix et commerce avec les négociants étrangers, ce qui n'existait pas ailleurs. L'attitude de Cœré est avan tout remarquable. Strabon dit des habitants de

Hellènes et Latins.

ces contrées « que les Grecs les estimaient fort, à cause
» de leur bravoure et de leur justice; et parce que, si
» puissants qu'ils fussent, ils s'abstenaient du pillage. »
Non que par ce dernier mot il entende la piraterie : le
négociant cœrite la pratiquait à l'égal de tous les marins;
seulement Cœré était devenue une sorte de port franc
pour les Phéniciens et les Grecs. Déjà nous avons mentionné l'échelle phénicienne de *Punicum*, et les deux
stations grecques de *Pyrgi* et d'*Alsion* : c'étaient là les
ports que les Cœrites s'abstenaient de piller. Grâce à ces
stations, Cœré, qui n'avait qu'une mauvaise rade, et ne
possédait pas de mines dans les environs, atteignit de
bonne heure un haut degré de prospérité, et devint pour
le commerce grec un marché beaucoup plus considérable
que les ports italiques des bouches du Tibre et du Pô,
placés pourtant dans des conditions naturelles infiniment plus favorables. C'est par toutes ces villes aussi
que s'établirent les communications religieuses entre la
Grèce et l'Italie moyenne. Le premier barbare qui ait
offert ses dons au *Jupiter Olympien*, fut le roi toscan
Arimnos, le maître d'*Ariminum* [*Rimini*]. Sans doute,
Spina et Cœré, comme toutes les cités ayant avec la divinité du lieu des rapports réguliers, possédaient leurs
trésors particuliers dans le temple d'*Apollon Delphien*;
les traditions de Cœré et de Rome, les légendes des
sanctuaires de Delphes et de l'oracle de Cumes, entremêlent fréquemment leurs fables. Ces villes, enfin, dont
les Italiques étaient les paisibles maîtres, et où ils vivaient sur un pied amical avec les commerçants étrangers, dépassèrent toutes les autres en richesses et en
puissance; et, comme elles étaient le marché de tous les
produits industriels de la Grèce, elles furent aussi le lieu
où la civilisation grecque déposa et fit éclore ses germes
les plus féconds.

<small>Hellènes
et Étrusques.</small>

Il n'en fut point ainsi chez les « *farouches Tyrrhé-*

niens. » Les mêmes causes qui, dans les pays latins et dans les régions de la rive droite du Tibre, assujetties à la suprématie étrusque plutôt qu'elles n'étaient Étruriennes, et enfin dans les cantons du Pô inférieur, avaient amené l'émancipation des indigènes à l'encontre des puissances maritimes étrangères introduisirent et développèrent aussi dans l'Étrurie propre une marine et une piraterie locales, lesquelles s'accrurent dans de grandes proportions, soit par l'effet de circonstances particulières, soit à raison du génie et du caractère de ces peuples enclins à la violence et au pillage. Ceux-ci en effet ne se contentèrent pas de refouler les Grecs de l'*Æthalie* et de *Populonia;* ils ne souffrirent pas pas parmi eux la présence d'un commerçant étranger, et l'on vit bientôt les corsaires étrusques balayer au loin la mer. Leur nom fut l'effroi des Hellènes. Pour ces derniers le grappin d'abordage était une invention *étrusque.* La mer Tyrrhénienne devint pour eux aussi la *mer d'Étrurie.* Corsaires audacieux et féroces, les Étrusques en parcoururent tous les parages; et bientôt on les vit descendre à leur tour sur les côtes latines et campaniennes. Les Latins résistèrent dans le Latium : les Grecs se maintinrent aux alentours du Vésuve; mais ils ne purent empêcher les Étrusques de fonder, au milieu ou à côté d'eux, les établissements d'*Antium* [*Porto d'Anzio*] et de *Surrentum* [*Sorrente*]. Les Volsques subirent leur clientelle; les forêts volsques fournirent à leurs galères les quilles et la charpente; et s'il est vrai que la conquête romaine ait seule mis fin à la piraterie des Antiates, on s'explique facilement comment les Grecs avaient placé sur le rivage méridional des Volsques, la patrie des *Læstrygons.* Le cap escarpé de Sorrente qui, avec le rocher de *Capri,* plus escarpé et plus inabordable encore, commande tout le golfe de Naples et de Salerne, et surveille au loin la mer Tyrrhénienne, fut de

Puissance maritime des Étrusques.

bonne heure occupé par les marins étrusques. Ils paraissent enfin avoir fondé même une *Dôdécapole* en Campanie : l'histoire mentionne des cités de langue étrusque, debout encore à l'intérieur du pays jusque dans des temps comparativement rapprochés ; et qui ont dû assurément leur origine à la domination maritime des Toscans, et à leur rivalité avec les Cyméens du Vésuve.

Les Étrusques, d'ailleurs, ne couraient pas toujours à la maraude et au pillage. Ils eurent aussi d'amicales relations avec les villes grecques, témoins les monnaies d'or et d'argent frappées dès l'an 200, sur le modèle et d'après le titre des pièces grecques, dans les villes de l'Étrurie, et notamment à Populonia. Ajoutons que ce modèle, ils ne l'allaient pas prendre dans la grande Grèce ; ils copiaient les monnaies de l'Attique ou de l'Asie Mineure, de préférence ; preuve nouvelle et sans réplique de leur hostilité vis-à-vis des Gréco-Italiens.

Pour ce qui est du commerce, leur situation était des plus favorables. Ils avaient sous ce rapport un grand avantage sur les Latins. Occupant l'Italie moyenne d'une mer à l'autre, ils étaient en possession des grands ports francs de la mer de l'ouest. A l'est, ils étaient maîtres des bouches du Pô, et de la Venise de ces temps : enfin, ils dominaient l'antique voie de terre, allant de *Pise* sur la mer Tyrrhénienne à *Spina*, sur la mer Adriatique : dans l'Italie du sud, ils possédaient les riches plaines de *Capoue* et de *Nola*. A eux appartenaient le fer de l'*Æthalie* [*Elbe*], le cuivre de *Volaterra* [*Volterre*] et de la Campanie, l'argent de *Populonia*, et l'ambre, qui leur était apporté de la Baltique (p. 173). A l'aide de leur piraterie, et comme par l'effet d'un *acte de navigation* grossier, leur commerce prospéra : le négociant de Milet, débarquant à *Sybaris*, y trouvait la concurrence du négociant Étrusque. Mais si celui-ci s'enrichit vite dans son double métier de corsaire et de grand commerçant, il rapporta vite aussi dans la mère patrie le luxe effréné et les mœurs licencieuses, cet infaillible poison qui tua si rapidement la puissance étrurienne.

La lutte des Étrusques, et aussi, dans de moindres proportions, celle des Latins contre l'hellénisme colonisateur, ne resta pas circonscrite entre ces peuples : ils entrèrent forcément dans le cercle plus vaste des rivalités qui se disputaient alors le commerce et la navigation de la Méditerranée tout entière. Les Phéniciens et les Hellènes se rencontraient alors partout. Ce ne serait point ici le lieu de décrire les combats des deux grands peuples maritimes, au temps des rois de Rome ; combats dont la Grèce, l'Asie Mineure, la Crète, Chypre, les côtes africaines, espagnoles et celtiques étaient tour à tour le théâtre. Mais si ces batailles ne furent point livrées sur le sol de l'Italie, elle n'en ressentit pas moins longtemps et profondément les contre-coups. Le plus jeune des peuples rivaux l'emporta tout d'abord, grâce à son énergie toute neuve et à l'universalité de son génie. Les Hellènes firent disparaître tous les comptoirs phéniciens créés jadis dans leurs deux patries européenne et asiatique ; puis, ils chassèrent les Phéniciens des îles de *Crète* et de *Chypre;* et mettant le pied en *Égypte*, et de là allant à *Cyrène*, ils se répandirent, comme on l'a vu, dans l'Italie du sud, et occupèrent la plus grande partie de la Sicile orientale. Partout, leur colonisation plus puissante balaya les petites étapes commerciales de la Phénicie. Déjà ils avaient fondé *Sélinonte* (126) et *Acragas* [*Agrigente*], (174), dans la Sicile occidentale ; déjà les hardis Phocéens de l'Asie Mineure avaient parcouru les mers de l'ouest, fondé *Massalia* [*Marseille*] sur la côte celtique (vers 150), et fait la reconnaissance des rivages espagnols. Mais tous ces

Rivalité des Phéniciens et des Hellènes.

628, 530 av. J.-C.

600.

progrès s'arrêtent soudain vers le milieu du second siècle de Rome, et nous ne pouvons douter que ce temps d'arrêt ne soit dû à un fait contemporain, aux progrès merveilleux de Carthage, la plus puissante des colonies phéniciennes de la Lybie; de Carthage, qui tenta de conjurer les dangers que couraient toutes les races puniques. Tout n'était point perdu encore. Si le peuple qui avait ouvert la Méditerranée au commerce et à la navigation, se voyait obligé de partager sa conquête avec un peuple plus jeune; s'il n'était plus seul en possession des deux voies de communication entre l'Orient et l'Occident; s'il n'avait plus le monopole commercial des deux grands bassins de la Méditerranée, il lui était possible encore de maintenir sa suprématie à l'ouest de la Sardaigne et de la Sicile. Telle fut la tâche que Carthage osa entreprendre avec l'énergie, l'obstination et l'ampleur de vues propres à la race Araméenne. A dater de ce moment, la colonisation phénicienne et la résistance se transforment. Jusque-là, les établissements puniques, ceux de Sicile, par exemple, que Thucydide a décrits, n'étaient que de simples comptoirs de commerce. Carthage se met à pratiquer le système des conquêtes territoriales : elle a des sujets nombreux dans les pays qu'elle conquiert; elle y élève des forteresses grandioses. Jusque-là les Phéniciens des colonies avaient lutté isolés contre les Grecs : Carthage concentre dans la virile unité de sa puissance toutes les forces défensives de la famille phénicienne. L'histoire de la Grèce n'offre rien de comparable à cette organisation compacte et savante. Mais la phase la plus remarquable de cette révolution coloniale est assurément celle où pour mieux lutter contre les Grecs, les Carthaginois entrèrent en relations intimes avec les Siciliens et les Italiens. De là d'incalculables conséquences.

Lutte
des Phéniciens
et des Italiques
contre
les Hellènes.

579 av. J.-C. Quand, vers l'an 175, les *Cnidiens* et les *Rhodiens* voulurent s'établir à *Lilybée* [*Lilybæon*, aujourd'hui *Mar-*

sala], au milieu même des colonies phéniciennes de la Sicile, ils furent chassés par les indigènes, les *Élymiens* de *Ségeste* [aujourd'hui *Alcamo*], unis aux Phéniciens. Quand les Phocéens, vers l'an 217, descendirent à *Alalia* [*Alérie*], en Corse, juste en face de Cœré, la flotte unie des Étrusques et des Carthaginois, comptant cent vingt voiles, accourut pour les repousser; et bien que l'escadre phocéenne, moins forte de moitié, se soit attribué la victoire dans ce combat naval, l'un des plus anciens dont fasse mention l'histoire, il n'en est pas moins vrai que les marines coalisées atteignirent leur but. Les Phocéens laissèrent la Corse, et allèrent s'établir à *Hyélé* [*Velia*], sur la côte Lucanienne, moins exposée aux coups de l'ennemi. Un traité conclu entre Carthage et l'Étrurie, réglait tout ce qui était relatif à l'importation des marchandises, au droit international et aux choses de la justice; il avait de plus institué une alliance armée, une *symmachie* (συμμαχία) dont les importants résultats furent attestés par cette bataille d'*Alalia*, que nous avons mentionnée plus plus haut. Chose non moins grave, on vit alors les Cœrites lapider les prisonniers Phocéens sur la place de leur marché; puis, pour expier leur attentat, envoyer une ambassade à l'Apollon de Delphes.

537 av. J.-C.

Quant au Latium, il ne s'était pas engagé dans la lutte contre les Hellènes. On rencontre même trace, dans les temps les plus reculés, d'un commerce d'amitié entre les Romains et les Phocéens de *Hyélé* et de *Massalie;* et l'on affirme que les gens d'*Ardée* ont concouru avec les *Zacynthiens* à la fondation de *Sagonte* en Espagne. Mais, pour n'être point ennemis des Grecs, les Latins en général se gardèrent bien de se ranger de leur côté: la preuve s'en trouve tout à la fois dans les liens étroits qui unissaient Rome à Cœré, et dans les vestiges longtemps subsistants d'anciennes relations commerciales avec Carthage: C'est par l'intermédiaire des Hellènes que les Romains ont connu les Chanaanites ; puisque, comme nous l'avons vu (p. 175), ils ne les désignent que par l'appellation grecque de *Phéniciens* (*Pœni*, Φοίνικοι) ; mais ce n'est point aux Grecs qu'ils avaient emprunté les noms qu'ils donnaient à *Carthage*, [1] et au peuple *Africain* [2]. Les marchandises tyriennes s'appelaient *sarraniennes* chez les anciens Romains [3] et ce nom exclut aussi toute idée d'une provenance hellénique. Enfin, la plus forte et dernière preuve du mouvement commercial existant anciennement et directement entre Rome et Carthage ressort des traités qui furent plus tard conclus entre les deux peuples.

Associés dans leurs efforts, les Phéniciens et les Italiotes restèrent les maîtres de la moitié occidentale de la Méditerranée.

Le nord-ouest de la Sicile avec les havres considérables de *Soloëis* et de *Panormos* [*Palerme*] sur la côte septentrionale, de *Motyé* sur le cap tourné vers l'Afrique, leur appartinrent directement ou médiatement. Au temps de Cyrus et de Crésus, alors que Bias *le Sage* conseillait aux Ioniens d'émigrer en masse, et quittant l'Asie Mineure, d'aller s'établir en Sardaigne (vers 200), le général carthaginois *Malchus* les y avait déjà devancés, et avait soumis à la pointe de l'épée une grande partie de cette île vaste et importante. Un demi-siècle plus tard

554 av. J.-C.

---

[1] *Karthada*, en phénicien ; Καρχηδών, en grec ; *Carthago*, en latin.

[2] Les mots *Afer*, *Afri*, usités déjà au temps de *Caton* et d'*Ennius* (sic, *Scipio Africanus*) n'ont rien d'hellénique : ils sont très-probablement de même souche que le nom d'*Hebræi*, Hébreux.

[3] Les Romains donnèrent tout d'abord le nom de *sarranienne* à la pourpre, à la flûte de Tyr ; et, à dater tout au moins des guerres d'Annibal, le nom (*cognomen*) de *Sarranus* est chez eux assez fréquent. On trouve dans Ennius et Plaute le nom de la ville *Sarra*, dérivé aussi de *Sarranus*, et non directement emprunté au mot indigène *Sor*. Les formes grecques *Tyrus*, *Tyrius*, n'ont guère été usitées à Rome avant *Afranius*. V. Festus, p. 355 ; Müller ; et aussi Mœvers, *die Phœn*. (Les Phéniciens), 2, 1,74.

toutes ses côtes sont en la possession incontestée des Phéniciens. Quant à la Corse, elle échut aux Étrusques avec ses villes d'*Alalia* et de *Nicœa*. Les indigènes leur payaient un tribut des pauvres produits de leur ile, en poix, en cire et en miel. Les Étrusques et les Carthaginois alliés commandent également dans les eaux de l'Adriatique, et à l'ouest de la Sicile et de la Sardaigne. Pourtant les Grecs ne désertèrent pas la lutte. Chassés de *Lilybée*, les Rhodiens et les Cnidiens s'établirent fortement dans l'archipel situé entre l'Italie et la Sicile, et y fondèrent la ville de *Lipara* [*Lipari*] (175). Massalie prospéra en dépit de son isolement, 579 av. J.-C. et s'empara bientôt de tout le commerce, depuis Nice jusqu'aux Pyrénées. Sous les Pyrénées même, les Lipariens fondèrent la colonie de *Rhoda* [*Rosas*] : les *Zacynthiens*, nous l'avons dit, descendirent à *Sagonte* ; on veut même que des dynastes grecs aient trôné à *Tingis* [*Tanger*], en *Mauritanie*. Quoi qu'il en soit, c'en était fait des progrès de l'hellénisme. Après *Acragas* [*Agrigente*] bâtie, les Grecs n'ont plus occupé que de faibles parcelles de territoire, soit dans l'Adriatique, soit dans la mer de l'Ouest, les eaux espagnoles et celles de l'océan Atlantique leur demeurant à peu près interdites. Le combat se prolongea d'année en année entre les *Lipariens* et les « pirates » toscans; entre les Carthaginois et les Massaliotes, les Cyrénéens, et tous les Grecs de Sicile; mais sans résultat décisif de part ni d'autre ; et après des siècles d'hostilités le *statu quo* se maintint partout.

Concluons. C'est aux Phéniciens que l'Italie a dû de ne pas voir la colonisation grecque affluer dans les régions moyennes et du nord. Là naquit et se développa, en Étrurie notamment, une puissance maritime nationale. Mais vint bientôt le temps pour les Phéniciens de jalouser, à leur tour (il en est toujours ainsi), la forte marine de leurs alliés Étrusques, sinon celle des Latins. La lutte sourde des intérêts rivaux des deux peuples se trahit déjà dans ce que les historiens racontent d'une expédition étrusque dirigée vers les îles Canaries, et que les Carthaginois auraient arrêtée au passage. Vrai ou faux, le récit a son importance caractéristique.

CHAPITRE XI

DROIT ET JUSTICE

Ce n'est point à l'histoire toute seule qu'il appartient de retracer la vie des peuples dans ses complications infinies. Sa tâche se borne à présenter le tableau d'ensemble de leur développement. Le mouvement et l'activité des individus, la pensée et l'imagination de chacun, si marqués qu'ils soient au coin du génie populaire, ne sont point, à proprement parler, de son domaine, et pourtant, il convient d'essayer l'esquisse de ces phénomènes individuels et d'en retracer au moins l'effet général, alors surtout qu'il s'agit des temps anté-historiques ou perdus dans les profondeurs des siècles. C'est ainsi seulement qu'il devient possible de combler un abîme qui sépare nos idées et nos sentiments modernes de ces anciennes civilisations disparues, et d'en ressaisir jusqu'à un certain point l'intelligence. Les traditions venues jusqu'à nous avec leurs noms de peuples défigurés, avec leurs légendes confuses, ressemblent à ces feuilles desséchées, dont nous avons peine à nous dire qu'elles ont été vertes un jour. Ne perdons point notre temps à écouter le bruit du vent qui les soulève,

<small>Caractère moderne de la civilisation italique.</small>

et des interminables discussions à l'aide desquelles on s'ingénie à classer par ordre ces échantillons de l'humanité, les *Chones*, les *Œnotriens*, les *Sicules* et les *Pélasges*. Demandons-nous plutôt, cela vaut mieux, quelles furent les institutions pratiques des Italiques, dans les matières du droit; quel idéal se manifeste dans leur religion, quelle fut leur économie domestique et agricole; d'où leur est venue leur écriture, et quels ont été enfin les éléments divers de leur civilisation. Nos connaissances sont bien courtes en ce qui touche les Romains, et encore plus en ce qui touche les peuples Sabelliques ou Étrusques : mais, tout fautif et incomplet que sera le tableau, il offrira du moins au lecteur, à la place de vains noms, des apparences et des conjectures instructives. Notre première conclusion, pour tout dire d'abord, c'est que les Italiques et les Romains en particulier avaient infiniment moins bien gardé la tradition et les souvenirs des temps primitifs, que les autres peuples de la souche indo-germanique. L'arc et la flèche, le char de combat, l'inaptitude des femmes à la propriété, l'achat de l'épouse, les formes primitives de la sépulture, les sacrifices humains, la vengeance du sang, les familles luttant contre le pouvoir central de la cité, les symboles vivants demandés à la nature, toutes ces inventions, tous ces faits et mille autres analogues, ont eu aussi leur jour pendant les premières étapes de la civilisation italique. Mais à l'heure où la lumière se fait, tout cela s'est évanoui, et ce n'est que par l'étude comparée des races apparentées que nous arrivons à la constatation de l'état de choses antérieur. Sous ce rapport, l'histoire italique commence à une date toute récente dans le mouvement de la civilisation générale : les Grecs, les Germains sont ses aînés; elle porte enfin, dès son début, l'empreinte d'une culture relativement moderne.

Les règles du droit primitif de la plupart des races

italiques ont absolument disparu : et du droit latin, nous ne savons quelque chose que grâce à la tradition romaine.

Juridiction.

La juridiction se concentre dans la cité, c'est-à-dire dans le roi, qui tient son assise, et « ordonne » (*jus*), dans les jours « consacrés à la parole » (*dies fasti*). Il siége sur le tribunal (*tribunal*) placé dans le lieu des assemblées; il est assis sur sa chaise curule (*sella curulis*) [1]; à ses côtés sont ses appariteurs (*lictores*); devant lui, l'accusé ou les parties (*rei*). Au commencement, les esclaves furent jugés par le maître; les femmes par le père de famille; le mari, avec l'assistance des proches (p. 82); mais alors ni les esclaves ni les femmes ne comptaient parmi les membres de la cité. Déjà, en ce qui concernait les fils et les petits-fils, la justice royale entrait en concurrence avec celle du père. Celle-ci ne constituait point d'ailleurs une juridiction véritable, elle était plutôt l'application du droit de propriété du père sur ses enfants. Nulle part nous ne trouvons trace d'un droit de justice attribué aux *gentes*, ou d'une juridiction qui n'émanciait pas de la puissance royale. La défense légitime de soi-même, la vengeance du sang, ont existé autrefois : et l'on en retrouve comme un écho traditionnel, dans le fait que le meurtre du meurtrier, ou de quiconque lui donne injustement aide et protection, par les proches de la victime, est déclaré excusable. Mais déjà la légende proteste contre ce principe [2]; et à notre sens la vengeance privée a été abolie de

---

[1] La *chaise curule* ou *siège du char* (une autre explication philologique n'est pas possible; v. aussi Servius sur l'*Énéid.*, 1, 16) provient, cela est clair, de ce que le roi seul avait droit de circuler en char dans la ville (p. 90). Par suite, le droit de monter sur son char lui appartenait dans toutes les occasions solennelles; il se rendait ainsi aux comices, et, comme il n'y avait point d'abord d'estrade élevée pour le juge, il rendait la sentence du haut de son *siège curule*.

[2] Nous faisons allusion au récit de la mort du roi *Tatius*, que l'on trouve dans Plutarque (*Romul.*, 23, 24). Suivant lui, les parents de

bonne heure dans Rome, grâce à l'énergique intervention du pouvoir central. Nous ne trouvons rien non plus chez les Latins qui ressemble à l'influence exercée en Germanie sur la sentence, par l'entourage et les compagnons de l'accusé. Jamais on ne voit chez eux tenir pour légalement nécessaire ou permise, la justification des prétentions des parties par le combat à main armée, par le combat judiciaire si fréquent en Germanie. *Crimes publics.* Le procès est public ou privé à Rome, suivant que le roi agit d'office, ou qu'il attend la plainte de la partie lésée. Il agit d'office, quand il y a violation de la paix publique; et surtout au cas de trahison envers le pays ou la cité livrés par le coupable à l'ennemi commun *(proditio)*, ou quand il y a révolte violente contre l'autorité suprême *(perduellio)*. Le meurtrier *(paricida)*, le sodomiste, celui qui attente à la pudeur des vierges ou des femmes, l'incendiaire, le faux témoin, celui qui jette un sort sur les moissons, celui qui coupe de nuit les blés d'autrui confiés à la garde des dieux et à la bonne foi publique, tous portent injure à la paix, et sont jugés comme traîtres. Le roi ouvre le procès, et dit la sentence, après avoir pris l'avis des assesseurs qu'il s'est adjoints. Il peut aussi, l'instance une fois introduite, la renvoyer à la décision de commissaires, régulièrement pris parmi les *conseillers* convoqués. La connaissance des cas de révolte est également renvoyée à des com-

---

Tatius avaient tué les envoyés de *Laurentum*; et Tatius, déniant la justice à leurs parents, ceux-ci l'auraient tué à son tour. Romulus alors aurait absous les meurtriers du roi, parce que le second meurtre aurait expié le premier. Puis, après un véritable débat criminel sur lequel les dieux auraient statué entre les deux villes, tous les coupables des deux meurtres, Romains et Laurentins, auraient été livrés au supplice. Nous ne pouvons voir dans tout ce récit qu'une sorte de consécration historique de l'abolition du droit de vengeance privée, comme on trouve dans la légende d'Horace l'institution du droit d'appel. Il a été donné d'autres explications du passage de Plutarque; mais elles nous semblent erronées ou arrangées après coup.

missaires extraordinaires *(duoviri perduellionis)*. Les « enquêteurs du meurtre » *(quæstores paricidii)* ont la mission de rechercher et d'arrêter tous les meurtriers; ils ont une sorte de compétence de police judiciaire. Les *trois hommes de nuit* *(tres viri nocturni* ou *capitales)* qui, plus tard, exerceront la police de sûreté, celles des incendies nocturnes, ainsi que la surveillance des exécutions; qui, par suite, auront de bonne heure un droit de juridiction sommaire, appartiennent aussi peut-être à ces anciens temps. La détention préventive est la règle; mais l'accusé peut être mis en liberté sous caution. La torture, pour contraindre à l'aveu, n'a lieu que sur la personne des esclaves. Quiconque est convaincu d'avoir violé la paix publique, subit la peine capitale : celle-ci varie dans ses formes : le faux témoin est précipité du haut du rocher de la citadelle; le voleur de moissons est pendu; l'incendiaire est brûlé. Le roi n'a pas le droit de grâce, réservé au peuple seul, mais il ouvre ou refuse au condamné le recours en appel *(provocatio)*. La grâce est aussi légalement octroyée par les dieux : quiconque s'agenouille devant le prêtre de Jupiter, ne peut être frappé de verges durant tout le jour : quiconque entre enchaîné dans sa propre maison, doit être aussitôt dégagé de ses liens : enfin, il est pardonné au criminel qui, se rendant au lieu de l'exécution, a la bonne chance de rencontrer une vestale.

Les contraventions aux ordonnances et règlements de police sont frappées par le roi d'une peine arbitraire, et consistent dans la remise d'un certain nombre (d'où le mot *multa*) de bœufs ou de brebis. C'est encore le roi qui ordonne la peine des verges. *Peines de police.*

Dans tous les autres cas, lorsqu'il n'est porté atteinte qu'à la paix privée, il n'est procédé du chef du magistrat que sur la requête de la partie lésée. C'est à elle qu'il incombe de traduire son adversaire devant le roi : *Droit privé.*

souvent même il lui faut employer la contrainte personnelle. Les deux parties comparaissent-elles, quand le demandeur a exposé verbalement sa plainte, et que le défendeur a refusé d'y faire droit, le roi passe outre directement à l'instruction du fond ; ou bien il renvoie la cause devant un commissaire délégué pour en connaître. La réparation du préjudice s'opère tout d'abord et régulièrement par voie de transaction entre les deux parties. L'État n'interpose son autorité que quand le voleur ne donne pas satisfaction au volé ; quand l'auteur du dommage ne le répare pas d'une façon suffisante *(pœna)* ; quand il y a rétention indue de la propriété d'autrui, ou enfin quand une juste réclamation est demeurée sans effet.

Vol.

Nous ignorons si, déjà, le vol constituait un délit matériellement réparable ou à quelle époque il a commencé d'être tenu pour tel : nous ignorons de même quelle répétition le volé était en droit d'exercer. Il est clair qu'elle était plus forte au cas de flagrant délit, qu'au cas où le fait avait été découvert seulement plus tard. Le dommage a quelque chose de plus criant au moment même où il est commis. Le vol était-il irréparable? Le voleur était-il hors d'état de payer l'indemnité réclamée, ou celle allouée par le juge? Il était aussitôt adjugé lui-même au demandeur, et lui demeurait asservi.

Dommages.

Pour tout dommage *(injuria)* corporel ou réel, la partie lésée doit, dans les cas peu graves, accepter indemnité réglée ; que si la voie de fait a entraîné la perte d'un membre, celle-ci réclame œil pour œil, dent pour dent.

Propriété.

Les terres étant restées longtemps communes chez les Romains, et le partage ne s'en étant effectué qu'à une date relativement récente, la propriété ne se développe point d'abord *immobilièrement* : elle s'attache d'abord à la possession des *esclaves* et du *bétail (familia pecu-niaque)*. Elle n'a point pour fondement le droit du plus fort. Mais on considère que le sol, que tout domaine en général a été concédé par la cité au citoyen, pour en avoir la possession et l'usage exclusifs : aussi le citoyen ou celui que la cité traite à son égal, sont-ils seuls capables du droit de propriété. Toute propriété passe librement de main en main : il n'y a point à cet égard de différence essentielle entre les meubles et les immeubles. Les enfants ou les proches n'ont point un droit absolu sur le patrimoine du père ou de la famille. Mais pourtant il n'est point permis au père de priver arbitrairement ses enfants de leur hérédité, puisqu'il ne peut ni se dépouiller de la puissance paternelle, ni faire un testament, que du consentement du peuple ; consentement qui peut être refusé, et qui l'a même été souvent. Sans nul doute le père de famille, durant sa vie, peut fort bien agir d'une façon préjudiciable à ses enfants. La loi ne restreint que rarement les droits du propriétaire, et laisse à tout homme majeur d'âge la libre disposition de son bien. J'admettrai pourtant qu'il faut reporter peut-être jusqu'à l'époque du partage des terres arables, la règle conservatrice d'après laquelle quiconque aliénait son patrimoine et en frustrait ses enfants, était considéré par le magistrat comme un insensé, et placé en tutelle. A dater de ce moment, la propriété privée eut une haute importance politique, la loi conciliant à la fois, autant qu'il était en elle, et le droit plein du propriétaire et le maintien de la fortune des familles. Quant à des restrictions matérielles, si l'on excepte les servitudes que l'intérêt de l'agriculture rendait nécessaires, la propriété n'en connaissait guère. Légalement, il n'y a place dans ce système, ni pour l'emphytéose, ni pour la rente foncière ; et au lieu de l'impignoration hypothécaire, dont le droit n'offre encore que peu d'exemples, on met en pratique la tradition opérée à titre de gage entre les mains du créancier, se gérant comme un acheteur, mais s'engageant sur parole *(fiducia)* à ne point aliéner la chose jusqu'à l'échéance, et à la restituer au débiteur après le payement de la somme convenue.

Les contrats. Les contrats, conclus entre l'État et un citoyen; l'obligation, par exemple, à laquelle s'astreignent les *garants (prævides, prædes)*, pour la sûreté d'une prestation quelconque à fournir à la cité, sont valables de plein droit et sans nulles formalités. Il n'en est pas ainsi des conventions entre particuliers; elles n'engendrent par elles-mêmes aucun titre à l'intervention secourable de la puissance publique. Le créancier n'a pour sûreté que la bonne foi du débiteur, à l'instar des pratiques du commerce; ou encore que la crainte des dieux vengeurs du parjure, quand la fidélité aux promesses faites, déjà si hautement vénérée, a de plus été, comme il arrive assez fréquemment, corroborée par un serment. Les fiançailles, cependant, engendrent une action. Si le père refuse la fiancée qu'il a promise, il paye une indemnité et expie par là son tort. L'action est aussi donnée en matière de vente *(mancipatio)* et de prêt *(nexum)*. La vente est parfaite par la remise de la chose vendue dans la main de l'acheteur *(mancipare)*, et par la remise simultanée du prix au vendeur, le tout en présence de témoins. Quant le cuivre devint l'étalon régulier de la valeur à la place des brebis et des bœufs, le payement se fit à l'aide d'une balance tenue par un témoin impartial *(libripens)*, et sur laquelle était déposée la quantité de métal convenue [1]. Le vendeur doit de plus affirmer

---

[1] La *mancipation*, dans la forme où elle nous est connue, est nécessairement postérieure à l'époque de la réforme Servienne. Ce qui le prouve, ce sont les cinq *témoins tirés des classes (testes classici)*; c'est l'énumération des choses vendables ou non *(mancipi, nec mancipi)*,

qu'il est propriétaire légitime ; enfin tous deux, vendeur et acheteur sont tenus de remplir à la lettre les conventions arrêtées. Au cas contraire, le contrevenant doit satisfaction à l'autre partie, exactement comme s'il lui avait dérobé sa chose. Mais il faut le contrat parfait et consommé des deux côtés pour faire naître l'action ; par eux-mêmes, ni la vente, ni le crédit consensuels ne confèrent la propriété, ni une revendication quelconque. — La formalité du prêt est la même : le prêteur, devant témoins, pèse et livre à l'emprunteur la quantité convenue de cuivre, sous obligation *(nexum)* de restituer, principal et intérêt, ce dernier dans les cas les plus habituels, fixé à 10 pour cent l'an [1]. L'échéance arrivée, le paiement se réalise de la même manière. Un débiteur de l'État fait-il défaut à ses engagements ? il est vendu avec tout ce qu'il possède sans forme de procès : la dette est constante par cela seul que l'État la réclame. Pour les particuliers il n'en est pas de même. S'agissait-il d'une revendication portée devant le roi *(vindiciæ)* pour atteinte à la propriété, ou d'une demande en paiement pour prêt effectué, il fallait au préalable examiner s'il y avait lieu à approfondissement du point de fait, ou s'il ressortait tout d'a-

Procédure.

soigneusement calculée en vue de la conservation de la propriété rurale ; c'est enfin la tradition elle-même, qui attribue à Servius l'invention de la balance. Au fond, la *mancipation* est beaucoup plus vieille. Elle n'avait lieu primitivement qu'au regard des objets que la main de l'acquéreur pouvait saisir, remontant ainsi jusqu'au temps où la propriété ne consistait guère qu'en esclaves et en bétail *(familia pecuniaque)*. Le nombre des témoins, l'énumération des choses *mancipi*, sont des formalités auxquelles évidemment a touché le réformateur, même en admettant que l'usage du cuivre et de la balance soit aussi plus ancien que lui. La *mancipation* est sans nul doute la forme primitive et générale de la vente : elle s'appliquait à toutes choses bien avant Servius ; et quant la loi plus tard a dit que telles et telles choses devaient être aliénées par la *mancipation*, elle a donné lieu à un véritable malentendu judiciaire, comme si seules elles devaient être à l'avenir tenues pour *res mancipi*.

[1] Soit, pour l'année de 10 mois, la 12ᵉ partie du capital ou l'*once* (*uncia*), qui donne 8 1/2 p. 0/0 pour l'année de 10 mois, ou 10 p. 0/0 pour celle de 12 mois.

bord simple et clair des circonstances de la cause. Une instruction préparatoire était le plus souvent utile dans les procès en matière de propriété : dans les affaires de prêt, au contraire, le litige pouvait être aussitôt et facilement tranché d'après les règles usuelles, en appelant les témoins du contrat. Ailleurs le point de fait était posé sous forme de *pari;* chaque partie apportant une *mise*, perdue pour elle au cas où elle succomberait *(sacramentum)*. Dans les procès importants, d'une valeur de plus de dix bœufs, le taux du *sacramentum* était d'un bœuf par cinq bœufs ; dans les petites causes, d'un mouton par cinq moutons. Le juge décidait alors qui avait *gagné*, et la mise du perdant était adjugée aux prêtres pour être employée aux sacrifices publics. Si le perdant n'avait pas ensuite donné satisfaction dans les trente jours ; si dans les cas où le litige portait sur une simple prestation due au créancier ; si en matière de prêt, par exemple, l'obligé ne prouvait pas par témoins qu'il avait restitué, il était aussitôt passé outre aux voies d'exécution, à la saisie par corps *(manus injectio).* Le créancier l'arrêtait partout où il le pouvait trouver, et l'amenait devant le juge pour le contraindre à s'acquitter de sa dette reconnue. Dans cette situation il n'avait point de défense à opposer, à moins qu'un tiers se présentant à son tour ne vînt soutenir le mal fondé de la voie de fait *(vindex)*, et n'arrêtât l'exécution en se rendant personnellement garant et responsable. A débiteur domicilié il fallait un répondant également domicilié. En l'absence de satisfaction donnée par le débiteur, ou de toute caution se présentant en son lieu et place, le roi n'avait plus qu'à l'adjuger au demandeur, qui l'emmenait et le traitait en esclave. Pendant les soixante jours qui suivaient, il était à trois reprises exposé sur le marché, où l'on demandait à voix haute s'il n'était pas quelqu'un qui le prît en pitié. Ce délai passé, les créanciers avaient le droit de le tuer et de se partager son corps; ou de le vendre en esclavage à l'étranger, lui, ses enfants et ses biens; ou de le garder définitivement en condition servile. Toutefois, ainsi que nous l'avons dit plus haut, tant qu'il demeurait dans l'enceinte de la cité, la loi romaine ne permettait pas d'en faire à proprement parler *un esclave* (p. 141).

Telles étaient dans la Rome primitive les mesures légales qui protégeaient la fortune de chacun; on est frappé de leur impitoyable rigueur contre le vol, le dommage à la propriété, contre la possession indue, et surtout contre l'insolvabilité du débiteur.

Ceux qui ne peuvent défendre eux-mêmes leur avoir trouvent également aide et protection dans la loi; elle veille aux intérêts des incapables, des mineurs, des insensés, et par-dessus tout des femmes confiées à la garde des plus proches héritiers. Ceux-ci succèdent au père de famille après sa mort: tous les ayants-droit partagent par parts égales, les femmes comprises; il est laissé la part d'une tête à la veuve comme à chaque enfant. Le vote populaire peut seul dispenser de l'ordre des successions légales, après l'avis préalable du collége des prêtres : la transmission des biens de la famille rentre, en effet, dans l'ordre des devoirs de religion. Toutefois, il fut de bonne heure et souvent accordé de telles dispenses; et l'on sut même aussi s'en passer au moyen du droit absolu de libre disposition entre-vifs. Le propriétaire transférait toute sa fortune à un ami, qui la partageait après lui conformément à la volonté qui lui avait été manifestée *(fidéicommis)*.

Tutelle. Hérédité.

L'affranchissement des esclaves n'était pas mis en pratique dans l'ancienne Rome. Nul doute qu'il ne fût loisible au propriétaire de ne plus faire acte de propriété sur sa chose; mais cette abstention ne pouvait créer un nouvel état juridique entre le maître et l'esclave:

Affranchissement.

nul lien de droit n'était possible de lui à son maître; et au regard du peuple romain, il n'acquérait ni la *cité*, ni *l'hospitalité*. L'affranchissement a débuté par n'être qu'un fait, sans fonder un droit; et le maître pouvait toujours reprendre et replacer l'affranchi en servitude. Un jour vint, pourtant, où la liberté lui fut assurée; ce fut quand le maître la promit à toujours en présence du peuple. Aucune formalité spéciale ne présida d'ailleurs à cet acte, ce qui démontre bien la non-existence de l'affranchissement juridique dans les temps anciens. On se servit tout simplement des moyens usités pour d'autres cas; on affranchit par testament, par voie de procès, ou de déclaration de cens. Mais pour avoir été ainsi libéré par acte public de dernière volonté, ou sur procès en liberté intenté par l'esclave au maître et acquiescé par celui-ci, ou parce qu'il lui avait été permis de se faire porter sur les rôles du cens, l'affranchi ne passait nullement encore à l'état de citoyen; en face de son ancien maître ou de ses héritiers, toutefois, il était homme libre; classé d'abord dans la *clientèle*, il devint pus tard *plébéien* (p. 116).

L'affranchissement du fils était chose plus difficile que celui de l'esclave : entre celui-ci et son maître la dépendance est simple, toute de hasard; et partant, elle peut se dénouer à volonté : mais le père ne peut cesser d'être père. Aussi fut-il nécessaire, pour l'émancipation postérieure, que le fils se plaçât d'abord en esclavage, par rapport à son père, pour recevoir ensuite de lui son affranchissement; mais à l'époque qui nous occupe, on peut affirmer que cette émancipation était encore inconnue.

Les clients et les amis.

Tel était le droit pour les *citoyens* de la Rome monarchique, aussi bien que pour les *clients*; entre eux, si loin que nous portions nos regards dans les temps primitifs, l'égalité devant la loi civile privée paraît entière. L'étranger, au contraire, s'il ne s'est pas rangé sous le patronage d'un citoyen, s'il n'est pas son *client*, n'a aucun droit à revendiquer ; il vit hors la loi, lui et son avoir. Quand le citoyen romain lui enlève sa chose, c'est comme s'il avait ramassé une coquille sans maître sur le bord de la mer. En fait, le Romain peut aussi acquérir et posséder un immeuble au delà de la frontière, mais il n'en est point juridiquement propriétaire, nul ne pouvant, si ce n'est la cité elle-même, agrandir le territoire romain. Les choses, en cas de guerre, se passent autrement : tout ce que gagne le soldat qui combat à l'armée, meuble ou immeuble, revient, non à lui, mais à l'État; et ici encore, il appartient à l'État de décider si la frontière sera ou non portée en avant.

L'exclusion des étrangers comporte d'ailleurs des exceptions : des traités spéciaux peuvent assurer dans Rome certains droits aux membres des autres cités. Ainsi, par leur traité d'alliance éternelle avec le Latium, les Romains avaient donné force de droit à toutes les conventions privées entre Romain et Latin. Ils avaient organisé même une sorte de procédure rapide devant les « *récupérateurs* » assermentés *(reciperatores)*, qui, siégeant toujours en nombre impair et multiple, à l'encontre de l'usage qui dans le droit civil pur, attribue à un juge unique la connaissance des causes, composaient sans doute une juridiction mi-partie, avec ses juges choisis dans l'un et l'autre peuple, ayant son président, et statuant comme une sorte de tribunal de commerce ou de tribunal forain. Ils disaient la sentence sur le lieu même où le contrat s'était conclu ; et cela, dans les dix jours, au plus tard. Les formes des actes entre Romains et Latins étaient d'ailleurs celles généralement usitées, même entre patriciens et plébéiens. On se tromperait en effet, si l'on allait chercher dans la *mancipation* et le *nexum* des formalités rigoureuses et spéciales : l'on n'y trouvera jamais que l'expression figurée des notions juridiques en vigueur, partout, au moins, où l'idiome latin se parlait.

Avec l'étranger proprement dit, les formes et les actes furent autres. Dès les débuts, Rome entra en commerce avec les Cœrites et d'autres peuples *amis*. Les contrats conclus purent être déférés en justice, et fondèrent ainsi le droit privé international *(jus gentium)*, qui alla se développant à Rome côte à côte avec le droit privé civil. Nous rencontrons les traces de cette formation juridique dans quelques dénominations remarquables. Le *mutuum*, par exemple, (dérivé de *mutare*, comme *dividuus* de *dividere*), est un contrat de prêt, qui ne repose pas, ainsi que le *nexum*, sur l'engagement oral pris par le débiteur en présence de témoins, mais sur la tradition pure et simple, et de la main à la main, de l'objet prêté. On le voit naître naturellement des rapports entre Romain et étranger, de même que le *nexum* est le produit du commerce entre indigènes. Chose non moins curieuse, il réapparaît dans le droit grec de la Sicile, sous le nom de μοῖτον (en même temps que le κάρκαρον, provenant du latin *carcer*). Notons en passant ces emprunts faits par le dialecte sicilien local, à l'antique vocabulaire du Latium. Pourrait-on se refuser à y voir l'incontestable témoignage des relations fréquentes des marins latins avec l'île ? Ils y vinrent, y empruntèrent et s'y soumirent à l'*incarcération*, conséquence en tous pays de l'insolvabilité constatée du débiteur. Par contre, le nom grec des prisons syracusaines, les *latomies* ou *carrières* (λατομίαι), est de bonne heure transporté à Rome, et donné à la prison d'État agrandie *(lautumiæ)*.

<small>Caractère du droit romain primitif.</small> Jetons encore un regard en arrière sur ces institutions : nous en avons emprunté les principaux détails au droit coutumier de Rome durant la seconde moitié du siècle qui suivit l'abolition de la royauté, sans qu'on puisse

mettre en doute qu'elles aient été en vigueur aussi sous les rois, pour la plus grande partie. Elles nous offrent le tableau des lois fort remarquables d'une cité agricole et marchande, déjà sur la voie d'un progrès libéral et logique. Les expressions symboliques et conventionnelles, comme celles des adages du droit germanique, ont toutes disparu. Elles ont eu aussi leur temps chez les Italiques, je m'empresse de le reconnaître, ainsi que le prouve la formalité des visites domiciliaires, où le poursuivant, à Rome comme chez les Germains, ne peut pénétrer dans la maison qu'avec sa tunique de dessous; comme le prouve mieux encore l'antique formalité latine de la déclaration de guerre, reproduisant la symbolique usitée pareillement chez les Celtes et les Germains, *l'herbe pure (herba pura*, la *chrene chruda* des Francs), image de la terre natale, et le *bâton brûlé et sanglant*, signe de la guerre ouverte. Toutefois, et sauf dans les cas exceptionnels, où l'antique usage a persisté grâce à l'empire des idées religieuses (comme la déclaration de guerre par le collège des *Féciaux*, la *confarréation*, etc.), le droit romain, autant que nous en savons, a promptement rejeté les symboles, et n'exige bientôt rien de plus que l'expression pure, simple et pleine de la volonté des contractants. La tradition de la chose, l'entrée dans le mariage sont complètes aussitôt que les parties ont manifestement déclaré leur intention ; et s'il reste en usage de mettre la chose dans la main du nouveau propriétaire, de tirer l'oreille du témoin, de voiler la tête de la fiancée, et de la conduire en procession solennelle jusqu'à la maison du mari, toutes ces antiques cérémonies n'ont plus de valeur juridique substantielle. Il en est du droit comme de la religion, où toute allégorie, toute personnification ont été promptement mises de côté. Tandis que les institutions germaniques et helléniques des anciens temps nous montrent le pouvoir de la cité luttant encore contre l'autorité des communautés cantonales ou des familles, nous ne trouvons plus trace à Rome de cet état de choses primitif : nulle alliance offensive ou défensive n'y est formée au sein de la cité entre certains de ses membres, pour suppléer à la protection défaillante du pouvoir central. Nous n'y trouvons non plus nulle trace sérieuse de la *vengeance du sang*, où de restrictions apportées au droit de libre disposition, dans l'intérêt des propriétés de la famille. Les Italiques ont passé par la même route : certains rites du droit religieux, le *bouc expiatoire*, par exemple, que l'auteur d'un meurtre involontaire était tenu de donner au plus proche parent du mort, en fourniraient au besoin la preuve : mais si loin que nous remontions dans les souvenirs de la Rome primitive, nous voyons qu'elle a depuis longtemps franchi cette première étape de la civilisation. Non que les races, les familles, soient noyées désormais au sein de la cité ; mais elles ne peuvent pas plus porter atteinte à la toute-puissance de l'État, en matière de droit public, que ne lui préjudicie la liberté pleine et entière qu'il laisse ou qu'il assure à chacun des citoyens. Dans tous les actes juridiques, l'État apparaît et décide : le mot *liberté* n'est autre que l'expression du droit de cité, dans son acception la plus large ; la propriété repose sur la tradition, expressément ou tacitement effectuée par l'État lui-même, en faveur du propriétaire ; et les contrats ne valent qu'autant que la cité les atteste par l'organe de ses représentants. Le testament ne vaut que si la cité le confirme. Le droit public et le droit privé ont leurs limites distinctes et précises : il y a les délits contre l'État qui appellent aussitôt l'action du juge public, et emportent toujours la peine capitale ; il y a les délits contre les citoyens et les hôtes, qui se réparent par la voie des accommodements, par une expiation ou une satisfaction privée, et qui n'entraînent au plus que la privation de la liberté. A côté du commerce largement ouvert à tous, se placent les mesures d'exécution les plus rigoureuses. Ainsi de nos jours, dans les villes commerciales toutes facilités sont données aux échanges, alors que la procédure des protêts y est rapide et sévère. Le citoyen et l'homme d'une clientèle sont égaux sur le terrain des affaires : les traités assurent à l'hôte une égalité à peu près complète : les femmes, quant à leurs droits, se placent sur la même ligne que les hommes, sauf qu'elles ne peuvent librement être marchandes : l'adolescent, enfin, à peine en âge d'homme devient le maître absolu de sa fortune. Il suffit d'être juridiquement capable, pour être chez soi un souverain aussi absolu que l'État l'est lui-même dans les choses de la politique.

Le système du crédit appelle l'attention par des caractères non moins importants. S'il n'y a point de crédit foncier organisé à la place du gage hypothécaire, apparaît aussitôt l'acte conclusif de la procédure de saisie immobilière : la propriété est directement transférée du débiteur au créancier. D'autre part, le crédit fiduciaire ou personnel obtient les garanties les plus étendues, pour ne pas dire même les plus excessives. La loi traite l'insolvable comme s'il était un voleur; elle accorde au créancier, et cela, le plus sérieusement du monde, ce que le juif *Shylock*, cruel et moqueur tout ensemble, exige de son ennemi mortel. Mieux que Shylock ne le fait, elle spécifie la clause reconventionnelle pour le cas où il aura été trop coupé de chair. Est-il possible d'expliquer plus clairement la volonté de constituer une agriculture libre et franche de dettes, et un crédit commercial rapide et facile? En même temps, le législateur proscrit, avec une inflexible énergie, toute propriété qui ne serait qu'apparence ou mensonge, tout manquement à la parole donnée. Ajoutez à cela le droit de libre établissement concédé de bonne heure aux Latins (p. 141), et, vers le même temps, la validation des mariages civils (p. 119). Il faut donc bien reconnaître que si, à Rome, l'État demandait tout au citoyen, s'il portait aussi haut qu'il a été jamais fait ailleurs, la notion de l'assujettissement de l'individu à la société, il n'a réussi et n'a pu réussir dans cette tentative qu'en renversant, d'un autre côté, les barrières du commerce, et en dégageant partout cette même liberté qu'il enchaînait dans le système gouvernemental. Qu'elle accorde ou qu'elle refuse, la loi est toujours absolue : si l'étranger est « comme la bête chassée par les chiens, » l'hôte est l'égal du citoyen. Le contrat n'engendre point l'action par lui-même; mais, si le droit du créancier vient à être reconnu, il est aussitôt tout-puissant. Point d'excusé ni de salut, même pour le pauvre : nulle humanité, nulle juste compassion. Il semble que le législateur ait pris plaisir à ériger partout en loi les deux extrêmes; à pousser jusqu'au bout les conséquences les plus impitoyables; à imposer violemment, aux plus dures intelligences, la tyrannie de ses principes absolus. Les Romains ignorent les formes poétiques, les naïves et suaves images qui sont la parure des anciennes coutumes germaines; chez eux, tout est clair et précis : point de symbole oiseux; point de disposition inutile. Leur loi n'est pas cruelle : elle ne dit et ne fait que le nécessaire : elle ordonne la mort *sans phrases;* jamais, à cette époque, elle n'a permis la *question* contre l'homme libre, la question, dont il a fallu tant de siècles pour proclamer l'abolition chez les modernes! Le vieux droit du peuple romain, si inflexible, si effrayant dans ses rigueurs, n'allait pas s'adoucissant, qu'on se garde de le croire, sous les tempéraments d'une pratique plus humaine; tel n'est jamais l'usage des codes populaires. Il autorisa longtemps ces rangées de cachots, tombes vivantes que le pauvre voyait s'ouvrir et se refermer sur lui-même, plus terribles que les plombs de Venise, ou que les chambres de torture. Il a fondé néanmoins et assis la grandeur de Rome, par cela seul que le peuple se l'était donné et s'y était soumis; conciliant ensemble et dans une, même loi, les principes éternels de la liberté et du commandement, ceux de la propriété et de la juridiction, sans les fausser jamais, sans jamais les amoindrir.

CHAPITRE XII.

RELIGION

Les dieux.   Le Panthéon romain, nous l'avons déjà dit (p. 35 et s.), réfléchit la Rome terrestre dans le miroir d'un plus haut idéal : petites et grandes choses, il s'efforce de tout reproduire avec une minutieuse exactitude. L'État, les familles, les phénomènes de la nature, ceux du monde moral, les hommes, les lieux, les objets, les actes même du domaine de la loi, reparaissent dans le système des divinités de Rome; et de même que les choses terrestres flottent et changent dans un va-et-vient perpétuel, de même le cycle divin va se transformant à toute heure. Le Génie, qui préside à tel acte de la vie, ne dure pas plus que cet acte même; et puisque l'individu a aussi son Génie qui le protége, celui-ci naît et meurt avec lui : quant au monde des dieux, s'il jouit d'une éternelle existence, c'est que les actions et les hommes demeurent chaque jour les mêmes, et que chaque jour, les esprits qui leur sont attachés se régénèrent au-dessus d'eux. La cité romaine a ses divinités propres, comme les autres cités ont également les leurs. De même qu'un abîme sépare le citoyen du non-citoyen, de même le dieu étranger reste bien loin derrière le dieu indigène. De même encore, en vertu des traités, le droit de bourgeoisie peut être donné aux dieux, comme il est donné aux hommes des cités étrangères : et s'il arrive que les habitants des villes conquises soient transférés à Rome, leurs dieux sont en même temps invités à venir y fixer leur résidence.

Nous n'avons pas à exposer ici tout le détail de la mythologie romaine : mais ce serait manquer à un devoir de l'historien que de ne pas faire ressortir d'abord la simplicité terre à terre, et la nature tout intime des divinités de Rome. Abstraire et personnifier à la fois, est de l'essence des mythologies romaine et grecque : le dieu grec a aussi pour prototype un phénomène naturel, ou une notion morale ; et chose qui témoigne de la tendance prédominante chez l'un aussi bien que chez l'autre peuple à la personnification religieuse, c'est que leurs divinités sont tantôt mâles, tantôt femelles. Notons l'invocation usitée à Rome : « Que tu sois dieu ou déesse, homme ou femme ! » Notons enfin cette superstition profonde du Romain, qui lui défend de prononcer le nom du génie protecteur de la cité, de crainte que l'ennemi de Rome n'en ait connaissance, et en l'invoquant à son tour, n'invite le dieu à passer la frontière. L'antique figure de Mars, la plus vieille et la plus nationale des divinités italiques est elle-même un débris de ces personnifications puissantes. Mais tandis qu'ailleurs l'abstraction qui est au fond de toute religion va s'élevant sur l'aile d'une pensée sans cesse agrandie ; tandis qu'elle tend à pénétrer chaque jour plus avant dans l'essence des choses, l'on voit au contraire les images sensibles du paganisme romain se pétrifier d'une façon incroyable, et s'établir sur les degrés les plus humbles dans l'ordre des conceptions contemplatives. Pour les Grecs, tout motif religieux de quelque importance se transfigure aussitôt, et donne matière à un groupe anthropomorphique avec son cycle légendaire et idéal. A Rome, la notion première reste attachée à son point de départ, dans sa rigide nudité. N'allez point chercher là les images glorieuses, tout à la fois terrestres et idéales, du culte d'Apollon ; les ivresses divines du Bacchus *Dionysos*, les dogmes profonds et cachés sous les rites et les *mystères* du mythe de la *Terre* (Χθών). La religion romaine n'a rien qui se rapproche de ces conceptions si savantes ; elle n'a rien à leur opposer qui lui soit propre. Elle a bien la notion d'un *dieu mauvais (Ve-jovis)*[1] ; elle invoque les dieux du *mauvais air*, de la *fièvre*, des *maladies*, du *vol* même *(Laverna)*[2] ; elle a ouï parler d'*apparitions* et de *revenants (lemures)*; mais ce frisson mystérieux que recherche le cœur, elle ne sait pas l'éveiller en lui ; elle n'aime point à se mêler avec les choses incompréhensibles, avec les principes mauvais répandus dans la nature et dans l'homme, auxquels cependant touche toute religion complète, par cela même qu'elle nous enveloppe tout entiers. Dans le culte romain rien n'est secret, si ce n'est le nom des dieux de la ville, des *Pénates* : encore la nature de ces dieux est-elle connue du vulgaire.

La théologie nationale des Romains s'efforça toujours de rendre sensibles, intelligibles, les phénomènes et les attributs de la divinité. Elle voulut les traduire en relief dans les mots de sa terminologie ; les classifier, en transportant toutefois dans sa nomenclature les distinctions des personnes et des choses selon les principes du droit privé ; elle s'astreignit elle-même à ses propres règles dans les invocations ; et elle les imposa à la foule en lui communiquant ses listes et ses formules *(indi-*

---

[1] [V. sur le *Ve-jovis*, Preller, p. 235.]

[2] [*Laverna*, déesse des voleurs. — *Est autem dea furum*, dit un ancien commentateur d'Horace, Épod. I, 16, 57 et suiv. Elle avait son autel sur la voie *Salaria*.]

gitare). Tels sont les caractères essentiels de la religion romaine : les notions abstraites y sont ramenées à un concrétisme extérieur ; et elle affecte une simplicité extrême, tantôt vénérable et tantôt ridicule dans les formes. La *Semence (Saturnus)*, le *Travail des champs (Ops)*, la *Fleur (Flora)*, la *Guerre (Bellona)*, le *Terme (Terminus)*, la *Jeunesse (Juventus)*, le *Salut (Salus)*, la *Foi (Fides)*, la *Concorde (Concordia)* : voilà les plus anciennes, les plus saintes divinités [1]. Il en est une pourtant, une seule, qui douée d'une personnalité plus spéciale, aurait eu en Italie son culte propre et autochtone ; je veux parler du Janus à deux têtes. Encore dans la création de cette figure, on ne trouve que l'expression de l'idée étroite qui préside à la religion des Romains. Toute action, quelle qu'elle soit, veut « s'ouvrir » par une invocation au génie tutélaire [2] : et pendant que les dieux plus individualisés des Hellènes marchent indépendants les uns des autres, à Rome, un sentiment puissant prescrit de rassembler et de réunir, dans les mêmes prières, toute la série des divines croyances.

Mais de tous les cultes pratiqués à Rome, il n'en est point peut-être qui soit plus profondément entré dans les mœurs que celui des Génies protecteurs de la maison et de la chambre d'habitation. Notons dans les rites offi-

---

[1] [V. Preller, à ces divers mots.]
[2] Les portes des villes et des maisons, et aussi le *matin (Janus matutinus)* sont chers à Janus ; il faut l'adorer avant l'invocation à tout autre dieu : dans les séries *monétaires,* il passe même avant Jupiter, preuve incontestable de la notion abstraite de sa divinité. Il préside à tout ce qui « s'ouvre » ou commence. La double face, tournée de deux côtés opposés, indique aussi la porte qui s'ouvre en dedans et en dehors. Il convient d'autant moins d'en faire un dieu *annal* ou *solaire*, que le mois appelé de son nom (*Januarius, janvier*) est le onzième de l'année romaine et nullement le premier. J'ajoute même que ce nom du mois lui vient sans doute de ce que, précisément après le repos forcé de la mi-hiver, les travaux des champs vont reprendre leur cours. Que si, plus tard, l'année commençant à dater de janvier, son début a été de même placé sous les auspices de Janus, nul ne peut et ne doit s'en étonner.

ciels les invocations à Vesta et aux Pénates; dans les prières de la famille celles adressées aux dieux des bois et des champs, aux Sylvains; et avant tous, aux dieux propres du foyer, les *Lases* ou *Lares*, qui ont leur part dans les repas de la famille; et à qui, jusque dans les temps de Caton l'Ancien, le maître, quand il rentre chez lui, adresse d'abord ses dévotions [1]. Et pourtant dans l'ordre des dignités divines les génies champêtres ou domestiques n'occupent guère que la dernière place. Pouvait-il en être autrement, sous l'empire d'une religion se dépouillant de tout idéal! La piété des fidèles n'allait pas chercher sa nourriture dans les abstractions lointaines et générales; elle s'agenouillait au contraire devant les notions les plus simples, les plus individuelles.

Pareillement, les tendances de la religion romaine sont pratiques et utilitaires, et vont de pair avec le rejet du principe idéaliste. Après les dieux du foyer et des bois, les Latins, et avec eux, les nations Sabelliques, ont en grande vénération *Herculus* ou *Hercules, le Dieu de la métairie cultivée sans trouble (de hercere),* qui ensuite devient le Dieu de la richesse et du gain. Rien de plus ordinaire que de voir le Romain offrir la dîme de son avoir sur l'*autel principal (ara maxima)* du Dieu, au marché aux bœufs *(forum boarium).* Il lui demande d'éloigner les pertes qui le menacent, ou de faire prospérer ses gains. Comme c'est aussi là qu'il a coutume de conclure ses contrats, et de les confirmer sous serment, l'Hercule bientôt ne fait plus qu'un avec le *Dieu de la bonne foi (Deus Fidius).* Le hasard ne fut pour rien dans le culte de la divinité protectrice du négoce : on l'honorait, dit un ancien, dans tous les bourgs de l'Italie: ses

---

[1 Les *Lases* sont invoqués dans le chant des frères Arvales, le plus ancien monument connu de la langue romaine. On le trouvera reproduit, plus bas, chap. xv].

autels se rencontraient partout, et dans les rues des villes, et le long des grandes voies. De même, et par les mêmes motifs, les Latins invoquent de bonne heure et en tous lieux la déesse du *hasard* et de *la bonne chance (Fors, Fortuna)*, et le *dieu marchand (Mercurius)*. Une économie domestique sévère et des aptitudes mercantiles remarquables sont l'un des traits distinctifs du peuple romain : on ne s'étonnera pas de retrouver l'image divinisée de ses vertus jusque dans les dogmes les plus intimes de sa religion.

Du monde des Esprits, il n'y a que peu de chose à dire : les âmes des mortels, après leur décès, les *manes*, ou les *bons (manes)*, descendent à l'état d'ombres, au lieu même où repose le corps; et les survivants leur donnent à manger et à boire. Mais leur demeure est au fond des abîmes, et nulle issue ne met en communication le monde inférieur avec les hommes placés sur la terre, ou avec les dieux du monde supérieur. Le culte grec des héros est inconnu chez les Romains, et l'une des preuves les plus certaines de l'invention tardive de cette pauvre légende qui veut raconter la fondation de Rome, c'est la métamorphose assurément peu romaine du roi *Romulus*, devenant le dieu *Quirinus*. Numa, le plus ancien et le plus vénérable personnage de la légende, n'a jamais été à Rome l'objet d'un culte semblable à celui de Thésée, à Athènes.

Les Esprits.

Dans les temps où les races indigènes occupaient encore la Péninsule, exemptes de tout contact avec l'étranger, les religions romaine et italienne eurent leur divinité commune et, si je puis dire, centrale, dans le *Dieu qui tue, Maurs ou Mars*,[1] qu'on représente brandis-

Les prêtres.

---

[1] *Maurs* est la forme la plus archaïque : elle donne naissance à des dérivés divers, suivant que l'*u* tombe ou se transforme : *Mars, Mavors, Mors*. Le passage de l'*u* à l'*ŏ* (comme *Pola, Paula*, etc.) apparaît aussi dans la double forme *Mar-Mor* (comparez *Ma-Mŭrius*), à côté de *Mar-Mar* et *Ma-Mers*.

sant sa lance, protégeant les troupeaux, et combattant pour la cité dont il terrasse les ennemis. Mais chacune des autres cités italiques a aussi son dieu Mars; elle le tient pour le plus fort et le plus saint; et, quand le *printemps sacré (ver sacrum)* se lève, quand une bande d'émigrants s'en va fonder une nouvelle ville, elle part sous la protection du Mars local. C'est à lui qu'appartient le premier mois sur les tables de l'annuaire romain : seul parmi les dieux, il y figure, comme aussi sans doute dans la nomenclature mensuelle des Latins et des peuples Sabelliques. Seul encore nous le retrouvons, et cela dès les plus anciens temps, dans la plupart des noms propres des citoyens (sic, les *Marcus*, les *Mamercus*, les *Mamurius*). Mars et son oiseau favori, le *pic*, jouent un rôle dans la plus vieille des prophéties italiques : le *loup*, qui lui est également consacré, est l'animal distinctif de la bourgeoisie de Rome ; et quand les imaginations locales s'essayent à balbutier quelques légendes touchant les origines saintes de la cité, c'est encore au dieu Mars qu'elles se rattachent, ou à Quirinus, qui n'est guère que sa doublure. Aussi les plus anciens sacerdoces publics lui appartiennent. Citons, d'abord, le prêtre nommé à vie du Dieu de la cité, le *flamen Martialis*, « *l'allumeur de l'autel de Mars* », ainsi nommé parce que c'est lui qui brûle la victime : les douze *sauteurs* ou Saliens (*salii*), cette troupe de jeunes gens, qui dansent et chantent au mois de Mars la *danse des armes*, en l'honneur de leur divinité. Quand la ville des collines se fondit avec la cité Palatine, le Mars Romain se dédoubla : il y eut un second *flamine*, le flamine quirinal (*flamen Quirinalis*), et une seconde confrérie de danseurs, les *saliens des collines* (*salii collini*). Nous avons déjà noté ce fait (p. 112).

D'autres cultes encore se pratiquaient dans la Rome primitive, antérieurs sans doute, pour la plupart de leurs rites, à la naissance de la ville, et dont les solennités étaient publiquement confiées à des associations ou à des familles choisies. Telle était celle des douze *frères des champs* ou Arvales *(fratres arvales)*, chargés d'appeler au mois de mai sur les semences déposées dans la terre les faveurs de la *déesse féconde (dea dia)*; ils venaient les premiers après les deux confréries des Saliens. Citons encore la confrérie des *Titiens*, préposés au culte spécial des tribus Titiennes (p. 60) ; et les trente *flamines curiales (flamines curiales)*, commis à la surveillance des feux sacrés des trente curies.

D'autres rites moins importants appartenaient, nous l'avons dit, à certaines familles ; mais le public y prenait aussi sa part. La *fête du loup (Lupercales, Lupercalia)* se célébrait en l'honneur du *dieu Secourable* (ou *dieu Faune, Faunus)*, durant le mois de février. La *gens Quinctia*, et après l'accession de la cité Colline, la *gens Fabia* aussi, en avaient le privilége. C'était un véritable carnaval de bergers; on y voyait les Luperques *(luperci, qui éloignent le loup)* courir et bondir, le corps nu, une peau de bouc entourant la ceinture : ils frappaient les passants à coups de lanières. — Le culte d'Hercule appartenait encore aux *gentes* des *Potitiens* et des *Pinariens*. Nul doute qu'il n'y eût, et en grand nombre, d'autres rites confiés à d'autres familles, chargées d'y représenter la cité. A ces cultes originaires de la Rome antique, il était venu s'en ajouter de plus récents. Le plus remarquable entre tous se rapporte à la réunion des trois cités en une seule, et à ce que j'appelle la seconde fondation, au temps où furent construits le nouveau mur d'enceinte et la citadelle. J'entends parler du culte de *Jupiter Capitolin*, devenu bientôt le plus grand et le meilleur des dieux. Véritable génie tutélaire du peuple romain, il est en tête désormais de toute la céleste cohorte, et son flamine, institué à vie, le *Flamen Dialis*, forme avec les deux prêtres de Mars une sorte de trinité sacerdotale suprême. A la même époque commence le culte du nouveau foyer sacré de la ville une et indivisible, le culte de Vesta, et celui des Pénates communs, qui s'y rattache (p. 150). Six vierges, filles du peuple romain, sont préposées à ces rites pieux ; elles entretiennent toujours allumé le feu salutaire de l'autel de la cité; exemple et symbole tout ensemble, que les particuliers doivent imiter (p. 48). Centre sacré d'un culte à la fois public et domestique, la religion de Vesta persista longtemps au milieu même des ruines du paganisme; elle céda la dernière à l'invasion de l'idée chrétienne.

Diane eut aussi son temple sur l'Aventin, où elle représentait la Confédération latine (p. 143) ; mais, par cette même raison, elle n'eut point à son service un collége de prêtres *Romains*. Enfin, Rome laissa encore s'introduire dans ses murs d'autres et nombreuses divinités, soit qu'elle leur consacrât des fêtes générales, soit qu'elle instituât pour elles des corps de prêtres spéciaux, ou qu'elle leur donnât aussi des *flamines*. De ceux-ci, en effet, on en compte jusqu'à quinze, parmi lesquels se distinguèrent toujours les trois grands flamines ou *flamines majeurs (flamines majores)*. Ils furent constamment pris parmi les *anciennes* familles de citoyens; et, de même, les trois confréries des *Saliens*, *Palatins* et *Quirinaux*, et des *Arvales*, conservèrent le pas sur toutes les autres. Les associations religieuses instituées par l'État ou les prêtres spéciaux par lui assignés une fois pour toutes aux divers cultes, eurent à pourvoir aux prestations quotidiennes que chacun d'eux exigeait. Mais pour couvrir les frais considérables des sacrifices, les temples reçurent tantôt des terres, et tantôt le produit des amendes judiciaires (p. 103, 210).

La religion des Latins, et celle même des tribus Sa-

belliques, sont, à n'en point douter, semblables, ou peu
s'en faut, à l'antique religion de Rome. Les flamines,
les saliens, les luperques et les vestales, ne sont point
évidemment d'institution purement romaine. Tous les
Latins les possédaient; et ce n'est point d'après un formulaire romain que les trois premiers colléges des prêtres ont été tout d'abord pareillement créés dans les
cités apparentées à Rome. — Ajoutons enfin que si
l'État réglemente le culte des divinités publiques, chaque citoyen a droit d'en faire autant pour ses divinités domestiques; il leur offre des sacrifices, il leur con-
sacre des temples, et leur assigne des serviteurs.

La classe des prêtres était donc nombreuse à Rome; *Experts sacrés.*
et cependant, quand un citoyen avait affaire aux dieux,
il ne les prenait pas pour intermédiaires. Quiconque
prie ou fait un vœu, s'adresse directement à la divinité : la cité, par la bouche du roi; la curie, par celle du
curion; la chevalerie, par ses chefs. Jamais le prêtre n'est
en tiers, et ne vient cacher ou obscurcir la notion primitive et simple de l'invocation personnelle. Mais il n'est
point facile de converser avec les dieux. Les dieux ont
leur langage, intelligible à celui-là seul qui en a la
clef : et l'homme instruit dans ce saint commerce ne
sait pas seulement interpréter la volonté divine, il sait
aussi l'incliner en un sens favorable, la surprendre
même et la dompter, s'il le faut. De là pour l'adorateur
des dieux, l'habitude d'appeler auprès de lui des experts
attitrés dont il prendra le conseil : de là, l'organisation
toute religieuse de ceux-ci en une corporation spéciale :
de là enfin, cette institution profondément nationale et
italique, destinée à jouer dans la politique un bien autre
rôle que les prêtres ou les corporations sacerdotales.
C'est à tort qu'on a souvent confondu les uns avec
les autres : celles-ci ont pour mission le culte proprement dit de leur dieu; ceux-là gardent la tradition de

certains actes religieux d'un ordre moins spécial, et dont seuls ils possèdent la formule et le sens, ou dont la transmission fidèle d'âge en âge importe aux intérêts de l'État. Exclusifs par excellence, et ne se recrutant que parmi les *citoyens*, ces experts devinrent à la longue les dépositaires des sciences et des procédés de l'art. Dans la cité romaine et dans la cité latine même, il n'y eut d'abord que deux colléges d'experts sacrés : celui des *augures* et celui des *pontifes*[1]. Les six augures reconnaissaient le langage des dieux dans le vol des oiseaux : ils poursuivirent assidûment leurs études, et les portèrent à la hauteur d'un savant système d'interprétation sacrée. Les cinq *constructeurs de ponts (pontifices)* tirèrent leur nom de la charge sainte et si importante qui leur était confiée, de monter et de démonter le pont du Tibre. Ils furent, à proprement parler, les *ingénieurs* romains, sachant les secrets des *mesures* et des *nombres*. De là, pour eux, le devoir d'établir le *calendrier* public, d'an-

---

[1] On rencontre, en effet, les augures et les pontifes dans toute cité latine constituée à la manière romaine (Cic., *de lege agr.* 2, 35, 96. — V. aussi les inscriptions en grand nombre.) Des autres, il n'est jamais fait mention. Les augures et les pontifes appartiennent donc au fond commun du *Latium* primitif, et viennent en ligne avec les dix curies, les flamines, les saliens et les luperques. Au contraire, les *duovirs*, les *féciaux* et les autres colléges, appartiennent à une époque romaine plus récente, comme les trente curies, les tribus et les centuries de Servius : aussi sont-ils demeurés spéciaux à Rome. Peut-être que le nom du second collége, celui des pontifes, a remplacé, dans les institutions latines et par l'effet de l'influence romaine, un nom plus ancien, et variable de sa nature; peut-être encore qu'à l'origine (de sérieuses indications philologiques le donnent à croire) le mot *pons* signifiait-il simplement chemin et non *pont*; d'où *pontife (pontifex)* eût voulu dire *constructeur des chemins.* — Quant aux augures, les sources varient sur le fait de leur nombre primitif. On a voulu qu'il fût toujours impair; mais Cic., *loc. cit.*, contredit formellement cette assertion. Tite-Live aussi est loin de l'affirmer (10, 6). Il dit seulement que leur nombre est toujours divisible par *trois*; d'où il suit qu'il est réductible à un chiffre impair. Selon le même auteur (*eod. loc.*), il y aurait eu six augures jusqu'à la loi *Ogulnia*; ce qui cadre avec les détails fournis par Cicéron (*de rep.*, 2, 9, 14), lorsqu'il enseigne que Romulus avait créé quatre augures, auxquels il en fut ajouté deux par Numa.

noncer la lune nouvelle ou pleine, les jours de fête, et de veiller à ce que les solennités du culte et de la justice s'accomplissent régulièrement aux jours propices. Une telle mission leur fit prendre bientôt la haute main sur les choses de la religion ; aussi, qu'il s'agisse de *mariage*, de *testament* ou d'*adrogation* (adoption civile), dans tous les actes pour lesquels il était d'abord nécessaire de s'assurer qu'ils n'éprouvaient aucun obstacle du côté de la loi religieuse, les pontifes étaient interrogés par les parties. Ce furent eux encore qui fixèrent et notifièrent au peuple le code général de la loi sacrée, connu depuis sous le nom de *Recueil des lois royales*[1]. A l'époque du renversement de la royauté, ils avaient probablement achevé la conquête de la suprématie religieuse. Surveillants tout puissants du culte et des choses qui s'y rattachent (or, tout ne venait-il pas s'y rattacher dans Rome?), ils définissent eux-mêmes leur science professée la science des choses divines et humaines[2]. » Et, de fait, ils président aux commencements de la jurisprudence sacrée et civile, et à la rédaction des premières annales. L'histoire, en effet, se rattache forcément au calendrier et au livre des temps de l'année ; et quant aux règles de la procédure ou aux maximes du droit, comme il ne pouvait pas se former une tradition dans les tribunaux de Rome, avec leur organisation essentiellement mobile, les connaissances théoriques et pratiques se réfugièrent dans le collége des pontifes, seuls compétents pour indiquer les jours judiciaires et donner un avis sur les questions religieuses en litige.

A côté des deux colléges plus anciens et plus consi- Les féciaux.

---

[1] [*Leges regiæ*. Il n'en existe plus qu'un court fragment, qu'on trouvera notamment en tête du *Grand Dict. latin* de Freund (Paris, Didot, 1855), t. I, p. XXIV à l'*appendice*.].

[2] [*Jurisprudentia est divinarum atque humanarum rerum notitia*, dira aussi plus tard le jurisconsulte romain. — Instit. I, 1, et l. 10, § 2. D. *de Justitia et Jure*.]

dérables des experts sacrés, vient aussi se placer celui des vingt *messagers d'État*, ou *féciaux* (*feciales*, mot d'origine incertaine), archives vivantes, qui perpétuent par la tradition orale le souvenir des traités passés avec les cités voisines. Ils décident en forme d'avis sur les cas de violation de ces traités et sur les droits qui en découlent; ils réclament les expiations dues, ou déclarent la guerre, quand elles sont refusées. Les féciaux ont été pour le *droit des gens*, ce qu'étaient les pontifes pour le *droit sacré* : pas plus qu'eux ils ne prononcent la sentence ; mais, comme eux, ils montrent la loi. — Quelque haut placés qu'ils fussent, en effet, quelque puissantes et étendues qu'aient été leurs attributions, jamais on n'oublia, à Rome, que les membres des colléges sacrés n'avaient pas le droit de jussion, mais de simple avis seulement ; qu'ils n'avaient point à réclamer eux-mêmes la réponse des dieux, mais simplement à en fournir l'interprétation. Aussi le premier des prêtres marche-t-il après le roi ; et il ne le conseille que quand il en est requis. Au roi seul de décider si, et à quel moment, le vol des oiseaux sera consulté : l'augure est là qui l'assiste, et traduit, s'il y a lieu, le langage des envoyés célestes. Le *pontife* et le *fécial* n'interviennent non plus dans les choses du droit civil et du droit public, que quand les parties intéressées les en sollicitent. En dépit des suggestions de la piété, Rome a toujours maintenu inflexiblement cette maxime, que le prêtre doit demeurer sans puissance dans le gouvernement; et que loin qu'il ait jamais d'ordres à donner, il doit, comme tout citoyen, obéissance au plus humble des officiers publics.

<small>Caractère de cette religion.</small>

La jouissance satisfaite des biens terrestres, et en seconde ligne, la crainte des phénomènes de la nature quand celle-ci déchaîne sa puissance, voilà les caractères fondamentaux de la religion latine. Elle se meut de préférence au milieu des manifestations de la joie, dans les chants, les jeux et la danse ; elle aime à faire *chère lie*. En Italie, comme chez les peuples agricoles et vivant principalement d'une nourriture végétale, l'abattage du bétail est le signal d'une fête domestique, ou d'une solennité religieuse. Le *porc* est regardé comme la viande de sacrifice la plus agréable aux dieux, parce qu'il fournit habituellement le rôti de la fête. Mais la sobriété romaine s'oppose en même temps aux prodigalités et aux excès. Le culte latin se montre économe même envers les dieux : c'est là l'un de ses traits les plus marqués, et la discipline sévère des mœurs y arrête d'une main de fer les élans de l'imagination populaire. Quand, ailleurs, dans les emportements de sa licence, celle-ci produit des difformités monstrueuses, chez les Latins elle reste calme et mesurée. Ce n'est pas qu'eux aussi, obéissant à des tendances morales, toujours puissantes sur le cœur de l'homme, ne transportent jusque dans le monde des dieux la faute et le châtiment terrestres. Voir dans l'une un crime contre la Divinité, et dans l'autre une expiation envers elle, est de l'essence de toute religion : les Latins abondent dans une telle croyance. L'exécution du condamné à mort, le meurtre de l'ennemi frappé dans une juste guerre, sont à leurs yeux de véritables sacrifices expiatoires. Le voleur nocturne des fruits des champs est *sacrifié* à Cérès sur la potence, comme l'ennemi mauvais tombe sur le champ de bataille, voué à la bonne Mère, la Terre, et aux bons Génies. Enfin les Latins pratiquent encore le dogme profond et sombre de la *représentation expiatoire*. Quand les dieux de la cité sont irrités, quand le coupable du crime qui appelle leur colère demeure inconnu, s'il est un citoyen qui se *dévoue (devovere se)*, ils s'apaisent aussitôt. On voit se fermer un gouffre empoisonné, béant naguère au sein de la ville ; et la bataille à demi perdue se changer en victoire, dès que le patriote qui accepte le rôle de victime propitiatoire, se précipite dans l'abîme, ou dans les rangs des ennemis. Les mêmes idées sont la cause et l'explication de l'institution du *Printemps sacré (sacrum Ver)* : tout ce qui naît à cette époque, hommes ou animaux, est offert aux dieux. Que si à toute force on veut qu'il y ait un sacrifice humain au fond d'un tel usage, on pourra soutenir aussi que ce sacrifice n'a point été inusité dans les cultes latins. Toutefois, si loin que nous allions fouiller dans les profondeurs de l'histoire, nous ne verrons jamais en Italie ôter la vie à la victime, à l'exception du criminel judiciairement convaincu, et de l'innocent qui s'en va spontanément à la mort. Verser le sang humain sur les autels, est contraire à la notion primitive de l'offrande faite aux dieux; et, chez les races indo-germaniques au moins, accuse toujours une dégénérescence et un retour à la sauvagerie. Les Romains n'ont jamais ouvert la porte à ces coutumes barbares. A peine si, dans une seule et unique circonstance, la misère des temps, la superstition et le désespoir les ont pu pousser à recourir à cet horrible moyen de salut. Les vestiges sont également rares d'une croyance dans les spectres, les enchantements et les mystères du monde extranaturel. Jamais les oracles et les prophètes n'ont eu en Italie la puissance qu'ils avaient acquise en Grèce : jamais ils n'ont su commander aux actes de la vie publique et privée. En revanche, la religion latine s'est promptement rétrécie par l'effet de l'inanition et de la sécheresse : elle a fini par n'être rien de plus qu'un rituel pénible et vide quant à la pensée. Le Dieu italique, répétons-le encore, est avant tout un médiateur qui procure au fidèle l'obtention matérielle de ses vœux terrestres. Les Italiens ont toujours eu ce penchant inné pour les notions concrètes et réalistes; et leurs idées religieuses suivent aujourd'hui encore la même voie dans le culte des saints. Pour eux, l'homme est à Dieu ce que le débiteur est au créancier ; ils se croient tous un droit acquis et légitime à la réalisation de leurs vœux. Les dieux sont en nombre égal à tous les instants de la vie terrestre. Les négliger ou intervertir leur culte à l'heure par eux fixée, c'est attirer sur soi leur vengeance immédiate. Aussi quels soucis, quel travail le Latin ne s'impose-t-il pas, ne fût-ce que pour se rappeler à propos chacun de ses devoirs religieux ? Sans cesse il se tourne vers ces prêtres, experts savants du droit divin, vers ces *pontifes* dont l'influence grandit alors démesurément. L'homme juste apporte dans l'accomplissement des rites sacrés la ponctualité commerciale qui le caractérise dans les autres actes de sa vie privée; il tire son *solde* hors ligne, en même temps que la divinité réserve aussi le sien. Le contact avec les dieux est affaire de spéculation : les vœux, dans leur esprit et dans leur lettre, sont un contrat formel entre les deux parties. L'homme y assure au dieu certaines prestations en échange des prestations divines; et, comme, à Rome, à cette époque, nul contrat n'a lieu *par procureur*, c'est encore là un très-sérieux motif d'écarter l'intervention du prêtre, à l'instant où le fidèle présente sa prière. De même aussi que le commerçant ne compromettra jamais son honneur, pourvu qu'il s'en tienne à la lettre, la lettre seule, du contrat; de même les théologiens de Rome enseignent qu'il suffit de donner aux dieux ou d'en recevoir un symbole nominal de la chose promise. Au Dieu de la voûte céleste, on apporte des *têtes d'oignons* ou *de pavots*, en lui demandant de détourner sur elles ses foudres lancées sur les hommes; et, en payement des offrandes annuelles exigées par le Dieu du Tibre (*pater Tiberis*), on jette dans ses ondes trente mannequins de jonc tressés[1]. Mélange singulier des no-

---

[1] Une opinion trop prompte et irréfléchie sans doute n'a vu dans ce

tions de la grâce et de la réconciliation divines avec les suggestions d'une fraude pieuse, qui s'efforce de tromper un maître redouté et de le satisfaire par un payement qui n'a rien de sérieux! La crainte des dieux exerce donc une grande influence sur les esprits à Rome; mais elle n'a rien de commun avec cet effroi que la nature souveraine ou la divinité toute-puissante inspirent aux peuples voués au panthéisme ou au monothéisme. Ici, elle est purement matérielle; elle diffère à peine de la crainte que ressent le débiteur romain devant son créancier légal, exact autant que puissant! Il se conçoit dès lors qu'une telle religion, loin de promouvoir et mûrir le génie artistique ou métaphysique, l'a dû aussitôt étouffer dans son germe. Chez les Grecs, au contraire, les mythes naïfs de l'antiquité primitive revêtirent promptement un corps de chair et de sang; leurs notions de la Divinité devinrent les éléments des arts plastiques et poétiques; elles atteignirent rapidement à l'universalité et à ces facultés d'expansion, apanage le plus vrai de la nature humaine, en même temps qu'elles sont la vertu innée de toute religion ici-bas. Par là, les visions les plus simples, dans l'ordre des choses naturelles, allèrent s'agrandissant et se faisant cosmogoniques; les pures notions morales s'approfondirent et devinrent humanitaires; et, durant de longs siècles, la religion hellénique embrassa sans peine tous les dogmes, physiques et métaphysiques, et toutes les conquêtes de la nation dans le domaine de l'idéal. Au fur et à mesure de ses progrès, elle marcha d'un pas égal, en profondeur et en largeur, jusqu'à ce que vint le jour où se brisa le vase rempli outre mesure par les effusions croissantes de la libre imagination et de la philosophie spéculative.

---

rite qu'un reste d'anciens sacrifices humains. — [Il s'agit ici des *Argées* (*Argei*) jetés par les vestales dans le Tibre du haut du *Pont de bois* (*Sublicius*). V. p. 72, *à la note*.]

Dans le Latium, l'incarnation des dieux demeura toujours trop simple et transparente pour que les poëtes pussent y trouver matière à leurs productions : la religion y est étrangère, hostile même à l'art. La Divinité, n'étant et ne pouvant rien être de plus que la notion spiritualisée d'un phénomène terrestre, avait dans ce phénomène lui-même et sa propre image, et son sanctuaire *(templum)*. Les murailles, les idoles faites de main d'homme, auraient, aux yeux des Latins primitifs, emprisonné et comme obscurci le dogme idéal du dieu. Aussi, dans les plus anciens cultes de Rome, nous ne rencontrons ni statues, ni temples. Et, s'il est vrai de dire qu'à l'instar des Grecs, sans doute, les Latins ont de bonne heure érigé à leurs dieux et des idoles, et de petits sanctuaires *(ædicula)*, ce fut là une innovation toute contraire à l'esprit des lois sacrées de Numa. Déjà la pureté du dogme s'altérait au contact des importations étrangères. Le Janus à deux visages *(bifrons)* est le seul peut-être des dieux romains qui ait eu de tout temps sa statue; et Varron, dans un siècle postérieur, se moquait encore des superstitions de la foule qui se passionnait pour de misérables idoles et des mannequins habillés en dieux. Toute cette religion restait donc dénuée de l'inspiration créatrice : elle n'a pas peu contribué à l'incurable stérilité de la poésie et de la philosophie romaines.

Les mêmes caractères distinctifs persistent jusque dans les choses de la vie pratique. Le Romain, à ce point de vue, ne tire de sa religion qu'un seul résultat : avec la jurisprudence sacerdotale il reçoit, des mains des Pontifes, un corps de lois morales, dont les préceptes lui tiennent lieu d'un règlement de police, dans ces temps si éloignés encore de toute tutelle administrative; et dont les commandements le conduisent devant le tribunal des dieux, pour y accomplir les devoirs que la loi politique ignore ou ne sanctionne guère qu'à l'aide de la pénalité religieuse. Aux préceptes de la première classe appartiennent d'abord de sévères injonctions pour la célébration des jours de fête, pour la culture plus technique des champs et des vignes (nous aurons à la décrire ailleurs); puis surtout, et pour en citer de frappants exemples, viennent les rites relatifs aux dieux Lares, au culte du foyer (p. 224), à l'incinération du cadavre des morts, coutume usitée chez les Romains dès la première heure, longtemps avant que les Grecs l'aient connue, et qui suppose sur les dogmes de la vie et de la mort une doctrine absolument étrangère aux idées ayant cours dans les temps plus anciens ou dans nos temps modernes[1]. Il convient assurément de tenir compte à la religion romaine de ces innovations et de ses autres pratiques analogues.

Dans l'ordre moral, ses effets sont autrement décisifs. Et d'abord toute sentence capitale est considérée comme l'accomplissement d'un anathème lancé par les dieux, lequel accompagne et complète tout ensemble la décision du juge séculier. Contre le mari qui vend sa femme; contre le père qui vend son fils; contre le fils ou la bru qui frappent leur père ou beau-père; contre le patron qui viole la foi jurée envers l'hôte ou le client, la loi civile n'a point, à proprement parler, de sanctions pénales : mais à sa place la malédiction divine s'appesantit sur la tête du coupable. Non pas que la vie de l'*excommunié (sacer)* soit mise au ban et proscrite : un tel acte serait contraire à toute bonne discipline dans la cité. Ce ne fut que dans des circonstances exceptionnelles, et pendant les discordes civiles entre les ordres, qu'une telle sanction vint s'ajouter à la malédiction religieuse. L'ac-

---

[1] [Les corps, réduits en cendres, sont rendus à la bonne Mère, la erre, qui les recouvre et les sanctifie. — Cic. *de Leg. II*, 22, 55. — *Tuscul. I*, 12, 13. — Plin., *hist. nat.*, 63, VII, 54, 55.]

complissement de la sentence divine n'appartient pas d'ordinaire à la juridiction civile, encore moins à tel ou tel citoyen, ou à tel ou tel prêtre, celui-ci demeurant, on le sait, sans pouvoir politique. L'excommunié, en un mot, n'est pas la chose des hommes, mais bien celle des dieux. Toutefois, les croyances populaires sont puissamment émues par la sentence d'excommunication ; et, dans ces anciens temps, elle imprime une terreur grande dans les esprits même futiles ou mauvais. La religion a donc ici exercé une influence civilisatrice d'autant plus pure et plus profonde, qu'elle n'empruntait pas les armes de la justice temporelle. Mais au delà de ces préceptes de discipline civile et de morale, elle n'a rien apporté d'autre au peuple latin. Les cultes helléniques ont fait bien plus pour le peuple grec : il ne leur doit pas seulement sa culture intellectuelle, il leur doit aussi tous ses progrès dans le sens de l'unité nationale. Chez lui, tout ce qui est grand, tout ce qui est la commune richesse de la nation, se meut et vit autour des *oracles*, au milieu des fêtes religieuses, à Delphes, à Olympie, dans le commerce des Muses, filles de la Foi. Et, chose étrange pourtant, le Latium l'emporte ici encore sur la Grèce. Pour abaissée qu'y soit la religion jusqu'au niveau des idées moyennes, elle n'en est que plus claire et plus intelligible pour tous. Pendant qu'en Grèce elle n'habite que les hauteurs de la pensée, et ne se révèle entièrement qu'aux sages, créant de bonne heure, avec son cortége de biens et de maux, l'aristocratie brillante des intelligences ; à Rome, elle maintient l'égalité civile. N'est-elle point à Rome, comme ailleurs, le produit des méditations infinies de la conscience humaine ? Croire que l'Empyrée romain est sans profondeur, parce qu'il s'ouvre facilement aux regards, c'est ne voir les choses qu'à la surface ; c'est croire le fleuve sans eau, parce que son eau est limpide. Je conviens qu'avec les années les premières et intimes croyances s'évaporent comme la rosée sous les feux du soleil levant. La religion latine a subi la commune loi, et s'est un jour desséchée; mais, du moins, elle a résisté plus longtemps que chez les autres peuples; et les Latins nourrissaient encore une foi naïve quand les Grecs avaient perdu la leur depuis nombre d'années. Comme les couleurs sont filles de la lumière, alors même qu'elles en sont les dégradations physiques; de même, les arts et les sciences vont détruisant les croyances auxquelles ils devaient la vie. Et, dans le va-et-vient fatal de ces créations et de ces anéantissements, les lois de la nature ont équitablement placé dans le lot des époques primitives certains dons que l'homme, plus tard, s'efforcera en vain de reconquérir. Le génie grec, avec son puissant essor intellectuel, a bien pu fonder une quasi-unité religieuse et littéraire; mais il a en même temps rendu l'unité politique impossible : il n'a pas su inspirer la simplicité docile des caractères et des idées, l'esprit de renoncement et de fusion, conditions premières de l'unification. Il serait grand temps de cesser l'enfantillage des parallèles historiques, où les Grecs sont loués aux dépens des Romains, les Romains aux dépens des Grecs : comme le chêne peut vivre et grandir auprès de la rose, qu'on étudie donc l'un auprès de l'autre ces deux géants de l'histoire ancienne, moins pour les vanter ou les blâmer, que pour les bien comprendre, et pour constater une bonne fois que leurs qualités dérivaient en quelque sorte de leurs défauts. La grande, la profonde différence entre les deux nations tient surtout à ce qu'à l'heure de leurs progrès, le Latium ne fut point en contact avec l'Orient, tandis que la Grèce le fut sans cesse. Nul peuple sur la terre n'a été assez parfait par lui-même pour tirer de son propre fonds les merveilles de la civilisation hellénique, et, plus tard, celles de la civilisation chrétienne. Il a fallu, pour faire jaillir l'étincelle créatrice, le transport des dogmes religieux de l'Aramée sur le sol fécond de la culture indo-européenne. Mais si la *Hellade* est restée le prototype de l'*humanisme* pur, le Latium sera à toujours le prototype de la *nationalité*. Quant à nous, enfants du monde moderne, nous devons les honorer tous les deux, et en tirer d'efficaces enseignements.

Nous avons esquissé le tableau de la religion romaine dans la pureté native de ses dogmes et dans son libre et populaire progrès. Elle reçut, d'ailleurs, dès les temps les plus anciens, mais sans avoir à en souffrir dans son caractère propre, un certain nombre d'importations provenant des cultes et des dogmes étrangers. De même la communication du droit de cité à certains régnicoles venus de loin, ne fit jamais tort à l'État. Rome, cela va de soi, échangea tout d'abord avec les Latins ses dieux en même temps que ses marchandises; mais ce qui nous frappe davantage, c'est l'immigration des dieux et des cultes appartenant à des peuples de races non apparentées. Nous avons mentionné déjà les rites sabins des Titiens (p. 227) : qu'il soit venu à Rome quelques dogmes étrusques, c'est ce qui paraît douteux : les *Lases* ou bons Génies, sous leur nom le plus ancien *(Lases,* cf. *lascivus),* et la Minerve *(Minerva),* déesse de la mémoire *(mens, menervare),* qu'on suppose souvent importés de la Toscane, semblent bien plutôt indigènes, selon les données linguistiques. Quoi qu'il en soit, aucun culte étranger n'a trouvé faveur à Rome autant et aussitôt que celui de la Grèce. C'est là un fait historique incontestable, et qui, d'ailleurs, se confirme par tout ce que nous savons des rapports existant entre les deux contrées. Les oracles helléniques en furent la première occasion. Les divinités romaines ne parlaient que par brèves sentences, par *oui* et par *non*, ou n'annonçaient leurs vo-

Cultes étrangers.

lontés dans les temps primitifs que par les *sorts* jetés selon la coutume italique [1]; les divinités grecques, au contraire, sous l'inspiration peut-être des croyances venues d'Orient, aimaient à tenir un plus direct langage, et à communiquer aux mortels de véritables sentences. Les Romains les recueillirent de bonne heure; ils avaient reçu de leurs hôtes et amis, les Grecs de Campanie, les pages précieuses et prophétiques du livre de la prêtresse d'Apollon, de la fameuse sybille de Cumes. Pour en lire le texte merveilleux, ils avaient fondé un collége de deux experts *(duoviri sacris faciundis)*, ayant rang immédiatement après les augures et les pontifes : ils leur avaient adjoint deux esclaves publics sachant la langue hellénique. On s'adressait à ces conservateurs de l'oracle dans toutes les circonstances critiques, lorsque, par exemple, pour conjurer un péril imminent, il était nécessaire d'accomplir une solennité pieuse en l'honneur d'un dieu dont on ignorait le nom, et dans une forme non encore indiquée. Non contents de cela, les Romains allèrent aussi jusqu'à Delphes y consulter Apollon. Bon nombre de légendes (auxquelles il a déjà été fait allusion) (p. 181), attestent ce commerce. Nous retrouvons aussi dans toutes les langues italiques le mot *thésaurus*, évidemment emprunté au θησαυρός de l'oracle delphique. Enfin, il n'est pas jusqu'à l'antique forme latine du nom d'Apollon *(Aperta, celui qui ouvre, fait savoir)*, qui ne soit une dérivation et une dégénérescence de l'*Apellôn* des Doriens, et dont l'archaïsme ne se trahisse par sa barbarie même.

Les dieux des navigateurs, Castor et Polydeukès, le Pollux des Romains; Hermès, le dieu du commerce, qui

---

[1] *Sors*, de *serere*, enfiler. Les sorts n'étaient, dans l'origine, qu'une série de petites tailles de bois, enfilées d'un cordon, et qui, jetées à terre, tombaient en décrivant diverses figures, à peu près comme les *Runes* scandinaves.

n'est autre que leur Mercure ; le dieu de la santé, *Asclapios* ou *Æsculape (Æsculapius)*, toutes ces divinités grecques furent également connues à Rome de toute antiquité, bien qu'elles n'y aient reçu que plus tard des prières publiques. C'est aussi aux époques reculées que remonte le nom de la fête de la *bonne déesse (bona dea)*, le *damium* [1], qui répond au grec δάμιον ou δήμιον. Le dieu protecteur des métairies, l'*Hercule* italien *(Hercules* ou *Herculus*, de *hercere, maintenir la paix)*, ne tarda point à se confondre avec le dieu héros tout autre que les Hellènes appelaient (p. 224) *Héraklès*. Ne faut-il pas voir enfin des emprunts véritables bien plus que la coïncidence primitive des dogmes, dans les mêmes noms donnés par les deux peuples au dieu du vin, au « *libérateur* » *(Lyæos, lyæus, liber pater)*, qui chasse les soucis ; au dieu qui règne sous les abîmes terrestres *(Ploutôn, dis pater* [2]*)*; à Pluton, « *dispensateur des richesses* ; à Perséphonè, son épouse, à laquelle, sous la dénomination latine assonante de *Proserpine (Proserpina., qui fait germer* [3]*)*, on avait transporté les attributs de la divinité grecque. Citons, en dernier lieu, la déesse de la confédération romano-latine ; la *Diane* du mont Aventin, qui semble une contrefaçon de l'*Artémis* d'Éphèse, déesse de la confédération des Ioniens de l'Asie Mineure. Son image de bois sculpté dans son temple de Rome était la reproduction pure du type éphésiaque (p. 152). Si la religion araméenne a jeté quelques rameaux éloignés jusque dans l'Italie des temps primitifs, elle ne l'a pu faire, on le voit, que par les mythes intermédiaires d'*Apollon ;* de *Dionysos*, de *Pluton*, d'*Héraklès* et d'*Artémis*, tout imprégnés des idées orientales à leur origine. Mais

---

[1] [V. Preller, p. 355.]
[2] [Ou *Ditis pater*.]
[3] [*Quod sata in lucem proserpant, cognominatam esse Proserpinam.* Arnob., III], 33.

ces cultes, empruntés aux religions étrangères, n'ont jamais exercé dans Rome une influence décisive; et le naturalisme symbolique des âges primitifs y est également tombé bientôt en ruines, à en juger par la rareté et l'insignifiance de ses vestiges (comme la légende des bœufs de Cacus (p. 24), par exemple. Prise dans son ensemble et dans son caractère général, la religion romaine a bien été la création originale et systématique du peuple qui l'a pratiquée.

Religion sabellique.

Des cultes sabelliques et ombriens, nous ne savons que peu de chose : ils semblent toutefois reposer sur les mêmes bases que la religion latine, sauf les différences locales de formes et de couleurs. Que des différences existassent, c'est ce que prouve l'institution à Rome d'une congrégation spéciale pour le maintien du rite sabin (p. 60); mais on voit aussitôt en quoi elles consistaient. Chez les deux peuples, les dieux étaient consultés dans le vol des oiseaux; seulement, ces oiseaux n'étaient pas les mêmes, suivant que les Titiens ou les augures des Ramniens avaient à les interroger. D'ailleurs, les ressemblances se retrouvent sur tous les points : et si le langage sacré, si les rites varient, les deux peuples ont en commun la notion du dieu impersonnel de sa nature, et image abstraite d'un phénomène terrestre. Aux époques contemporaines, les différences du culte étaient chose grave sans doute; pour nous, il n'est plus possible d'y saisir des traits caractéristiques bien distincts.

Religion étrusque.

Un autre esprit, visible encore sous les débris de leur système sacré, régnait dans la religion des Étrusques. Un mysticisme sombre et fastidieux, le jeu des nombres, la pronostication par les signes, l'intronisation solennelle d'une superstition radoteuse qui, dans tous les temps, sait trouver et dominer son public, tels sont les caractères de ce culte. Nous ne le connaissons pas, à beaucoup près, dans la pureté et le détail de ses rites, comme nous savons celui de Rome : les rêveries de l'érudition moderne y ont pu ajouter beaucoup ou s'appesantir de préférence sur les dogmes ténébreux et fantastiques qui s'éloignent le plus du rituel latin. Quoi qu'il en soit de ces deux causes d'exagération, il n'en demeure pas moins vrai que cette religion, mystérieuse et sauvage tout ensemble, avait aussi ses fondements dans le génie propre du peuple toscan. Dans l'état de notre science fort insuffisante, nous n'essayerons pas d'exposer ici les différences essentielles des religions latine et étrusque; nous mentionnerons seulement, comme un fait important, les dieux mauvais et nuisibles placés au premier rang dans l'olympe de la Toscane; les rites empreints d'une cruauté sanguinaire, et les captifs sacrifiés sur les autels : témoins les prisonniers phocéens qui furent massacrés à Cœré, et les prisonniers romains dont le sang fut versé à Tarquinies. A la place du monde paisible et souterrain, où les Latins croient voir errer les « bons Esprits » ombres des trépassés, les Toscans ont un véritable enfer, où les âmes malheureuses sont poussées au supplice du *maillet et des serpents* par le conducteur des morts, vieillard à demi bestial, revêtu d'ailes et armé d'un grand marteau. Les Romains ont plus tard emprunté son costume; ils en ont affublé, dans les jeux du cirque, l'homme chargé d'enlever les cadavres de l'arène. Les supplices infernaux sont l'apanage ordinaire des ombres : certains sacrifices mystérieux ont seuls, pourtant, le privilége d'opérer leur délivrance et de faire monter les âmes malheureuses dans le monde des dieux supérieurs. Chose remarquable, les Étrusques, pour peupler leur enfer, ont demandé aux Grecs leurs plus lugubres mythes : le mythe de l'Achéron et Charon, lui-même, jouent un grand rôle dans leur système religieux.

Mais la piété étrusque se préoccupe avant tout du sens

des signes et des prodiges. Les Romains, dans la voix de la nature, croyaient aussi entendre la voix des dieux : toutefois, leur augure ne se retrouvait que parmi les signes les plus simples ; il ne pouvait qu'en gros reconnaître si l'acte à accomplir serait heureux ou malheureux. Tout dérangement dans le cours ordinaire des phénomènes lui semblait d'un fâcheux pronostic et empêchait de passer outre. Un coup de tonnerre, un éclair faisaient dissoudre aussitôt l'assemblée du peuple : d'autres fois, on s'efforçait d'anéantir le fait accompli : l'enfant venu difforme, par exemple, était mis à mort aussitôt. Au delà du Tibre on ne se contentait pas pour si peu. L'Étrusque plus méditatif, dans les éclairs ou les entrailles de la victime, savait lire tout l'avenir de l'homme pieux : plus le langage divin était étrange, plus les signes et les prodiges semblaient surprenants, plus il proclamait haut la sûreté de sa divination, et le moyen de prévenir les périls annoncés. On vit alors se former toute une science des éclairs, des aruspices et des prodiges, allant se perdre dans les subtilités capricieuses d'une intelligence affolée : mais c'étaient les éclairs, surtout, qui tenaient la première place dans la discipline augurale. Un jour, un laboureur, non loin de Tarquinies, retourna d'un coup du soc de sa charrue une sorte de petit gnome à visage d'enfant et à cheveux blancs, nommé *Tagès* par la légende (comme si vraiment il eût été la vivante moquerie de cette science, tout à la fois enfantine et vieillotte). Ce fut lui, en tous cas, qui l'enseigna aux Étrusques ; puis il mourut, sa tâche accomplie. Ses disciples et successeurs enseignèrent quels dieux lancent les éclairs : ils reconnaissaient la foudre de tel ou tel dieu, suivant le coin du ciel d'où elle était partie, ou la couleur dont elle avait brillé : ils disaient si l'éclair présage un fait permanent, ou un événement passager ; et, dans cette dernière hypothèse, si l'événement aura une date immuable, ou si à force d'art il sera possible d'en reculer l'apparition dans de certaines limites : ils montraient à enfermer la foudre une fois tombée, à la contraindre à frapper, quand elle ne fait que menacer encore : se livrant à cent autres manœuvres où se laissent trop facilement voir les incitations de la cupidité professionnelle. Une méthode aussi compliquée n'était en rien conforme au système de la piété romaine; et, ce qui le prouve, c'est que si, plus tard, elle fut parfois suivie dans Rome, jamais elle ne tenta de s'y établir à demeure. Les Romains trouvèrent toujours de quoi satisfaire leur curiosité pieuse dans les oracles indigènes ou grecs. — Sous un autre rapport, la religion étrusque dépasse sa voisine, lorsque, s'emparant de ce qui fait absolument défaut chez celle-ci, elle ébauche, sous le voile des rites sacrés, une sorte de philosophie spéculative. Le monde étrusque a ses dieux, au-dessus desquels planent les dieux cachés, que le Jupiter toscan, lui-même, consulte : mais ce monde est fini et périssable; et, comme il a eu son commencement, il tombera en dissolution, après un long temps, dont les siècles marquent les heures. Y avait-il quelque chose de sérieux au fond d'une telle cosmogonie et des systèmes philosophiques de l'Étrurie? Question difficile à résoudre. Le dogme étroit de la fatalité; le jeu aveugle des nombres, y semblent, en tout cas, prédominer tristement.

CHAPITRE XIII

L'AGRICULTURE, L'INDUSTRIE ET LE COMMERCE.

L'agriculture et le commerce se lient intimement au progrès constitutionnel et à la fortune extérieure des États : et il ne se peut pas que l'historien n'y fasse des allusions continuelles. Fidèle à la loi de la logique politique, nous allons tenter d'embrasser, dans un tableau suffisamment complet, les institutions économiques de l'Italie et surtout celles de Rome.

L'agriculture. On sait déjà (p. 25, 26) que pour les peuples italiques le passage de la vie pastorale à la vie agricole s'était effectué dès avant leur arrivée sur le sol de la Péninsule. Aussi la culture des champs est-elle la base de tout le système de leurs cités, qu'elles soient sabelliques, étrusques ou latines. L'ère historique, en Italie, ne connaît plus les peuples pasteurs, à vrai dire : néanmoins, et suivant la nature des lieux, les Italiens ont plus ou moins associé partout l'économie pastorale aux travaux des champs. Convaincus profondément que toute société a son plus solide fondement dans l'agriculture, ils avaient une belle et symbolique coutume : avant de commencer à bâtir leurs villes, ils traçaient à la charrue un sillon marquant l'enceinte des murailles futures. A Rome, pour parler plus spécialement d'institutions agraires qui nous sont mieux connues, le centre de gravité politique était placé au milieu de la classe rurale, et l'on s'efforçait d'y maintenir au complet les cadres des habitants établis dans les terres. La réforme de Servius atteste bien qu'ils constituaient en réalité le noyau de l'État. Avec la suite des temps, une grande partie des propriétés foncières était tombée dans les mains de possesseurs non-citoyens, qui, partout, n'avaient plus ni les droits ni les devoirs de la cité. La constitution réformée tenta de parer à ce grave défaut, et d'en prévenir les dangers dans le présent et dans l'avenir. Sans avoir égard à leur situation politique, elle partagea tous les régnicoles en possesseurs fonciers et en *prolétaires*; et elle fit porter les charges communes sur ceux qui, selon le cours naturel des choses, étaient aussi appelés à hériter des droits communs. La politique guerrière et conquérante des Romains prend, comme la constitution, son point d'appui sur la propriété foncière : puisque dans l'État les propriétaires sont les seuls qui comptent, la guerre aura surtout pour objet d'en augmenter le nombre. La cité vaincue est contrainte d'aller tout entière se perdre dans les classes rurales ; si elle échappe à cette extrémité, au lieu d'une contribution de guerre, ou d'un lourd tribut à payer, elle abandonne une partie notable, le tiers ordinairement, de son territoire, où s'élèvent aussitôt les métairies du laboureur romain. Beaucoup d'autres peuples ont été victorieux et conquérants : nul peuple autant que le peuple romain n'a su s'approprier la terre en y versant ses sueurs après la victoire, et conquérir une seconde fois par le soc de la charrue ce que l'épée avait d'abord gagné. La guerre peut reprendre ce qu'elle donne : la charrue ne rend jamais le terrain qu'elle a fécondé. Les Romains ont perdu plus d'une bataille; je ne sache pas de paix qu'ils aient subie avec perte notable de territoire. Le paysan romain défendit son champ avec autant de bonheur que d'opiniâtreté. Commander au sol fait la force de l'homme et celle de l'État. La grandeur romaine eut son assiette la plus inébranlable dans le droit absolu et immédiat du citoyen sur sa terre, et dans l'unité compacte de la forte et exclusive classe des laboureurs.

Communauté des terres.

On a vu plus haut (p. 50, 95) que tout à l'origine les terres furent occupées en commun, réparties sans doute entre les diverses associations de famille; et que leurs produits seulement se distribuaient par feux. La communauté agraire, en effet, et la cité constituée par l'association des familles, sont liées entre elles par d'intimes rapports; et longtemps après la fondation de Rome, on rencontre souvent encore de véritables communistes, vivant et exploitant le sol ensemble [1]. La langue du vieux droit atteste que la richesse a consisté d'abord en *troupeaux* et en droits réels d'*usages*, et que ce ne fut que plus tard que la terre fut divisée entre les citoyens à titre de propriété privée [2]. En veut-on la preuve incon-

[1] Qu'on n'aille point, d'ailleurs, chercher dans les antiquités italiennes quelque chose qui ressemble à la communauté agraire des Germains, la propriété partagée entre les *compagnons*, à côté de la culture du sol faite en commun. Alors même que, comme en Germanie, chaque membre de la famille eût pu être considéré comme le propriétaire de tel champ, compris dans tel canton, préalablement délimité, du territoire commun, la séparation des cultures n'en serait pas moins sortie plus tard du morcellement des portions arables. Mais c'est bien plutôt le contraire qui eut lieu en Italie; là les parts assignées à chaque habitant portent tout d'abord son nom *(fundus Cornelianus)*; et la possession foncière, on le voit par ce témoignage, s'individualise aussitôt que née, et se montre réellement et complètement exclusive.

[2] Cicéron *(de Rep. 2, 9, 14;* conf. Plutarch., *quest. rom.*, 15) s'exprime ainsi: *Tum* (au temps de Romulus) *erat res in pecore et locorum possessionibus, ex quo pecuniosi et locupletes vocabantur.* — *(Numa) primum agros, quos bello Romulus ceperat, divisit viritim civibus.* Denys d'Halicarnasse attribue également à Romulus le partage des terres en trente districts de curies; à Numa la plantation des bornes et l'introduction de la fête du *dieu. Terme (Terminalia.* Denys, I, 7, 2, 74; v. encore Plutarch., *Numa*, 16.)

testable ? La fortune alors s'appelait d'un nom remarquable, *pecunia, familia pecuniaque (les troupeaux, les esclaves et les troupeaux)* : les épargnes personnelles du fils de famille où de l'esclave étaient son *pécule (peculium, avoir en bétail)* : la plus ancienne forme d'acquérir la propriété consistait dans la prise de possession manuelle *(mancipatio)*, laquelle ne s'entend que des choses mobilières (p. 208) : enfin la contenance du domaine foncier primitif, de l'*héritage (heredium, de herus, maître)*, ne comprenait que 2 jugères (5 ares 4 centiares), l'étendue d'un simple verger et nullement celle d'un domaine arable [1]. Nous ne saurions déterminer d'ailleurs

---

[1] Comme on conteste d'ordinaire cette assertion, nous laisserons parler les chiffres. Les agronomes de Rome calculent qu'il faut en moyenne 5 boisseaux *(modii)* de semence par jugère [à 8,75 lit. par boisseau, soit en tout 43,77 lit.], lesquels donneront un rendement du quintuple. D'après cette base, en faisant même abstraction de la maison, de la cour et des jachères, et en considérant l'*heredium* tout entier comme terre arable et constamment productive, il donnera 50 *modii*, ou 40 seulement, si l'on déduit la réserve pour semence. Or, Caton compte que chaque esclave adulte, et soumis à un fort travail, consomme 51 boisseaux par an. Par où l'on voit de suite qu'il n'y a pas à se demander si l'*heredium* pouvait faire vivre une famille. En vain on s'efforcerait d'ébranler ces résultats, en ajoutant au produit de l'*heredium* tous les autres fruits accessoires de la terre ou du pâturage commun, figues, légumes, lait, viande, etc. Nous savons que les pâturages étaient d'une mince importance chez les Romains, et que les céréales y faisaient la nourriture principale du peuple. On vantera peut-être l'*intensité* de la culture chez les anciens. Sans nul doute, les paysans d'alors ont su tirer de leurs champs un rendement plus fort que ne l'ont fait les possesseurs des vastes plantations de l'époque impériale (p. 48); et nous ajouterons volontiers au total, la récolte des figuiers, les secondes moissons, tout ce qui enfin a pu et dû notablement accroître le produit brut. Encore faudra-t-il toujours rester dans une certaine mesure et ne point oublier que, s'agissant d'une évaluation moyenne et d'une agriculture peu ou point savante, ni conduite à l'aide de grands capitaux, on n'arrivera jamais à combler le déficit énorme, signalé plus haut, par une simple augmentation dans le rendement. — Soutiendra-t-on aussi que, même dans les temps historiques, il a été fondé des colonies où les lots assignés ne dépassent pas 2 jugères? Mais, qu'on le remarque, le seul exemple qu'on cite, celui de *Labicum** (de l'an 336), est loin, aux yeux des savants avec qui il vaut la peine de discuter, de se rattacher à une

418 av. J.-C.

* (Dans le *Latium*, entre *Tusculum* et *Præneste*, non loin d'un bourg appelé aujourd'hui *Colonna*.)

l'époque où s'est faite la première division des terres. L'on sait seulement que dans la constitution primitive de Rome, les communautés en famille tiennent la place qui sera plus tard occupée par les *assidus* ou citoyens fixés sur leur domaine *(assidui)*; et que la constitution de Servius, au contraire, a en face d'elle un partage antérieurement consommé. A cette dernière époque, on constate aussi que la grande masse des possessions foncières est dans les mains d'une classe rurale moyenne : chaque famille trouve dans son lot et du travail, et la satisfaction de ses besoins ; les domaines comportent l'entretien d'un bétail de labour et la conduite d'une charrue ; enfin, s'il ne nous est pas possible de dire en toute certitude quelle est la contenance ordinaire des héritages, nous pouvons du moins affirmer, comme nous l'avons fait déjà (p. 129), qu'elle n'est pas de beaucoup inférieure à 20 jugères [ou 5 hectares 40 ares].

Les céréales.

La culture avait pour objet principal la production des céréales, de l'*épeautre* surtout *(far)* ; elle ne négligeait d'ailleurs ni les plantes légumineuses, ni les racines, ni les herbes.

Les vignes.

La vigne a t-elle été jadis introduite par les émigrants

---

tradition historique digne de confiance jusque dans ses détails; elle donne prise même à bon nombre de difficultés (Tit. Liv. IV. 47. — V. *infrà*, livre II, chap. v, aux notes.) Ce qui paraît vrai, c'est que, quand il était fait à tous les citoyens des assignations de territoire (*adsignatio viritana*), sans envoi de colonie, ces assignations ne comprenaient souvent qu'un petit nombre de jugères (*sic*, Tit. Liv. VIII, 11, 21). Mais alors ce n'étaient point des cultivateurs nouveaux qui se trouvaient mis en possession, c'étaient les anciens à qui il était donné par surcroît de nouvelles parcelles prises sur le territoire conquis (*Conf*. C. I. R. 1., p. 88). En tout cas, quelle que soit l'opinion que l'on adopte, cela vaudra mieux toujours que d'aller se jeter dans une hypothèse aussi merveilleuse que le miracle de la multiplication des 5 pains et des 2 poissons de l'Évangile. Les paysans Romains étaient, eux, beaucoup plus modestes que leurs historiographes. Ainsi que nous l'avons dit ailleurs (p. 129), ils ne croyaient pas pouvoir vivre quand leur domaine n'était que de 7 jugères (1 hect. 7 ares 64 cent.), ou quand il ne rendait pas plus de 140 boisseaux romains (12 hectolit. 25 lit. 63 centil.).

helléniques; ou au contraire les peuples italiques la possédaient-ils dès l'origine? je ne le déciderai pas (p. 26).
A l'appui de cette dernière opinion, on relève ce fait, que l'une des fêtes du vin *(vinalia)*, celle qui plus tard tombait le 23 avril, et s'appelait la fête de l'*ouverture des tonneaux*, était dédiée au *pater Jovis*, à Jupiter; et non au dieu du vin, *pater Lyœus*, postérieurement emprunté à la Grèce. Selon une fort ancienne légende, Mézence, roi des Cœrites, fit payer un tribut de vin aux Latins ou aux Rutules. Suivant une version généralement répandue, et commentée en sens divers dans toute la Péninsule, les Celtes ayant eu connaissance des récoltes et des fruits exquis, des fruits de la grappe surtout, produits par la terre d'Italie, il n'en aurait pas fallu davantage pour les pousser à franchir les Alpes. A ne pas les prendre trop au sérieux, ces traditions attestent du moins que les Latins étaient fiers de leurs richesses vinicoles, et que leurs voisins les leur enviaient. On voit aussi, dès les plus anciens temps, les prêtres exercer sur ces cultures une surveillance assidue. A Rome, la vendange ne commence que sous l'autorisation du plus grand des prêtres de la cité, du flamine de Jupiter, qui lui-même y met le premier la main. De même le droit sacré des Tusculans défend de mettre le vin nouveau en vente, tant que le prêtre n'a pas solennellement publié « l'ouverture des tonneaux [1]. » Citons encore les libations et le vin si fréquemment versé dans le rituel des sacrifices, et surtout la loi bien connue de Numa, qui défend au prêtre romain de présenter en breuvage aux dieux le vin provenant de grappes non coupées; disposition analogue à celle qui, pour favoriser l'usage de la dessiccation des grains, prohibe l'offrande des céréales fraîches.

[1] [Nous nous servons du mot impropre de *tonneau*: mais chacun sait que les vieux Romains mettaient leur vin dans des vases de poterie fermés; *calpar, cupa*.]

L'olivier.

550 av. J.-C.

L'olivier, plus jeune que la vigne en Italie, y est certainement venu de la Grèce [1]. Il aurait été acclimaté vers la fin du second siècle dans les régions occidentales de la Méditerranée. Aussi, sa branche et son fruit jouent-ils, dans le rituel romain, un rôle bien moindre que le vin. Néanmoins, il est pareillement tenu en grande estime : un cep de vigne et un olivier sont plantés au milieu du *Forum*, non loin du bassin de Curtius.

Parmi les arbres fruitiers, il en est un par-dessus tous, utile et nourrissant, qui paraît indigène. On connaît l'écheveau embrouillé des légendes relatives aux vieux figuiers qui restèrent longtemps debout sur le Palatin et dans le *Forum*; il y en avait un autre contemporain de la ville, devant le temple de Saturne ; et son enlèvement (en l'an 260) est l'une des plus anciennes dates que précise l'histoire locale.

494.

Le labourage.

Le paysan menait la charrue aidé de ses fils : avec eux il pourvoyait aux autres travaux des champs; et l'on peut douter qu'il eût recours d'ordinaire aux bras des esclaves ou des journaliers. Le bœuf, quelquefois la vache, traînaient l'araire : les bêtes de somme étaient le cheval, l'âne et le mulet. La production de la viande et du laitage, du moins sous le régime des *communautés*, n'était point l'objet d'une agriculture spéciale ou étendue. Le paysan avait d'ailleurs son petit bétail qu'il menait sur le pâturage commun ; on voyait dans toute métairie des porcs, de la volaille, et surtout des oies. Le cultivateur était infatigable; il faisait labour sur labour; le champ passait pour mal préparé, quand les sillons n'étaient pas assez serrés pour rendre le hersage inutile ; mais cette culture, si intense qu'elle fût, n'était pas des plus rationnelles. La charrue était médiocre : la moisson,

---

[1] *Oleum, oliva*, viennent d'ἔλαιον, ἐλαία : *amurca* (l'écume qui sort du pressoir) n'est autre que l'ἀμόργη des Grecs.

le battage, toujours les mêmes, se faisaient d'une manière imparfaite. L'obstacle au progrès tenait moins peut-être à la routine obstinée du paysan, qu'à l'infériorité marquée des arts mécaniques. L'Italien, en effet, avec son esprit éminemment pratique, n'éprouvait pas, le moins du monde, un engouement sentimental pour les vieilles méthodes de ses pères; il avait su fort bien et de bonne heure inventer, ou emprunter à ses voisins, les procédés meilleurs, la culture des plantes fourragères, l'irrigation des prairies. La littérature romaine a débuté par des traités didactiques sur l'économie agricole. Au travail opiniâtre et réfléchi succédait l'époque bénie du repos. A ce moment encore intervenait la religion, adoucissant, même pour le plus humble, les fatigues de son existence, et lui marquant les heures de relâche, ou les récréations d'un plus libre loisir. Quatre fois par mois, tous les huit jours l'un dans l'autre *(nonœ[1])*, le paysan va en ville pour ses achats, ses ventes et ses autres affaires. De jours non ouvrables, il n'y a à proprement parler que les fêtes consacrées, et avant tout le mois des fêtes après les semences d'hiver *(feriæ sementivæ)*.[2] Alors la charrue se reposait par l'ordre des dieux, et la religion accordait du repos aussi bien au valet et au bœuf, qu'au laboureur et au maître.

Telles étaient les pratiques rurales des plus anciens temps. Si le paysan administrait mal, s'il dissipait la fortune héréditaire, les intéressés n'avaient d'autre recours devant la loi que celui de le faire mettre en tutelle, à l'égal d'un insensé (p. 194). Les femmes étant essentiellement incapables de disposer, quand elles se mariaient,

---

[1] [*Annum ita diviserunt, ut nonis modo diebus urbanas res usurparent, reliquis VII ut rura colerent.* — Varr. R. R. 2, præfat. 51.]

[2] [Ovide les décrit : *Fast.* 1, 663 et suiv. Ces fêtes étaient celles de tout le *pagus*, d'où elles sont aussi appelées *Paganalia*. Elles avaient lieu en janvier.]

on leur donnait d'ordinaire un époux choisi dans la même association de familles, afin que son bien n'en pût pas sortir. On prévenait l'excès des dettes grevant la propriété, soit, au cas de dette hypothécaire, en ordonnant la transmission immédiate du fond engagé de la main du débiteur dans celle du créancier, soit en matière de prêt simple en formalisant une procédure d'exécution rapide, et menant aussitôt à la distribution entre créanciers en concours : toutefois, comme on le verra plus tard, ce dernier mode n'était que très-imparfaitement réglé. La loi ne mettait aucun obstacle à la libre division des héritages. Quelque désirable qu'il fût de voir les cohéritiers continuer indivisément la jouissance de leur auteur, de tout temps le droit au partage resta ouvert au profit du communiste. C'est chose utile, sans doute, que les frères vivent paisiblement ensemble; mais les y contraindre, serait aller contre l'esprit libéral du droit romain. On voit par la constitution Servienne, que, même sous les rois, il y eut aussi à Rome des métayers et de nombreux jardiniers, pour qui le hoyau remplaçait la charrue. En abandonnant à la coutume et au bon sens des habitants le soin d'empêcher le morcellement excessif de la terre, le législateur avait agi fort sagement : les domaines se maintinrent intacts pour la plupart, ce dont témoigne l'habitude longtemps maintenue de leur donner le nom de leur possesseur primitif. Mais l'État les entama parfois d'une manière indirecte. En créant des colonies nouvelles, il était conduit à l'allotissement d'un certain nombre de nouveaux héritages; et souvent aussi, en y amenant comme colons de petits propriétaires, à y introduire l'amodiation et le métayage parcellaire.

Les grands propriétaires. Quant aux grands propriétaires, leur situation est plus difficile à déterminer. Leur nombre était assez considérable, à en croire la constitution de Servius et la position qui y fut faite aux *chevaliers*; il s'explique facilement aussi par les partages des terres communes à chaque famille. Le nombre forcément variable des membres des familles entraînait avec soi l'existence de possesseurs d'héritages inégalement étendus. Enfin, les capitaux que le commerce amassait dans Rome se consolidèrent fréquemment par des acquisitions foncières. Mais ne cherchons point à Rome, à cette époque, la grande culture opérant, comme elle le fera plus tard, avec une armée d'esclaves. A la grande propriété, s'applique toujours l'antique définition d'après laquelle les sénateurs ont été appelés les *pères (patres)*; ils répartissent leurs champs entre leurs laboureurs, ainsi qu'un père entre ses enfants. Ils divisent en parcelles à cultiver par des hommes de leur dépendance, soit la portion de leur domaine qu'ils ne mettent point eux-mêmes en valeur, soit le domaine tout entier. De nos jours, cette pratique est encore suivie dans l'Italie. Le preneur pouvait être ou fils de famille ou esclave du bailleur : s'il était libre, sa possession ressemblait essentiellement à l'état de droit plus tard appelé le *précaire (precarium)*. Il ne la conservait qu'autant qu'il plaisait au propriétaire : nul moyen légal de s'y faire maintenir à son encontre; à tous les instants il pouvait être expulsé. Du reste, il ne payait pas nécessairement redevance : que s'il avait des prestations à fournir, comme il arrivait le plus souvent, il s'en acquittait en remettant une part des fruits, se rapprochant ainsi de la condition du fermier, sans pour cela le devenir. En effet, sa possession n'était point à terme préfixe : il n'y avait ni lien ni action juridique entre les parties; et la rente foncière n'était garantie pour le maître que par son droit corrélatif d'expulsion. La fidélité à la parole donnée étant ici la seule loi, il ne fallait rien moins, pour la sanctionner, que l'intervention d'une coutume que la religion avait dû consacrer. Cette répartition des produits fonciers fut en réalité la plus solide base de l'institution morale et religieuse de la *clientèle*. Et qu'on ne croie pas que la clientèle n'est née qu'après la suppression des communautés agraires : de même que le propriétaire séparé le fit plus tard pour son domaine, de même auparavant la famille avait pu assigner à des subordonnés les lots de sa terre indivise. Remarquez en même temps que la clientèle n'est point un lien purement personnel, et que toujours le client entre avec tous les siens dans le patronage du père de famille et de la famille tout entière.

L'ancien système rural des Romains fait aussi comprendre comment les grands propriétaires ont fondé une aristocratie agricole et non point une noblesse urbaine. Comme la funeste classe des intermédiaires et des entrepreneurs de culture était alors inconnue, le propriétaire vivait attaché à la glèbe autant que le paysan ou le métayer : il voyait tout, mettait la main à tout par lui-même ; et ce devint un éloge ambitionné par le citoyen riche que d'être proclamé bon agronome. Il avait sa maison sur ses terres : en ville, il n'avait qu'un logement où il se rendait à jour fixe pour y vaquer à ses affaires, et parfois, durant la canicule, pour y respirer un air moins malsain. En même temps, ces habitudes créèrent de bons et utiles rapports entre les grands et les petits, et parèrent aux dangers inhérents à toutes les institutions aristocratiques. La masse des prolétaires (p. 118, 119) se composa des libres possesseurs à titre précaire, descendus la plupart de familles déchues, des clients et des affranchis ; ils n'étaient pas beaucoup plus sous la dépendance du *domainier*, que ne l'est nécessairement le petit fermier sous celle du grand propriétaire. Là où la portion envahissante n'a pas asservi toute la population du même coup, les esclaves sont rares d'abord ; à leur place, on voit des travailleurs libres qui jouent un rôle tout autre que celui qui leur sera plus tard assigné. En Grèce aussi, l'on rencontre dans les anciens siècles les *journaliers* (θῆτες), à la place des esclaves. Certaines républiques, celle des Locriens, par exemple, n'ont jamais connu l'esclavage jusque dans les temps historiques. D'ailleurs, le valet de labour, en Italie, était toujours d'origine italique : l'attitude du prisonnier de guerre, volsque, sabin ou étrusque, en face du maître, n'avait rien de commun avec l'humilité servile du *Syrien* ou du *Gaulois* des temps postérieurs. Établi sur une parcelle de terre, il possédait de fait, sinon de droit, son champ et son bétail, sa femme et ses enfants, tout aussi bien que le propriétaire lui-même ; et quand les affranchissements devinrent d'usage (p. 214), son travail lui permit d'acquérir assez vite sa propre liberté. La constitution de la grande propriété dans la Rome primitive ne fut donc point une atteinte à l'économie générale du système politique : loin de là, elle rendit des services essentiels. Elle créa pour une foule de familles les ressources d'une existence encore facile, même au-dessous et en dehors de la petite et de la moyenne propriété. La classe des grands domainiers, plus indépendants encore et plus haut placés que les autres citoyens, fournit à la cité ses chefs naturels et ses gouvernants : celle des laboureurs non propriétaires et à simple précaire devint, pour la colonisation extérieure, une armée toute prête et sans laquelle les pratiques coloniales des Romains n'eussent jamais pu s'accomplir. L'État peut, cela est vrai, donner des terres à l'indigent : mais il ne peut lui donner le courage et la force nécessaires pour mener la charrue ; pour faire un colon, il faut d'abord un laboureur.

Le partage des terres ne toucha point aux pâtures. Celles-ci ne sont point la propriété des communautés : elles restent à l'État, qui les utilise en partie pour le

Les pâtures.

service des autels publics, exigeant des sacrifices et des frais de toute nature, et aux pieds desquels sont apportées sans cesse les amendes expiatoires en bétail. Il abandonne le surplus aux possesseurs de troupeaux, en échange d'une modique redevance *(scriptura)*. Ce droit de pâture sur les terrains publics a dû d'abord et en fait appartenir aux propriétaires des autres terres; mais la loi n'avait point fait de l'état de propriétaire la condition légale de la jouissance partielle des pâtures. La raison en est claire. Le simple *domicilié* pouvait tous les jours acquérir la propriété : la jouissance des pâtures publiques était au contraire le privilége du *citoyen*, et ce n'est que par exception que les rois l'avaient quelquefois accordée à d'autres. D'ailleurs, les domaines de l'État, à cette époque, ne jouent, ce semble, qu'un rôle peu important dans le système économique : les pâturages publics sont originairement peu étendus; et, quant aux terres conquises, elles sont aussitôt réparties et livrées à la culture, d'abord entre les familles, et plus tard entre les particuliers.

Industrie.   L'agriculture, pour être à Rome la première et la plus importante des industries, n'empêcha pas qu'il en fût cultivé d'autres. La ville, dans ses rapides progrès, devint le grand marché du peuple romain. Parmi les institutions de Numa, ou, si l'on veut, parmi les monuments traditionnels de la Rome anté-historique, on trouve énumérés sept corps de métiers : les *joueurs de flûte*, les *orfèvres*, les *ouvriers en cuivre*, les *charpentiers*, les *foulons*, les *teinturiers*, les *potiers*, les *cordonniers*. A cette époque où la boulangerie et l'art médical étaient choses encore inconnues, où les femmes filaient à domicile la laine des étoffes pour vêtement, la liste ci-dessus comprenait sans doute toutes les industries travaillant pour le compte d'autrui. Peut-être s'étonnera-t-on de n'y pas voir figurer les ouvriers en fer. Leur prétérition atteste combien ce dernier métal n'a été travaillé que tard dans le Latium ; et si nous consultons le rituel, nous y voyons que, jusque fort tard aussi, la charrue et le couteau sacerdotal étaient d'ordinaire faits de cuivre. Les divers métiers pratiqués à Rome contribuèrent puissamment à l'activité et au progrès de la ville, ainsi qu'à son influence sur les peuplades latines. Il ne convient pas, si l'on veut avoir la mesure de l'industrie romaine à cette époque reculée, de prendre en considération un état de choses plus récent, alors qu'une innombrable multitude d'esclaves exerçaient des métiers au profit de leur maître, et que le luxe attirait dans la ville une masse de marchandises étrangères. Les antiques chants nationaux ne célèbrent pas seulement *Mamers*, Dieu des combats, mais aussi *Mamurius*, l'habile armurier, qui a su forger pour ses concitoyens des boucliers pareils au bouclier divin un jour tombé du ciel [1]. A Rome, comme partout ailleurs, au début de la civilisation, celui qui forge le soc et l'épée est tenu en même estime que celui qui les manie : on est loin encore de ce dédain superbe de la postérité pour tout ce qui est travail de l'artisan. Quand la réforme Servienne eut assujetti les domiciliés à l'obligation du service militaire, les industriels n'étant point, pour la plupart, établis à demeure, se virent de fait, sinon par la vertu de la loi, exclus du droit de porter les armes. Je fais une exception pour les charpentiers, les ouvriers en bronze et quelques catégories de joueurs d'instruments, qui reçurent une sorte d'organisation militaire, et dont certaines escouades accompagnaient l'armée. Peut-être est-ce là

[1 *Mamuri Veturi nomen frequenter in cantibus Romani frequentabant hac de causa : Numa Pompilio regnante, e cœlo cecidisse fertur ancile... unaque edita vox, omnium potentissimam fore civitatem, quamdiu id in ea mansisset. Itaque facta sunt ejusdem generis plura, quibus misceretur, ne internosci cœleste posset. Probatum opus est Mamuri.* — Fest., éd. Müller, p. 131. — Ovid. *Fast.*, 3, 391. — Propert. 4, 2, 61.]

la source du peu d'estime et de l'infériorité du rang politique assignés plus tard aux métiers. Quant aux corporations, elles avaient le même objet que les corporations sacerdotales qui leur ressemblaient par le nom : elles avaient enfin leurs experts, qui se réunissaient pour maintenir et affirmer la tradition. Sans doute, elles cherchaient à écarter de leur sein quiconque n'était pas du métier : toutefois, on ne constate chez les Romains ni tendances marquées au monopole, ni garanties organisées contre la fabrication de produits défectueux. Avouons, d'ailleurs, que, parmi toutes les branches de l'histoire économique de Rome, l'industrie est précisément celle où les renseignements nous font le plus défaut.

Commerce intérieur de l'Italie.

Le commerce italien s'est borné d'abord aux relations des indigènes entre eux : c'est là un fait qui se comprend de soi-même. Les foires (*mercatus*), qu'il ne faut pas confondre avec les marchés hebdomadaires ordinaires (*nundinæ*), existèrent de toute ancienneté dans la Péninsule. Il se peut qu'à Rome, elles n'aient pas d'abord coïncidé avec l'époque des fêtes civiques, et qu'elles se soient plutôt tenues aux jours des fêtes fédérales, non loin du temple de l'Aventin. Tous les ans, vers le 13 août, les Latins, venus à Rome à cette occasion, en profitaient pour y suivre leurs affaires et acheter les marchandises qui leur faisaient besoin. Des réunions annuelles semblables et non moins importantes avaient lieu en Étrurie, près du temple de *Voltumna* [aujourd'hui *Montefiascone*, sans doute], dans le pays de *Volsinii*. Il y avait là en même temps une foire régulièrement fréquentée par les marchands romains. Mais la plus considérable de toutes les foires italiennes se tenait sous le mont *Soracte*, dans le bois sacré de la déesse *Féronia*, emplacement éminemment favorable pour les échanges de toutes sortes entre les trois grands peuples limitrophes. La masse abrupte de la montagne, s'élevant isolée au milieu de la plaine du Tibre, offre de loin un but non méconnaissable aux voyageurs. Elle touche à la fois aux frontières des Étrusques et des Sabins, quoiqu'elle appartienne plutôt au territoire de ces derniers : en même temps, elle est d'accès facile pour qui vient du Latium ou de l'Ombrie. C'est là que les Romains se rendaient en foule pour affaires de négoce ; c'est là, enfin, que les injures fréquemment reçues donnèrent naissance à de nombreux démêlés avec les Sabins.

Ce commerce d'échanges et de ventes était depuis longtemps fort actif, quand apparurent dans la mer occidentale les premiers vaisseaux grecs ou phéniciens. La récolte avait-elle manqué, les voisins fournissaient du grain aux cités en proie à la disette : bétail, esclaves, métaux, toutes les marchandises enfin qui semblaient alors nécessaires ou désirables, trouvaient un marché facile dans les foires. La première monnaie d'échange consista d'abord en bœufs et en brebis, le bœuf comptant pour dix brebis. Étalons communs et légaux de la valeur en échange ou du prix, mesure réciproque du rapport entre le petit et le grand bétail, nous retrouverons ces animaux servant aussi de monnaie jusqu'au fond de la Germanie elle-même : bien avant les Grecs et les Italiens, au temps des peuples pasteurs, ils accomplissent déjà la même utilité [1]. Mais il fallait aux Italiens des métaux en quantités considé-

---

[1] Ce rapport légal de valeur entre les brebis et les bœufs a été fixé au chiffre proportionnel de 1 pour 10, à raison de ce que, lors de la conversion en argent de la prestation en bétail des amendes expiatoires, la brebis fut taxée à 10 as; le bœuf à 100. (Festus, v° *Peculatus*, p. 237, cf., p. 24, 144. — A. Gell. 11, 1.— Plutarch., *Poplicola*, 11.) La même appréciation se retrouve dans la loi islandaise : la vache y vaut 12 moutons : seulement, comme on le voit, le droit allemand substitue le système duodécimal au système décimal primitif. — Nous n'insisterons plus sur la dénomination latine adoptée pour désigner l'*argent (pecunia)*; le même fait s'est produit chez les Germains (*fee*, en anglais [de l'allemand *Vieh*]).

rables, soit pour les instruments de culture, soit pour les armes. Or ces métaux, peu de pays les produisaient : le cuivre ou l'airain *(œs)* devint bientôt un deuxième article d'importation et d'échange : les Latins, qui ne l'avaient pas chez eux, l'adoptèrent comme type, et son nom même passa dans la langue commerciale à titre estimatif de la valeur *(œstimatio ; œs-tumo)*. A un autre point de vue, cet usage partout accepté d'un équivalent commun des échanges; les signes de la numération, de pure invention italienne, et dont nous aurons plus loin à décrire les combinaisons si simples (ch. xiv) ; enfin le système duodécimal, tel que nous le verrons en vigueur; tous ces faits remarquables attestent, sans qu'on s'y puisse méprendre, l'existence et l'activité d'un marché intérieur qui mettait exclusivement en contact tous les peuples de la Péninsule.

Mais vint le jour des transactions commerciales avec l'étranger d'au delà des mers. Nous en avons fait connaître ailleurs les principaux résultats en ce qui touche les Italiens demeurés indépendants (ch. x). Les races sabelliques échappèrent à peu près complétement à leur influence, cachées qu'elles étaient derrière la bande étroite et inhospitalière de leurs côtes. Ce qu'elles reçurent du dehors, leur alphabet, par exemple, leur fut transmis par les Latins ou les Étrusques : de là, chez elles, l'absence de grands centres urbains; A la même époque, les relations de Tarente avec l'Apulie et la Messapie semblent sans importance encore. Mais il en est tout autrement à l'ouest. Grecs et Italiens vivent paisiblement ensemble dans la Campanie : et il se fait en Étrurie et dans le Latium un mouvement régulier et étendu d'échanges. Nous savons quels étaient les articles d'importation, en nous aidant des trouvailles faites dans les fouilles et dans les anciens tombeaux, ceux de Cœré, notamment; en constatant les traces nombreuses laissées par l'étranger dans la langue et les institutions de Rome, et surtout en assistant à l'impulsion qu'il communique à l'industrie indigène. Du reste, les produits manufacturés au dehors se vendirent longtemps avant d'être imités. Nous ne saurions déterminer à quel point en étaient arrivés les arts manuels, soit avant la séparation des races, soit même à l'époque où l'Italie vivait encore de sa vie propre et exclusive. Les foulons, les teinturiers, les tanneurs, les potiers de la Grèce ou de la Phénicie ont-ils contribué à l'éducation de ceux de la Péninsule? ou ceux-ci avaient-ils déjà poussé loin les perfectionnements de leur industrie? C'est ce qui demeurera toujours incertain. Pour ce qui est de l'orfévrerie, pratiquée à Rome de temps immémorial, elle n'est devenue assurément prospère qu'après l'établissement du commerce transmaritime ; c'est alors que les habitants de l'Italie contractent le goût des bijoux d'or et de la parure. Ainsi, l'on a trouvé dans les plus anciennes chambres sépulcrales de *Cœré* et de *Vulci*, en Étrurie ; de *Præneste*, dans le Latium, des plaques d'or portant en creux des lions ou d'autres ornements de fabrique babylonienne. On pourra, tant qu'on le voudra, discuter sur leur provenance, soutenir que ces ornements viennent du dehors, ou qu'ils sont une imitation indigène : encore faudra-t-il reconnaître que les métaux travaillés dans l'Orient ont été, dans ces temps, apportés en grand nombre sur les côtes occidentales de l'Italie. Quand le moment viendra pour nous de parler des arts plus en détail, nous ferons voir clairement quelle influence la Grèce a exercée tout d'abord, et sur l'architecture et sur la plastique de l'argile ou du métal : les premiers modèles et les premiers instruments sont certainement venus d'elle. Outre les bijoux, on a trouvé, dans les tombeaux, certains vases de verre fondu à teintes bleuâtres, ou d'argile verte, qui seraient de provenance égyptienne, à en juger par la matière, le style et les hiéroglyphes gravés sur leurs parois ; des vases à parfums en albâtre oriental, dont plusieurs reproduisent la figure de la déesse *Isis*; des œufs d'autruche peints ou sculptés, portant des sphinx, ou des griffons ; et enfin des perles de verroteries ou d'ambre jaune. Ces dernières peuvent être venues du Nord au travers du continent ; mais, par tous les autres objets que nous venons d'énumérer, l'on voit que l'Orient fournissait à l'Italie des parfums et des ornements divers, comme c'est l'Orient aussi qui envoyait la toile et la pourpre, l'ivoire et l'encens, qui servirent de bonne heure pour les bandelettes, les habits royaux écarlates, les sceptres et les feux des sacrifices. Leur nom même atteste l'emprunt (λίνον, *linum;* πορφύρα, *purpura;* σκῆπτρον, σκίπων, *scipio*, et même ἐλέφας, *ebur;* θύος, *thus*). C'est aussi par des dénominations importées de Grèce que les Latins désignent les marchandises d'airain, les vases, boissons, etc. Citons l'*huile*, dont nous avons parlé plus haut (v. p. 254, à la note).; l'amphore (ἀμφορεύς, *amp[h]ora, ampulla);* la coupe (κρατήρ, *cratera*); la débauche de table *(κωμάζω, commissari);* les mets (ὀψώνιον, *obsonium);* la pâte (μᾶζα, *massa);* et d'autres noms de comestibles encore (γλυκοῦς, *lucuns;* πλακοῦς, *placenta;* τυροῦς, *turunda).* Par contre, certains noms latins *(patina,* πατάνη, le *plat;* *arvina,* ἀρβίνη, la *graisse*) ont trouvé accès dans l'idiome grec de la Sicile. L'usage pratiqué plus tard de placer dans les caveaux mortuaires des vases splendides venus de l'Attique ou de Corcyre, témoignent, à côté des emprunts linguistiques, de l'importation fort ancienne des poteries grecques en Italie. Nous savons que les Latins employaient principalement le cuir dans leurs armures : le mot grec qui désigne ce produit industriel (σκῦτος) devient le *scutum (bouclier)* des Latins ; comme *lorica (cuirasse)* provient de *lorum (lanière).*

Nous ferons enfin allusion aux nombreux emprunts relatifs à la navigation : (toutefois la *voile* *(velum)*; le *mât* *(malus)*, et la *vergue (antenna)*, sont purement latins [1]); aux dénominations non moins remarquables d'*epistula* (ἐπιστολή, *lettre*), de *tessera* (τέσσαρα, *marque*), de *statera* (στατήρ, *balance*), d'*arrabo* et d'*arra* (ἀρραβών, *arrhes*) : et nous mentionnerons en sens inverse l'introduction de mots italiens de la langue du droit dans le grec siciliote (p. 214), et l'échange entre les deux idiomes des rapports et des noms en matière de monnaie, de poids et de mesures. Nous reviendrons plus tard sur ce dernier sujet. Tous ces emprunts ont un caractère semi-barbare, preuve décisive de leur haute antiquité. Le latin notamment fait son *nominatif* avec l'accusatif grec *(placenta* dérive de πλακοῦντα; *amphora* d'ἀμφορέα; *statera* de στατῆρα). Dans l'ordre religieux, nous voyons le culte du dieu du commerce *(Mercurius)* se surcharger dès le début de mythes helléniques, et sa fête annuelle se placer aux ides de mai, parce que la poésie grecque célèbre en lui le fils de la belle *Maïa*. Il n'en faut donc pas douter : l'Italie ancienne aussi bien que la Rome impériale ont tiré de l'Orient tous les objets de luxe, avant de s'être mis à les fabriquer en copiant les modèles importés : et elles n'avaient rien à offrir en

[1] *Velum* est certainement d'origine latine; il en est de même de *malus*, qui ne signifie pas seulement l'*arbre du mât,* mais l'*arbre* en général : *antenna* semble formé de la préposition ἀνά (comme dans *anhelare, antestari*), et de *tendere*, et équivaut à *supertensa*. En revanche sont grecs, *gubernare*. (κυβερνᾶν, gouverner), *ancora* (ἄγκυρα, ancre), *prora* (πρῶρα, l'avant ou la *proue*), *aplustre* (ἄφλαστον, l'arrière), *anquina* (ἄγκοινα, le *cordage de la vergue*), *nausea* (ναυσία, le mal de mer). Des quatre vents principaux, l'*Aquilo*, le *vent de l'Aigle*, la *Tramontane* ou *vent du nord*; le *Volturnus* (origine incertaine, le *vent du Vautour*, sans doute) ou vent du sud-est; l'*Auster*, le vent desséchant du sud-ouest, *(le scirocco)*; le *Favonius*, le vent du nord-ouest, qui souffle de la mer Tyrrhénienne et favorise le marin, aucun n'a un nom indigène applicable à la navigation. Mais tous les autres vents latins s'appellent de noms grecs; comme l'*Eurus*, le *Notus*; ou de noms traduits du grec, comme le *Solanus* (ἀπηλιώτης), l'*Africus* (λίψ), etc.

contre-échange que des matières premières, du cuivre, de l'argent, du fer ; puis aussi les esclaves, des bois de construction maritime, de l'ambre venu de la Baltique, et des céréales, quand les moissons avaient manqué à l'étranger.

Le commerce importateur dans le Latium, exportateur en Étrurie.

Les besoins et les denrées en échange étant différents, on a déjà pu constater pourquoi le commerce est tout différent dans le Latium et en Étrurie. Les Latins, à qui font défaut les articles d'exportation, n'ont qu'un commerce, à vrai dire, passif : à la place du cuivre que les Étrusques leur livrent, ils donnent des bestiaux ou des esclaves. (V. p. 141, comment la traite s'en faisait sur la rive droite du Tibre.) Aussi la balance commerciale se soldait elle avantageusement pour l'Étrurie, à Cœré aussi bien qu'à *Populonia*; à *Capoue* aussi bien qu'à *Spina*. Par suite, le bien-être progresse dans ces contrées; les relations grandissent et s'étendent. Pendant ce temps le Latium reste un pays purement agricole. Les mêmes résultats se constatent partout : on trouve à Cœré d'innombrables tombeaux, d'un style grec grossier, mais dont la construction et l'ameublement attestent une prodigalité qui n'a rien d'hellénique : chez les Latins, au contraire, à l'exception de *Prœneste*, qui, placée dans une situation exceptionnelle, entretint avec *Faléres (Falerii)* et l'Étrurie méridionale d'étroites et quotidiennes relations, nulle part on n'a rencontré un seul de ces caveaux fastueux des époques anciennes. Dans le Latium, comme dans la Sabine, il suffit d'un *tumulus* de gazon pour recouvrir les corps. Les plus vieilles monnaies, presque contemporaines de celles de la grande Grèce, appartiennent à l'Étrurie, à *Populonia*, surtout. Pendant l'époque entière des rois, le Latium paye avec du cuivre livré au poids; il ne reçoit même pas les monnaies étrangères; on n'y en a point trouvé dans les fouilles, sauf une ou deux, par-ci par-là; sauf, par exemple, une médaille venue de Populonia. Les arts de l'architecture, de la plastique, de la *Toreutique* ou ciselure sont également en faveur dans les deux pays : mais ce n'est qu'en Étrurie qu'ils disposent de capitaux considérables; qu'ils voient se fonder de grands ateliers et se perfectionner les procédés. Ce sont, en un mot, les mêmes marchandises qui se vendent, s'achètent ou se fabriquent sur les deux rives du Tibre; mais le peuple latin reste loin derrière ses voisins du nord sous le rapport de l'activité industrielle et commerciale. A un jour donné, l'Étrurie se vit en possession d'approvisionner le Latium, et notamment Præneste, des objets de luxe qu'elle confectionnait à l'instar des Grecs; elle alla les vendre même jusque chez ceux-ci; jamais les Latins n'en ont fait autant.

Les routes suivies par le commerce des deux peuples diffèrent d'une façon non moins remarquable. Du plus ancien négoce des Étruriens dans la mer Adriatique, l'on ne sait guère qu'une chose; c'est que, suivant toutes les probabilités, il partait de *Spina* et *Hatria*, pour se diriger vers *Corcyre* : on a vu aussi que les Étruriens occidentaux s'étaient de bonne heure lancés dans les mers orientales, et commerçaient, non-seulement avec la Sicile, mais aussi avec la Grèce propre (p. 194). Leurs relations avec l'Attique sont attestées, et par les poteries athéniennes qui se trouvent en quantités innombrables dans les tombeaux de date plus récente, ou qui furent importées à la même époque pour de tout autres usages que les funérailles; et aussi par les lampes d'airain et les coupes d'or tyrrhéniennes très-recherchées à Athènes; enfin et surtout par les monnaies. Les monnaies d'argent de Populonia furent copiées d'après une antique pièce de pareil métal portant à l'endroit la tête de la Gorgone, au revers un carré frappé en creux, et que l'on a retrouvée à la fois dans Athènes et sur l'ancienne route de l'Ambre, dans le pays de Posen : elle est probablement un exem-

Relations entre l'Étrurie, l'Attique, le Latium et la Sicile.

plairé de la monnaie de Solon. Nous avons vu qu'après l'alliance maritime établie entre les Étrusques et les Carthaginois, les relations commerciales entre les deux nations ont prédominé peut-être; et si dans les tombeaux les plus anciens de Cœré on a trouvé beaucoup d'objets de bronze ou d'argent de fabrique indigène, on y a recueilli en plus grande quantité encore des pièces d'art oriental, que les marchands grecs ont bien pu apporter eux-mêmes, mais que tout porte à croire plutôt de provenance phénicienne. Non qu'il faille donner à ce commerce avec les Phéniciens une importance trop grande : il y aurait méprise à oublier que l'honneur revient aux Grecs d'avoir, à l'aide de leur alphabet et de leurs autres importations, civilisé en réalité et fécondé l'Étrurie.

Le commerce du Latium suivit une tout autre voie. Si rares que soient les occasions de comparer l'usage que font les Étrusques et les Romains des données fournies par la Grèce, on voit les deux peuples travailler sur le même canevas d'une façon absolument indépendante; et l'on remarque de plus que deux races grecques différentes ont influé sur l'une et l'autre civilisation. Prenez les alphabets latins et étrusques; vous serez aussitôt frappé d'une divergence accusant celle des origines. L'alphabet étrusque est essentiellement primitif : il ne laisse même plus deviner la localité où il a pris naissance. Celui des Latins, au contraire, par les signes et les formes, rappelle l'alphabet usité dans les colonies chalcidiennes et doriennes de l'Italie et de la Sicile. Le même phénomène se reproduit dans les mots. Le *Pollux* romain et le *Pultukè* des Étrusques sont tous les deux l'altération spontanée et locale du *Polydeukès* hellénique. L'*Uthuzé* (ou *Utuzé*) toscan est un dérivé de l'*Odysseus* grec, dont l'Ulysse *(Ulixes)* romain reproduit simplement la dénomination siciliote. L'*Aivas* étrusque répond à la forme grecque primitive : l'*Ajax* romain *(Aiax)* n'est de même qu'une dérivation usitée en Sicile ; enfin l'*Aperta* ou l'*Apello* latin et l'*Appellun* samnite viennent de l'*Apellôn* dorien ; l'*Apollôn* grec se retrouve, au contraire, dans l'*Apulu* étrurien. Tout concourt donc, et la langue et l'écriture, à montrer le commerce du Latium tourné vers *Cymè* [*Cumes*] et la Sicile ; tous les vestiges de ces anciens temps l'attestent ; et la monnaie de *Posidonia* trouvée dans le Latium ; et les céréales achetées quand il y a disette à Rome, chez les Volsques, les Cyméens, les Siciliens, voire même chez les Étrusques ; et par-dessus tout, les rapports intimes des systèmes monétaires des Latins et des Siciliens. La pièce d'argent, appelée νόμος dans le dialecte dorien-chalcidique, la mesure sicilienne dite ἡμίνα, deviennent le *nummus* et l'*hemina* des Latins, et ont chez eux la même signification. Les noms italiques de mesure, *libra, triens, quadrans, sextans, uncia*, indiquant les quantités et le poids du cuivre qui sert d'abord de monnaie chez les Latins, ont, dès le troisième siècle de Rome, pénétré en Sicile et prennent place dans la langue usuelle sous les formes hybrides et corrompues de λίτρα, τετρᾶς, τριᾶς, ἑξᾶς, οὐγκία. Seuls parmi les autres Grecs, les Siciliens ont mis leurs poids et leurs monnaies en complet et exact rapport avec la monnaie et le poids de cuivre brut des Italiques. Ils ne se contentent pas d'attribuer à l'argent une valeur conventionnelle et légale, peut-être, dépassant deux cent cinquante fois celle du cuivre. Ils frappent à *Syracuse*, dès les temps les plus reculés, des *livres d'argent* (λίτρα ἀργυρίου), qui sont la représentation exacte de la valeur d'une livre sicilienne de cuivre ($\frac{1}{120}$ du talent attique, $\frac{2}{3}$ de la livre romaine). D'où l'on est fondé à conclure que le cuivre en barres des Italiques circulait et avait cours en Sicile ; que le commerce latin y était purement passif, et que, par voie de conséquence directe, la monnaie latine y arrivait à flots. Aurons-nous besoin encore de rappeler ici, à titre de preuves, les mots italiques usités par les Siciliens pour désigner le *prêt commercial*, les *prisons*, le *plat* à servir les mets; et d'autre part les mots siciliens reçus dans la langue romaine (p. 214, 266)?

Les Latins ont aussi, dans les premiers siècles, entretenu des relations avec les villes chalcidiques de l'Italie méridionale, *Cymé* et *Néapolis;* avec les Phocéens d'*Éléa* et de *Massalie (Massalia)*. On en trouve encore certains vestiges épars. Mais ce commerce resta infiniment moins actif qu'avec la Sicile. La preuve en ressort toujours de l'emploi exclusif de la forme dorienne, dans les mots grecs latinisés (*sic, Æsculapius, Latona, Aperta, machina*, déjà mentionnés ailleurs). S'il y avait eu entre le Latium, les villes d'origine ionienne, comme Cymé (p. 185), et les établissements phocéens, des rapports aussi fréquents qu'avec les Doriens siciliotes, nous en rencontrerions certainement des traces dans la langue; quoique, à vrai dire, ces colonies ioniennes aient elles-mêmes promptement subi l'influence dorienne et que leur dialecte se soit dénaturé à son tour.

Tout se réunit donc pour attester l'étendue du mouvement commercial latin, et les contacts quotidiens avec les Grecs de la mer occidentale, et surtout de la Sicile. Ce mouvement s'est-il porté de même dans d'autres directions ou vers d'autres peuples? c'est ce que rien ne vient nous dire; et la philologie ne relève pas une seule trace d'une rencontre quelconque avec les peuples de langue araméenne [1]. Que si l'on se demande comment

---

[1] A l'exception des mots *Sarranus, Afer* et d'autres noms de lieux analogues (p. 198), il ne se trouve pas dans le latin ancien un seul mot emprunté directement aux dialectes phéniciens. On en pourra citer quelques-uns de racine phénicienne, sans doute (comme *arrabo, arra*, et peut-être *murrha, nardus,* etc.); mais qui, certainement, ont passé d'abord par le grec. Celui-ci contient, en effet, un bon nombre de mots orientaux, dont l'emprunt témoigne d'anciennes et actives rela-

faisait tout ce négoce, soit par les traitants italiens allant à l'étranger, soit plutôt par les marchands étrangers venus en Italie : nous répondrons qu'en ce qui concerne le Latium, nous penchons pour le premier système. On ne saurait autrement comprendre la réception, dans le dialecte usuel des peuples de Sicile, de tous les mots qui désignent l'équivalent monétaire latin et le prêt commercial. Une telle migration eût-elle été possible, si les marchands siciliens ne fussent venus à Ostie que pour y recevoir du cuivre en échange des bijoux qu'ils apportaient?

En ce qui touche l'état des classes et des personnes s'occupant du négoce, il est remarquable que le haut commerce de Rome ne s'est jamais constitué en caste indépendante en face de la propriété foncière : mais ce n'est là qu'une anomalie facile à expliquer. Le grand commerce, en effet, est toujours resté dans la main des grands propriétaires. Placés sur un sol découpé par plusieurs rivières alors navigables, payés en nature seulement par leurs redevanciers, ceux-ci bientôt, la nature des choses et les monuments du temps l'attestent, ont su se procurer une flottille ; et, possédant ainsi les fruits à exporter et les moyens de transport, ils se sont directement adonnés aux affaires maritimes. Les premiers Romains n'ont point connu les aristocraties rivales de la terre et de l'argent ; et les grands domaniers chez eux furent aussi les grands spéculateurs et les capitalistes. Si le commerce eût été fort étendu, c'eût été chose impossible que de réunir les deux professions; mais, qu'on ne l'oublie pas, elles n'avaient alors qu'une importance re-

---

tions avec les Araméens. Nous en dirons autant du mot *thesaurus*, qui a été une énigme pour les philologues : grec pur ou vocable pris par les Grecs aux Phéniciens ou aux Perses, c'est aux Grecs que les Latins l'ont pris à leur tour, ce qu'atteste la persistance de l'aspirée *th*. (V. p. 243 ce que nous avons dit des influences orientales).

lative. Bien que le commerce du Latium se fût tout entier concentré dans Rome, cette ville en tant que marché, demeurait loin encore derrière Cœré et Tarente, et ne cessait pas d'être la capitale d'un État principalement agricole.

CHAPITRE XIV

POIDS ET MESURES ET ÉCRITURE

La géométrie soumet le monde à l'homme; l'écriture perpétue ses connaissances acquises, autrement périssables comme lui : toutes deux lui donnent ce que lui refusait la nature, la puissance et la durée. L'historien d'un peuple a aussi le droit et le devoir de porter de ce côté ses recherches.

Toute mesure suppose la notion de l'unité de temps, d'espace et de poids, et celle du tout divisible dans ses parties; de là les nombres et leur système. En ce qui touche le temps, la nature fournit une indication première dans les révolutions solaire et lunaire; dans le jour et dans le mois : la mesure de l'espace trouve son type dans le pied humain, plus commode à employer que le bras : enfin, quand l'homme, étendant le bras, balance *(librare)* l'objet qu'il tient en main, il en estime aussitôt le poids *(libra)*. La division du tout en parties égales a son type dans les cinq doigts de la main ou dans les dix doigts des deux mains, origine du système décimal. Ces éléments de la mesure et des nombres n'ont pas simplement précédé la séparation des races grecques et latines; ils se perdent dans la profonde nuit des siècles. La

Mesures italiennes.

langue dit la première combien est ancienne la mesure du temps basée sur le cours de la lune (p. 23). C'est aussi à l'époque au moins antérieure à la séparation des races que remonte ce mode de calculer les jours placés entre les phases lunaires, en comptant, non pas ceux qui viennent de s'écouler, par rapport à ceux qui vont venir, mais, au contraire, ceux qui vont venir, par rapport à ceux passés. (V. *infrà*, p. 280). Le système décimal appartient en propre aux Indo-Germains. Son antiquité et son origine sont attestées par la concordance de toutes les langues dérivées, depuis le nombre *un* jusqu'au nombre *cent* inclusivement (p. 23). En Italie, les plus anciens calculs appartiennent à ce même système. Rappelons sommairement le nombre décimal des témoins et des cautions, des envoyés, des magistrats; la valeur relative du bœuf et des dix brebis, le partage du *pagus* en décuries, partage qui persiste dans tous les détails; les bornages, la dîme rurale dans les sacrifices, la décimation, et enfin le prénom *Decimus*, si fréquemment porté. Les chiffres ne sont pas moins remarquables et se réfèrent au même ancien système, soit pour la numération, soit pour l'écriture. De signes conventionnels, il n'en existait point encore, quand les Grecs et les Italiens tirèrent chacun de leur côté. En revanche, les trois chiffres les plus anciens et les plus indispensables, I, V ou Λ, X (1, 5, 10), imitations visibles de l'extension de l'index, de la main à demi fermée ou du croisement des deux mains, n'ont été empruntés ni aux Grecs ni aux Phéniciens; mais ils sont communs aux Romains, aux peuples sabelliques et aux Étrusques. Ils démontrent l'existence d'une écriture nationale, encore à ses débuts, et témoignent aussi de l'activité de ce commerce italique intérieur qui aurait précédé l'intercourse maritime (p. 262 et suiv.). Quel peuple italique les a inventés; quel autre ne les a reçus que d'emprunt? Nous ne le

Système décimal.

saurions dire. Il n'existe plus guère de vestiges de ce système décimal primitif : on peut pourtant citer le *vorsus*[1], mesure superficiaire sabellique de 100 pieds carrés (p. 29), et l'année romaine décamensuelle.

Toutefois, quand elles ne se sont pas rattachées aux estimations helléniques, et quand elles ont précédé les relations entre Grecs et Italiens, les mesures prédominantes se rapportent à la division du « *tout* » *(as)* en douze *unités (unciæ)*. Les vieilles corporations sacerdotales, les Saliens et les Arvales comptent douze membres (p. 226); il y a une *Dôdécapole* en Étrurie. Le nombre douze revient sans cesse dans les mesures romaines de poids et de longueur, où la livre *(libra)* et le pied *(pes)* se divisent en douze fractions égales. Quant à l'unité de la mesure des surfaces, elle est composite, tenant à la fois du système décimal et de celui duodécimal ; l'*actus* (l'*acte géodésique*) a 120 pieds au carré[2]. Les mesures des solides paraissent avoir eu de semblables dénominateurs aujourd'hui perdus. Pour qui veut approfondir les origines du système duodécimal, en étudier la marche et constater que, dans les temps les plus anciens, les nombres 10 et 12 semblent ressortir partout et indifféremment des mêmes séries, il est facile de se convaincre que c'est encore aux révolutions solaires et lunaires qu'il faut demander la clef du problème. Les dix doigts des mains, la révolution solaire annuelle, qui comprend environ 12 cycles lunaires, offraient à l'homme un rapprochement naturel et facile, en complète harmonie avec

Système duodécimal.

---

[1] [*Vorsum dicunt 100 pedes quoquoversum quadratum.* (Varr. *de re rust.* 1, 10, 1.) — *Quod Græci plethron appellant, Osci et Umbri vorsum.* (Frontin: *de limit.* p. 30)].

[2] Au commencement, l'*actus*, comme son doublement, que l'on rencontre bien plus souvent, le *jugerum* (de *jugum*, joug); comme le *morgen* (matinée ou *journal* des Germains), sont bien plutôt des *mesures de travail* que des *mesures de surface*. Le *jugerum* désigne le travail de la journée ; l'*actus*, celui de la moitié du jour. On sait que les Italiens partageaient exactement la journée du laboureur par le repos du midi.

la théorie instinctive de l'unité divisible en unités fractionnelles égales : de là est née la notion du système de la numération, premier point de départ de la pensée mathématique. Cette pensée, traduite en nombres duodécimaux, semble, dans tous les cas, appartenir en propre à l'Italie ; elle est antérieure aux contacts de la civilisation grecque.

Mesures grecques en Italie.

Mais un jour le trafiquant grec s'étant frayé la voie jusque vers les côtes ouest de l'Italie, les mesures de longueur, celles de poids, celles des corps liquides ou solides, celles, enfin, sans qui le commerce ne serait pas possible, se trouvèrent plus ou moins affectées par ce nouveau contact international. Les mesures de surface seules ne furent pas changées. Le pied romain, plus tard un peu plus court que le pied grec [1], était alors ou égal ou tenu pour tel. Outre sa division latine en 12 douzièmes, il fut, comme le type grec, partagé en 4 palmes (*palmus* et 16 pouces (*digitus*; doigt). Puis les poids furent mis en exact rapport avec les poids athéniens, usités dans toute la Sicile (mais non à Cymé) : autre et nouvelle preuve de la voie suivie par le commerce. Quatre livres romaines valent 3 mines attiques, ou plutôt la livre romaine équivaut à une *litra* et demie ou demi-mine et demie de la Sicile (p. 271). Mais les noms et les rapports les plus curieux et les plus mêlés se retrouvent surtout dans les mesures des corps. Les noms y sont faits, ou d'un mot grec corrompu (*amphora*; *modius* qui vient de μέδιμνος ; *congius*, de χοῦς ; *hemina*; *cyathus*); ou d'un mot traduit du grec (*acetabulum* [2], d'ὀξύβαφον). En revanche, le grec ξέστης est aussi une corruption du latin *sextarius* (setier). Toutes les mesures sont identiques, à peu d'exceptions près : pour les li-

---

[1] Le pied romain n'atteint qu'aux $\frac{24}{25}$ du pied grec.

[2] [*Vinaigrier*, et plus tard, mesure de capacité, 1/4 de l'*hémine*.]

quides, il y a le *conge (congius* ou *chus)*, le *setier (sextarius)*, le *cyathus*, ces deux derniers servant aussi pour les solides. L'*amphore* romaine a la même capacité que le *talent* attique; elle est exactement à la *métréta* grecque dans le rapport de 3 à 2 : et au *médimnos* dans celui de 2 à 1. Ici encore, dans ces noms et ces nombres, celui qui se sert de ses yeux saura trouver aussi la mesure vraie des relations et de l'activité commerciale entre les peuples italo-siciliens. Les Latins ne prirent d'ailleurs pas aux Grecs leurs signes de numération : seulement le Romain alla chercher dans l'alphabet hellénique importé chez lui, les trois lettres aspirées qui lui étaient inutiles, pour en former les chiffres 50, 100 et 1000. Le chiffre 100, tout au moins semble aussi avoir été pris aux Grecs par les Toscans. Puis, plus tard, les systèmes usités chez les deux peuples voisins achevèrent de se fondre, comme il arrive toujours, et les chiffres romains prédominèrent en Étrurie.

Il en a été de même pour le calendrier romain, et pour celui des peuples italiques en général. National au début, il a bientôt subi l'influence grecque dans ses perfectionnements ultérieurs. Ce qui frappe tout d'abord les yeux de l'homme dans la division de sa vie, c'est le coucher et le lever alternatifs du soleil ; c'est le retour de la nouvelle et de la pleine lune. Aussi, durant des siècles, le temps se mesure-t-il par les jours et par les mois, déterminés non point en calculant d'avance leur révolution mais, à l'aide des simples observations personnelles. Le lever et le coucher du soleil ont été, jusque dans les temps plus récents, annoncés dans Rome par un crieur public ; et sans doute aussi dans les temps plus anciens le prêtre y proclamait, à chacune des phases de la lune, le nombre des jours à courir jusqu'au prochain quartier. Enfin, dans tout le Latium, et probablement chez les Sabelliens, comme chez les Étrusques, ainsi que nous en avons fait

Calendrier italique antérieur à la venue des Grecs.

précédemment la remarque, et comme on vient de le voir, les jours se comptaient, non par le nombre de ceux écoulés depuis la dernière phase, mais par le nombre de ceux à courir jusqu'à la phase suivante (p. 276). Après les jours venaient les *semaines*; variant entre 7 et 8 jours (d'une durée moyenne de 7 jours 3/8); après les semaines venaient les mois, également lunaires. La durée moyenne du mois synodique étant de 29 jours 12 heures 44 minutes, les mois lunaires étaient tantôt de 29, tantôt de 30 jours. Pendant quelque temps les Italiens n'ont pas connu de fraction du temps moindre que le jour, plus grande que le mois. Puis on divisa le jour et la nuit, chacun en 4 parties; on s'habitua à calculer par *heures*. Mais, chose remarquable, chez ces diverses races d'origine commune, le commencement du jour ne se place pas au même instant : chez les Romains, il s'ouvre à minuit, à midi chez les Sabelliens et les Étrusques. Le calendrier annuel n'existe pas encore, du moins quand les Grecs et les Italiens se séparent, et à en juger par les dénominations toutes différentes qui, chez les uns et les autres, servent à désigner l'année et les saisons. Quant aux Italiens, il semble même qu'avant les migrations helléniques, et sans avoir su dresser encore un calendrier fixe, ils avaient adopté une unité de temps deux fois plus grande. Mais les Romains, en simplifiant le calcul de leurs mois lunaires à l'aide du système décimal, avaient adopté la dénomination *d'anneau (annus)* pour désigner la révolution de dix mois; et cette dénomination porte dès lors le cachet d'une haute antiquité. Quand plus tard, et toujours avant l'invasion de l'influence grecque, le système duodécimal prend faveur (p. 277), comme il se rattache évidemment à l'observation de la marche du soleil, qui accomplit une seule révolution pendant que la lune accomplit 12 fois la sienne, le même rapport est tout naturellement pris pour mesure de l'unité de temps.

Citons à l'appui une concordance et une preuve. Les noms des mois n'ont pu entrer en usage, que quand le mois est apparu comme la douzième partie de l'année solaire. Eh bien ! ces noms, ceux de *mars* et de *mai* plus spécialement, ne sont point adoptés à la fois par les Italiens et par les Grecs ; mais tous les Italiens les pratiquent en commun. Établir un calendrier usuel en harmonie avec les mouvements lunaire et solaire : résoudre ainsi un problème sous certains rapports insoluble presque à l'égal de la quadrature du cercle, et, que de longs siècles de travaux ont pu seuls mener à terme, c'est là peut-être un travail devant lequel le génie italien n'avait pas reculé, même dans les temps anté-helléniques : mais s'il a été tenté, toutes les traces de cette entreprise nationale ont absolument disparu. Le plus ancien calendrier qui nous soit parvenu, et qui ait été pratiqué à Rome et dans quelques cités latines (de l'Étrurie et des pays Sabelliques nous ne savons rien), repose très-certainement sur les bases du système grec primitif : il s'efforce de suivre les phases de la lune et le cours des saisons ; il admet une révolution lunaire de vingt-neuf jours et demi, une révolution solaire de douze mois et demi, ou de trois cent soixante-huit jours trois quarts, les mois pleins de trente jours alternant régulièrement avec les mois imparfaits de vingt-neuf ; et l'année de douze mois avec celle de treize. Il se met enfin tant bien que mal d'accord avec le mouvement vrai du ciel, en ajoutant ou en supprimant arbitrairement un certain nombre de jours. Je ne nie pas que cette ordonnance de l'année grecque ait bien pu entrer sans changement dans les usages des peuples latins : toutefois l'année romaine, dans la forme la plus ancienne qui nous soit connue, sans présenter de grandes différences dans les résultats de son cycle, et dans les alternances de la révolution des douze mois et des treize mois, s'éloigne ce-

Calendrier italo-grec primitif.

pendant de son modèle, soit par les dénominations des mois eux-mêmes, soit par la quantité des jours que chacun d'eux renferme. Elle commence avec le printemps : son premier mois, le seul qui porte un nom de divinité, s'appelle du nom de Mars *(Martius)*; les trois mois qui suivent sont ceux des *bourgeons* qui s'entr'ouvrent *(aprilis, avril)*, de la *croissance (majus, mai)*, et de la *floraison (junius, juin)*. Du cinquième au dixième, le numéro d'ordre est la désignation acceptée *(quinctilis (juillet), sextilis (août), september, october, november, december)*; le onzième est le mois de l'*ouverture* des travaux agricoles *(januarius, janvier*, p. 23.) Après le repos de la mi-hiver, enfin, le douzième ou dernier mois de l'année commune est celui des *purifications (februarius, février*[1]*)*. Dans les années intercalaires périodiques, un treizième mois sans nom s'ajoute à la fin de la période annuelle ; il vient donc après février ; il est un « *mois de travail* » et aussi il reçoit parfois l'épithète de *mercedonius, consacré à la paye*[2]. De même qu'il donne aux mois des noms purement latins et traditionnels, le calendrier romain leur assigne aussi une durée qui lui est propre. Le cycle grec compte quatre années, composées de six mois de trente jours, et de six mois de vingt-neuf jours, avec addition, tous les deux ans, d'un mois intercalaire, dont la durée alterne entre trente et vingt-neuf jours (354 + 384 + 354 + 383 = 1475 jours, au total, pour le cycle de quatre ans). Chez les Romains, au contraire, la période se compose de quatre années, où l'on trouve quatre mois de trente et un jours (les 1er, 3e, 5e et 8e); sept mois de vingt-neuf ; un mois de février de vingt-huit jours, dans les

---

[1] [*Februarius mensis dictus, quod tum, id est, extremo mense anni; populus februaretur, id est lustraretur et purgaretur.*— Fest., p. 85, Müller. — *Februa Romani dixere piamina patres.* Ovid. *Fast.* 2, 19.]

[2] [*Mercedonios (dies) dixerunt a mercede solvenda.* — Fest., p. 124, éd. Mull. — V. Gruter, *Vet. Kalend. Roman.* 133.]

trois premières années; un mois de février de vingt-neuf jours dans la quatrième, et enfin un mois intercalaire de vingt-sept jours tous les deux ans (355 + 383 + 355 + 382 = 1474 jours aussi, pour les quatre ans). Le calendrier d'ailleurs avait, comme son aîné, pour point de départ, la division originaire du mois en quatre semaines de sept et de huit jours, le premier quart tombant régulièrement sur le 7⁰ dans les mois de trente et un jours; sur le 5⁰ dans ceux de vingt-neuf : la pleine lune tombant le 15 dans les premiers, et le 13 dans les seconds. De cette sorte, la deuxième et la quatrième semaine du mois étaient de huit jours, la troisième de neuf, sauf dans le mois de février de vingt-huit jours, où elle n'en comptait plus que huit, et dans le mois intercalaire de vingt-sept jours, où elle n'en comptait que sept. La première semaine était de six jours dans les mois de trente et un jours ; elle n'en comptait que quatre dans tous les autres. Les trois dernières semaines étant, on le voit, semblables quant à la durée, il n'était plus besoin que d'annoncer chaque fois à l'avance la durée variable de la première semaine : d'où le premier jour de celle-ci prit le nom de *jour de l'annonce*, ou *calendes* (*kalendæ* [1]). Le jour qui commençait la seconde et la quatrième semaine, de huit jours toutes deux, était appelé le *neuvième*, ou les *nones* (*nonæ; noundinæ* [2], conformément à l'usage suivi à Rome, de compter dans le délai le jour où le délai expire [3]); tandis que le premier jour de la troisième semaine avait gardé l'ancien nom des *Ides* (*jour séparatif* [4]). Telle était la curieuse ordonnance du

---

[1] [*Primi dies nominati calendæ, ab eo quod his diebus calantur ejus mensis nonæ, a pontificibus, quentimanæ an septimanæ sint futuræ.* — Varr. L. L. 6, 4, 59.]

[2] [Elles tombaient donc le neuvième jour avant les Ides. (Varr. L. L. 6, 4, § 28, O.)]

[3] [De là l'adage de droit: *Dies termini computatur in termino.*]

[4] [D'*Iduo*, vieux mot : *dividere?*]

calendrier nouveau des Romains. Elle eut sans doute pour raison déterminante la foi dans la puissance salutaire des nombres impairs. Tout en prenant pour base, en général, l'antique forme de l'année grecque, on voit clairement qu'elle s'en écarte dans les détails, et qu'elle subit l'influence décisive des doctrines de Pythagore, toutes puissantes alors en Italie, et tout imprégnées, comme on le sait, du mysticisme des nombres. En conséquence, s'il garde la trace d'un effort manifeste pour se mettre en harmonie avec les révolutions solaire et lunaire à la fois, ce calendrier ne tombe jamais d'accord en réalité avec le cours de la lune, comme le faisait son devancier chez les Grecs, du moins dans l'ensemble. Et quant aux saisons ou temps solaires annuels, il ne lui était possible de les suivre, qu'en procédant à l'instar du calendrier grec primitif, et en se surchargeant de nombreuses intercalations arbitraires : encore la concordance demeure-t-elle toujours très-imparfaite. Les Romains ne pouvaient guère manier leur calendrier d'une façon plus intelligente qu'ils ne l'avaient conçu. Conserver obstinément l'ordonnance des mois, ou, ce qui est la même chose, le calcul par année décamensuelle, c'était reconnaître tacitement, mais de façon explicite, l'irrégularité et l'insuffisance de l'ancienne année solaire romaine. Le calendrier de Rome semble avoir été, en général, suivi par les Latins, dans les parties essentielles de son système. Alors qu'en tous pays, on voit varier et la date du commencement de l'année et les noms des mois ; de simples divergences dans les numéros d'ordre, et dans les désignations n'empêchent pas l'existence d'une base et d'une ordonnance commune. De même aussi, dans chacun de leurs calendriers spéciaux, sans cesser d'avoir les yeux sur les mouvements de la lune, les Latins ont pu facilement accepter des mois d'une durée arbi-

traire, ou mis en rapport avec leurs fêtes anniversaires.
Tel fut le calendrier d'Albe, par exemple, où les mois
variaient entre seize et trente-six jours. Il est probable
aussi que la *Triétérie* grecque de l'Italie du sud (τριετηρίς,
période et fête triennale) a été de bonne heure adoptée
par les Latins, et peut-être même par les autres peuples
italiotes ; elle a dû subir, d'ailleurs, dans les calendriers
des diverses cités, des modifications de détail nombreuses.

Quand les Romains voulurent mesurer de plus longues
périodes d'années, ils purent assurément compter par le
règne de leurs rois ; je doute pourtant que ce mode
spécial à l'Orient ait été dès cette époque adopté par la
Grèce et par l'Italie. Mais dans la période quadriennale
intercalaire, avec *cens* et *purifications expiatoires* de la
ville, dans le calcul des *lustres*, enfin, je vois une institution et une computation en rapport frappant avec le
calcul des *olympiades* helléniques [1]. Seulement, toutes
concordances chronologiques se sont évanouies par l'effet de l'irrégularité croissante des opérations censitaires.

L'écriture phonétique est plus jeune que la science des mesures. Les Italiens pas plus que les Grecs n'ont eu une écriture nationale ; quoique pourtant en ce qui concerne les premiers, on en pourrait trouver le germe dans leurs signes numériques, et dans les *sorts* ou tailles de bois enfilées, dont ils usèrent primitivement en dehors de toute tradition ou influence hellénique. Un seul et unique alphabet, transmis de race à race, et de peuple à peuple, a suffi et suffit encore à défrayer tout le groupe des civilisations araméenne, indienne et gréco-romaine, ce qui prouve combien a été difficile l'individualisation première

Les alphabets grecs en Italie.

---

[1] [Le *cens* se faisait tous les cinq ans : il était accompagné des *lustrations* et des sacrifices *(lustrum)*, après lesquels les censeurs résignaient leurs fonctions. — V. Liv. I, 44. — V. Freund, *Dict. lat.*, v° *Lustrum*, et surtout Smith, *Dict. of Greek and Roman antiquities* (London, 1856); v¹⁸ *Census, Lustratio, Lustrum.*]

des sons, au milieu des combinaisons infinies de l'histoire. Création puissante du génie humain, ce même alphabet a été l'œuvre commune des Araméens et des Indo-Européens. Dans la famille des langues sémitiques, où les voyelles ne jouent qu'un rôle secondaire, et n'apparaissent jamais au commencement des mots, l'individualisation des consonnes devient par cela même plus aisée; aussi est-ce là qu'a été inventé le premier alphabet, sans voyelles, il est vrai. Puis sont venus les Indiens et les Grecs qui, apportant chacun les inventions bien diverses de leur génie, ont remanié sur le canevas de l'écriture araméenne certaines consonnes que le commerce leur avait fait connaître, et ont complété l'alphabet, en y ajoutant les voyelles, ou en complétant les syllabes. Euripide précise bien leur œuvre lorsqu'il fait dire à Palamède :
« J'ai porté remède à l'oublieux passé, quand je plaçai
» dans les mots les syllabes muettes ou résonnantes, et
» quand j'inventai pour les mortels la science de l'écri-
» ture ! »

L'alphabet araméen-hellénique fut ensuite importé en Italie; et cela à une date fort reculée ; mais avant, il avait reçu en Grèce des perfectionnements notables par l'addition des trois lettres nouvelles ξ, φ, χ; et par les changements apportés aux signes γ, ι, λ (p. 185, note 1). Nous avons déjà dit ailleurs (p. 270) que deux alphabets grecs ont à vrai dire pénétré en Italie, l'un avec le double *s* (le *sigma*, ς, et le *san*, *sch*), le *k* simple, et l'ancienne forme P (*r*), fut suivi en Étrurie ; l'autre avec l'*s* simple, le double *k* (le *kappa*, et le *koppa*, *q*), et la forme plus récente *r*, prédomina chez les Latins. L'écriture étrusque primitive n'est pas disposée en *ligne;* elle décrit des contours et serpente : une autre plus nouvelle va de droite à gauche en lignes parallèles inégales. L'écriture latine, au contraire, si loin que l'on remonte dans l'étude des monuments, suit la même disposition, mais en lignes égales marchant arbitrairement, d'abord, de droite à gauche, ou de gauche à droite, puis bientôt de gauche à droite seulement, chez les Romains; chez les Étrusques, au contraire, allant en sens inverse. — D'où est venu l'alphabet étrusque? Ce n'est certainement ni de Corcyre, ni de Corinthe, ni de chez les Doriens Siciliotes. L'opinion la plus probable le rattache à l'ancienne Attique, où le *koppa (q)* semble avoir été abandonné plus tôt que partout ailleurs en Grèce. Mais on ne sait pas bien non plus si c'est par Cœré ou par Spina qu'il s'est répandu chez les Toscans, quoique toutes les vraisemblances parleraient davantage en faveur de Cœré, la dernière venue parmi les anciens entrepôts du commerce et de la civilisation.

L'alphabet latin, au contraire, est une importation manifeste des Grecs de Cymé et de la Sicile; il ne fut pas seulement, ce semble, reçu tout d'une pièce, comme celui des Étrusques; les Latins grâce à leur commerce actif avec la Sicile, se tinrent constamment au courant de l'alphabet usité dans la grande île, et en suivirent les altérations successives. Nous voyons, par exemple, que les formes archaïques Σ et /\/\/ ne demeurèrent point inconnues aux Romains, et qu'elles furent ensuite, chez eux aussi, remplacées par les S et M, ce qui ne se comprendrait pas, si les Latins ne s'étaient pas, pendant longtemps, servis de l'alphabet grec, aussi bien pour les dénominations grecques qu'ils avaient adoptées, que pour celles appartenant à la langue mère. Par cette même raison, il serait périlleux, en comparant les deux écritures, celle de Rome et celle de l'Étrurie, de trancher la question de priorité en faveur de celle-ci, uniquement parce qu'elle appartiendrait à un alphabet grec relativement plus ancien que l'alphabet importé à Rome.

L'acquisition du précieux trésor de l'écriture fit une impression profonde sur les peuples italiques qui venaient de la recevoir ; ils pressentaient une force latente dans ces petits signes obscurs. En veut-on la preuve? L'un des plus remarquables vases extraits des caveaux bâtis à Cœré avant l'invention du plein cintre, porte dessiné sur ses parois l'antique alphabet grec, tel qu'il fut, dès l'origine, apporté en Étrurie; puis, à côté de lui, un syllabaire toscan, auquel il a servi de type, avec certaines adjonctions analogues à celles de Palamède[1]. Ce vase est sans doute une relique sacrée, perpétuant le souvenir de l'introduction de l'écriture phonétique et de son acclimatation en Étrurie.

Perfectionnements des alphabets italiens.

Une fois naturalisé sur le sol italien, l'alphabet y accomplit des progrès non moins importants, pour ne pas dire plus importants que le fait même de son arrivée. On voit par là s'éclairer d'un rayon de lumière le commerce intérieur de la Péninsule, jusqu'alors plongé dans les ténèbres plus difficiles à écarter que le voile étendu sur le commerce des côtes avec les peuples étrangers. L'alphabet étrusque, à son premier âge, alors qu'il était mis en pratique tel qu'il avait été reçu, ne s'étend pas au delà des Étrusques du Pô et de ceux de la Toscane actuelle; puis, parti d'Hatria et de Spina, il se dirige vers le Sud en longeant la côte orientale, et descend jusqu'aux Abruzzes: au Nord, il pénètre dans le pays des Vénètes et dans celui des Celtes, et il va jusqu'aux Alpes toucher le Tyrol et la Styrie de ses derniers rameaux. La seconde époque commence par une réforme: elle se caractérise par l'introduction des lignes parallèles, inégales, par la suppression de l'*o*, qui, dans la prononciation, se confond avec l'*u*; et par l'apport d'une lettre neuve, l'*f*, dont le signe manquait à l'alphabet de la première période. Cette refonte est surtout l'œuvre des Étrusques occidentaux; elle ne s'étend pas au nord de

---

[1] [Inventeur, dit-on, des Θ, Ξ, Φ, X, et même des Υ et Δ.]

l'Apennin, mais elle prend droit de cité chez tous les peuples sabelliques et même chez les Ombriens. Puis, plus tard, l'alphabet réformé suit sa voie séparément chez les diverses races, chez les Étrusques de l'Arno et de Capoue, chez les Ombriens et les Samnites, perdant en tout ou partie les lettres médianes, et créant ailleurs des voyelles ou des consonnes nouvelles. L'époque de la réforme tusco-occidentale est d'ailleurs fort reculée, beaucoup plus ancienne même que la construction des plus anciens caveaux funéraires de l'Étrurie. Le syllabaire inscrit sur le vase dont on a parlé plus haut offre déjà le type remanié, mais avec des modifications essentielles et des innovations d'un caractère plus moderne. Et comme ce type lui-même est relativement jeune par rapport à l'alphabet primitif, la pensée a peine, en vérité, à remonter jusqu'à l'époque de son importation.

Tandis que les Étrusques propageaient leur alphabet au nord, à l'est et au sud de la Péninsule : celui des Latins ne franchissait pas les limites de leur pays, où, d'ailleurs, il se maintint à peu près sans variations. Mais un jour vint où le γ et le x, le ζ et le σ se prononçant de même, l'un des deux signes homophones (le x et le ζ) disparut aussi de l'écriture. Il est certain, du moins, qu'à l'époque de la publication de la loi des XII Tables, les deux lettres en question n'avaient plus cours. Maintenant, si l'on veut bien étudier les abréviations des inscriptions les plus anciennes, où les γ et les c, les x et les k sont encore parfaitement distincts [1]; si l'on accorde que l'époque où ces lettres se sont confondues dans le langage, et qu'antérieurement, l'époque

---

[1] [On y trouve à la fois C. (Gaïus) et GN (Gnaeus); mais le K reste dans Kœso. Naturellement cette remarque ne s'applique pas aux abréviations de date plus moderne : le γ n'y est plus représenté par le C, mais par un G (GAL., Galeria); le x est régulièrement indiqué par un C (C. centum, COS. consul, COL. collina); et devant l'A, très-souvent par un K (KAR., karmentalia, MERK. merkatus.)

même où les abréviations se sont formées et fixées, remonte bien au delà de la publication des XII Tables; si, enfin, l'on réfléchit qu'entre l'introduction de l'écriture et la création d'un système d'abréviations conventionnelles, il a dû nécessairement s'écouler un long intervalle, on est conduit, bon gré malgré, à reporter, et pour l'Étrurie et pour le Latium, les commencements de l'art de l'écriture jusque dans des temps assurément plus voisins de la seconde période égyptienne de *Sirius*[1], dans l'ère historique, ou, si l'on veut, plus rapprochés de l'année 1382 avant J.-C., que de l'an 776, lequel sert de point de départ à la chronologie grecque des Olympiades[2]. Il est aussi d'autres et nombreux vestiges qui témoignent de la haute antiquité de cet art, à Rome. Les monuments écrits appartenant à l'ère des rois, y ont existé; l'histoire l'atteste. Citons le traité entre Gabies et Rome, conclu par l'un des Tarquins, et non pas par le dernier d'entre eux, à ce qu'il semble. Inscrit sur la peau d'un taureau expressément sacrifié pour la circonstance, il était religieusement conservé, au haut du Quirinal, parmi les trésors d'antiquités du temple de *Sancus*, qui paraît avoir été brûlé lors de l'invasion gauloise. Citons aussi l'acte d'alliance avec le Latium, dressé sous Servius Tullius, et que Denys d'Halycarnasse put lire encore sur une table d'airain dans le temple de Diane Aventine. Ce n'était là, sans doute,

---

[1] [Ou *période Sothiaque*, ainsi appelée parce qu'elle commençait et finissait avec le lever héliaque de Sôthis, l'étoile de Sirius ou du chien. Elle durait 1460 ans.]

[2] Si ce raisonnement est exact, les poésies homériques (et je n'entends pas parler ici, cela va de soi, de la rédaction définitive que nous avons dans les mains), les poésies homériques, dis-je, remontent à une date bien antérieure à celle qu'Hérodote assigne à l'époque où florissait Homère (100 ans avant Rome). Il est certain, en effet, que si l'introduction de l'alphabet grec en Italie se place au début des premières relations commerciales entre les Italiens et les Grecs, elle a été aussi tout à fait postérieure aux temps homériques.

qu'une copie transcrite au lendemain de l'incendie des Gaulois et d'après un exemplaire appartenant aux Latins ; car il paraît difficile d'admettre qu'au temps des rois on gravât déjà sur le métal. Alors on *inscrivait* à la pointe *(exarare, scribere* non éloigné de *scrobes*[1]*)*, où l'on *peignait (linere,* d'où *littera)* sur des feuilles *(folium)*, sur une écorce *(liber)*, sur des tablettes de bois *(tabula, album)*, puis plus tard sur le cuir et la toile. Les titres sacrés des Samnites, ceux des prêtres d'*Anagni* étaient écrits sur des rouleaux de toile. Il en était de même des listes des plus anciens magistrats de Rome, déposées dans le temple de la *Juno moneta*[2] *(déesse qui avertit)* sur le Capitole. Est-il besoin de rappeler aussi l'antique *circonscription* allotie au bétail envoyé dans les pâtures *(scriptura)*; les mots d'invocation par lesquels commence tout discours adressé au sénat *(patres conscripti)*, les vieux livres des oracles, les registres généalogiques, et enfin les anciens calendriers de Rome et d'Albe. La tradition, dès le temps de l'expulsion des rois, parle des *loges du forum,* où les fils et les filles des notables allaient apprendre à lire et à écrire. C'est là une fable, peut-être ; mais ce n'en est point une nécessairement. Si les antiquités de l'histoire romaine nous échappent, ce n'est ni à l'absence de l'écriture, ni à celle des documents qu'il convient peut-être de s'en prendre. Il faut en accuser les historiens qui, lorsqu'ils reçurent la mission de fouiller les annales de Rome, se montrèrent absolument incapables d'en débrouiller les archives et qui prirent la tradition à rebours ; y allant chercher

---

[1] De même, le vieux mot saxon *writan* (reissen, déchirer, tracer, en allem.) a plus tard signifié écrire. [Il se retrouve dans le mot *to write* des Anglais.]

[2] [V. v° *moneta*, au Dict. de Freund, et *Preller, Myh.*, p. 252. — Atque etiam scriptum a multis est, quum terræ motus factus esset, ut sue plena procuratio fieret, vocem ab æde Junonis ex arce extitisse, quocirca Junonem illam appellatam *monetam.* Cic. Divin. 1, 45, 101.]

des motifs, des caractères à mettre en scène, des récits de batailles et de révolutions ; et qui, fermant les yeux à la lumière, ne virent pas ou ne voulurent pas voir ce que les monuments ne manquent jamais de révéler à tout investigateur impartial et sérieux.

<small>Résultats acquis.</small>

En résumé, l'histoire de l'écriture en Italie confirme le fait de la prédominance de l'influence grecque chez les peuples de l'Ouest, tandis qu'au contraire elle ne s'exerça ni puissamment, ni directement chez les peuples sabelliques. Ceux-ci reçurent leur alphabet des Étrusques et non des Romains ; ils le reçurent, tout l'indique, avant d'avoir franchi les crêtes de l'Apennin. Sabins et Samnites, en quittant leur patrie première, l'emportèrent avec eux. D'un autre côté, cette même histoire conduit à une conclusion qui renverse aussitôt toutes les opinions fausses, tant préconisées plus tard dans Rome même, qui voyaient tout un monde dans le fatras mystique de l'antiquité étrusque, et qui, reprises et complaisamment célébrées par la critique moderne, veulent absolument placer en Étrurie, le germe et à la fois le noyau de la civilisation romaine. S'il en avait été ainsi, on en trouverait quelque part la trace, sans doute. Loin de là, le germe de l'écriture latine est grec, purement grec : de plus, elle est restée nationale et exclusive dans ses progrès, à ce point que jamais elle ne s'est appropriée la lettre f, à laquelle les Étrusques tenaient tant. Quand il y a emprunt, pour les signes de la numération, par exemple, l'emprunt est fait par les Étrusques, qui tout au moins ont demandé le chiffre 50 aux Romains. Enfin, chose bien remarquable, en même temps qu'il se propage et se développe parmi toutes les races italiques, l'alphabet grec va se corrompant. Par exemple, les lettres médianes disparaissent dans les idiomes étrusques : chez les Ombriens, le γ, le d se perdent ; le d seul chez les Samnites, le γ chez les Romains, sont

<small>Dégénérescence de la langue et de l'écriture.</small>

aussi délaissés; et les Romains encore sont fortement en train de confondre le *d* et l'*r*. L'*o* et l'*u* se confondent de bonne heure en Étrurie; et déjà, dans le Latium, le même accident se prépare. Pour les *sifflantes*, les choses se passent à l'inverse. Pendant que les Étrusques s'obstinent à garder le *z*, l'*s*, et le *sch* (le *san*); que les Ombriens, tout en rejetant l'*s* imaginent deux sifflantes nouvelles, les Samnites et les Falisques se contentent comme les Grecs de l'*s* et de l'*r*; les Romains, de l'*s* tout seul. Certes, les importateurs de l'alphabet en Italie, gens instruits et parlant les deux langues, avaient l'oreille sensible aux plus délicates finesses des sons; mais, le jour étant venu où l'écriture italienne pût cesser de copier servilement son modèle hellénique, elle élida peu à peu les *médianes* et les *brèves*, et elle altéra résolûment les sifflantes et les voyelles, toutes élisions ou altérations essentiellement contraires au génie de la langue grecque. En même temps disparurent bon nombre de formes de flexion ou de dérivation. C'était là de la barbarie, dira-t-on! soit; encore n'y faut-il voir que la corruption fatale où tombent incessamment toutes les langues, quand la littérature et la grammaire rationnelle n'y mettent point obstacle. Seulement, quand partout ailleurs le phénomène passe sans laisser de traces, ici l'écriture l'a conservé. Les Étrusques, plus qu'aucun autre peuple italique, ont subi les atteintes du barbarisme : preuve nouvelle, après tant de preuves, de leur génie rebelle à la civilisation. Que si, d'un autre côté, la dégénérescence de l'idiome écrit se fait encore profondément sentir chez les Ombriens, puis devient moins forte chez les Romains, et surtout chez les Sabelliens du Sud, la cause en est facile à indiquer, peut-être. Les Ombriens sont en communications journalières avec les Étrusques : les autres peuples sont davantage en contact avec les Hellènes.

CHAPITRE XV

L'ART.

Vocation des Italiens pour les arts.

La poésie est le langage de la passion, l'harmonie est son mode : tous les peuples ont leur poésie et leur musique; mais la nature les a diversement doués sous ce rapport, et la nation italique ne saurait se ranger parmi les peuples poétiques par excellence. Les Italiens n'éprouvent pas la passion du cœur ; ils n'ont ni les aspirations surhumaines vers l'idéal, ni l'imagination qui prête à la chose sans vie les attributs de l'humanité ; ils n'ont point, en un mot, le feu sacré de la poésie [1]. L'Italien a le regard vif et perçant, l'esprit souple et gracieux : l'ironie, le ton enjoué de la *nouvelle* lui vont à merveille, ainsi qu'Horace et Boccace en témoignent. Catulle et les jolies *canzonettes* populaires de Naples jouent et badinent avec l'amour; enfin, la petite comédie et la *farce* fourmillent chez le peuple italien. Dans les temps anciens, la tragédie parodiée; dans les temps modernes, la parodie de l'épopée chevaleresque ont spon-

---

[1] [Nous avons dû traduire fidèlement la pensée et l'expression de notre auteur, interprète fidèle lui-même des idées assurément fort exclusives de nos voisins d'outre-Rhin.]

tanément réussi sur le sol de la Péninsule. Nul peuple n'a égalé les Italiens dans l'art de la rhétorique et de la mise en scène dramatique; que si pourtant vous avez en vue les genres parfaits de l'art, vous reconnaîtrez aussitôt qu'ils n'ont point été au delà de la facilité improvisatrice : à aucune des époques de leur littérature, ils n'ont enfanté une vraie épopée, un drame sérieux et complet. Les productions les plus hautes et les plus heureuses de leur génie, les divines effusions de la *comédie* dantesque, les chefs-d'œuvre historiques de Salluste et Machiavel, de Tacite et de Colletta, sont œuvres de rhéteurs plus encore que de passion naïve. La musique italienne elle-même, autrefois comme de nos jours, s'est moins distinguée par la profondeur de l'idée créatrice que par la facilité prodigieuse d'une mélodie qui s'élance en fioritures de virtuose : à la place de l'art vrai, intime, le musicien d'Italie a pour idole une divinité creuse, et souvent aride. L'art a son domaine dans le monde moral autant que dans le monde du dehors; mais ce ne fut point dans les champs de l'idéal que l'artiste italien fit ses principales conquêtes. La beauté, pour l'émouvoir, dut apparaître à ses sens, et non pas seulement à son âme; aussi triomphe-t-il dans la plastique et l'architecture. On l'a vu, dans les temps anciens, se faire sous ce rapport le meilleur élève des Grecs; dans les temps modernes, le maître de tous les artistes chez tous les peuples.

En l'absence de données précises, il ne nous est pas permis d'assister aux progrès de l'art chez les principaux groupes des nations italiques. En fait de poésie, notamment, nous ne saurions rien dire, si ce n'est au regard de celle des Latins. Chez eux comme ailleurs, l'art de la poésie est fils de la lyre; ou plutôt il est né au milieu des fêtes et des réjouissances anniversaires, où la danse, les jeux, les chants s'enlaçaient en une seule et même solennité, où, chose curieuse et assurément vraie, ces der-

La danse, les jeux et les chants dans le Latium

niers sont primés toujours par les deux autres. Une grande procession ouvrait la fête principale des Romains; là, derrière les images des dieux et derrière les combattants, venaient aussitôt les bandes de danseurs, les uns sérieux, les autres joyeux; ceux-là partagés en trois groupes, les hommes faits, les adolescents, les jeunes enfants, tous portant la tunique rouge avec la ceinture de cuivre, armés d'épées ou de courtes lances; les hommes ayant de plus le casque en tête, et parés de leur armure; ceux-ci, rangés en deux bandes, la bande des *brebis*, vêtue effectivement de peaux de brebis recouvertes d'ornements bariolés, et la bande des *boucs*, dénudés jusqu'à la ceinture, une peau de bouc jetée sur les épaules. Les « *sauteurs* » (*salii, saliens*) furent peut-être, on l'a vu déjà, la plus ancienne et la plus sainte des corporations sacerdotales (p. 226); les danseurs (*ludii, ludiones*) prenaient place dans tous les cortéges religieux, dans les solennités funéraires; et leur art fut une profession usuelle durant tous les temps anciens. Auprès d'eux sont les joueurs d'instruments, ou ce qui alors est la même chose, les joueurs de flûte. Eux aussi, ils assistent à tous les sacrifices, aux cérémonies nuptiales et funéraires; leur collége (*collegium tibicinum*, p. 260) n'est pas moins ancien que celui des Saliens; seulement il prend rang loin derrière lui. Quant au caractère de leur musique, on s'en rend facilement compte quand on les voit, à leur fête annuelle, courir masqués et ivres de vin doux par toutes les rues. Ils défendirent longtemps leur privilége contre les sévères efforts de la police romaine. La danse étant ainsi une affaire de religion; les jeux, quoique après elle, faisant de même partie du programme des fêtes, rien d'étonnant à ce qu'ils aient eu leurs corporations publiques. Quelle place restait alors à la poésie, si ce n'est celle que le hasard, l'occasion lui laissaient, soit qu'elle voulût parler seule, soit qu'elle accompagnât les pas et les sauts des danseurs ?

Les premiers chants que les Romains entendirent n'étaient autres que le bruit harmonieux des feuilles dans la solitude des forêts. Les murmures et les chants du « bon esprit » *(Faunus,* de *favere)* dans le bocage sont recueillis par ceux à qui il est donné de lui prêter l'oreille; par le sage *(vates)*, par la chanteuse *(casmena, carmenta)*, qui les rapportent aux hommes, soit sur la flûte, soit en paroles rhythmées *(casmen,* plus tard *carmen,* de *canere).* Les noms de quelques-uns de ces médiateurs inspirés des dieux, celui surtout de l'antique devin et chanteur Marcius, restèrent longtemps dans la mémoire de la postérité. A côté des prophéties, il faut ranger les incantations magiques, les conjurations contre les maladies et les maux de toutes sortes, les *chants mauvais* qui éloignent la pluie, qui appellent la foudre ou attirent les semences d'un champ sur un autre. Seulement, ces formules semblent n'avoir été dans l'origine que de simples interpellations verbales, ou même de simples cris [1]. Enfin, une tradition plus précise et non moins ancienne nous a fait connaître les *litanies* religieuses, chantées et dansées par les Saliens et les autres membres des confréries sacerdotales. L'une d'elles même (seule et unique, il est vrai) est venue jusqu'à nous. C'est le chant dansé et alterné des frères Arvales, en l'honneur de Mars; il nous paraît mériter une citation toute spéciale :

Chants religieux.

---

[1] Telle est, par exemple, la formule préservatrice de l'*entorse*, citée par Caton l'Ancien (*de re rust.* 160) : *hauat hauat hauat, ista pista sista damia bodanna ustra*, laquelle probablement n'avait pas plus de sens pour son inventeur que pour nous, modernes. Naturellement aussi, les formules interpellatives existent en grand nombre : on se préserve, par exemple, de la *goutte*, en arrêtant à jeun sa pensée sur un tiers, et en disant trois fois neuf fois (soit 27 fois), en même temps que l'on touche la terre et que l'on crache : « *Je pense à toi; sois en aide à mes pieds; que la terre reçoive mon mal et que la santé me reste !* » (*Terra pestem teneto, salus hic maneto.* (Varr. *de re rust.* 1, 2, 27).

> Enos, Lases, iuvate !
> Nevè lue rue, Marmar, sins incurrere in pleores !
> Satur fu, fere Mars ! limen sali ! sta ! berber !
> Semunis alternis advocapit conctos !
> Enos, Marmor, iuvato !
> Triumpe ¹ !

Aux Dieux.	Lares, venez à notre aide !
	Mars, Mars ! ne laisse pas tomber la mort et la ruine sur la foule !
	Sois rassasié, féroce Mars !
A un des frères.	Saute sur le seuil ! Debout ! frappe (le seuil) !
A tous.	Vous d'abord, vous ensuite, invoquez tous les Sémones ! (Dieux Lares).
Au Dieu.	Toi, Mars, Mars ! sois-nous en aide !
Aux frères.	Sautez ! sautez ! sautez !

Le latin du chant des Arvales, et celui des rares fragments qui nous restent des chants des Saliens, était regardé par les philologues du siècle d'Auguste comme le plus ancien monument de la langue. Il est au latin de la loi des XII Tables, ce que la langue des *Nibelungen* est à l'allemand de Luther ; et nous pouvons fort bien, quant au fond et à l'idiome, le comparer aux Védas de l'Inde.

Chants louangeurs et satiriques.

C'est aussi à l'époque primitive qu'appartiennent les chants de louange ou de moquerie. Ces derniers eurent toujours grand succès dans le Latium. Ils allaient bien au caractère du peuple ! Leur existence et leur nombre sont d'ailleurs attestés par de très-anciennes prohibitions de police. Les louanges avaient toutefois plus d'im-

---

¹ *Nos, Lares, juvate !* — *Ne luem ruem* (ou *ruinam*), *Mamers, sinas incurrere in plures !* — *Satur esto, fere Mars ! In limen insili ! Sta ! Verbera* (limen ?) — *Semones alterni advocate cunctos !* — *Nos, Mamers, juvato !* — *Tripudia !* — Les cinq premiers versets se répétaient trois fois, et le final cinq fois. — Notre traduction n'est rien moins que certaine, nous devons l'avouer, surtout à la troisième et à la cinquième ligne. [Ce chant a été conservé dans les *Actes des frères Arvales*, gravés sur deux tables de pierre, en 218 après J.-C., et trouvés à Rome en 1777 ; on en trouvera le savant commentaire au *Corpus inscriptionum*, publié par les soins de l'Académie de Berlin, *Inscriptiones latinæ antiquissimæ*, édit. Th. Mommsen), Berlin 1863, p. 29.]

portance. Lorsqu'un citoyen était porté dans la tombe, une femme choisie parmi ses amis ou ses parents suivait la bière, et chantait la chanson des funérailles accompagnée par un joueur de flûte *(nenia)*. Le père de famille allait-il prendre part à un festin, l'usage voulait qu'il se rendît chez son hôte avec son cortège de jeunes garçons. Pendant le repas, ceux-ci célébraient tour à tour les aïeux de leur patron, tantôt accompagnés par la flûte, et tantôt déclamant à voix seule *(assa voce canere)* [1]. Enfin, les hommes chantaient aussi à tour de rôle dans les repas; mais c'était là sans doute un usage emprunté plus tard aux Grecs. Des chants des aïeux rien ne nous est parvenu, mais il va de soi qu'ils retraçaient et récitaient leurs exploits; et que sous ce rapport ils sortaient souvent du genre purement lyrique, pour entrer dans le domaine de l'épopée.

L'élément poétique se manifestait aussi dans les fêtes, et les danses joyeuses ou *saturæ* (p. 39) du carnaval populaire, dont l'usage remonte, sans aucun doute, à l'époque antérieure à la séparation des races. Les chants ne faisaient pas défaut dans ces jeux, accompagnement ordinaire et tout d'action des fêtes publiques, des noces, etc. On y voyait plusieurs danseurs ou plusieurs bandes de danseurs mêler leurs pas et leurs figures; et les chants s'y modulaient en une sorte de drame, où naturellement dominaient la plaisanterie, souvent même la licence la plus effrénée. Telle fut l'origine des chansons à couplets alternés, connues plus tard sous le nom de *fescennines* [2], et de cette comédie populaire primitive, dont le germe rencontra un terrain excel-

Mascarades.

---

[1] [*In conviviis pueri modesti ut cantarent carmina antiqua, in quibus laudes erant majorum, et assa voce, et cum tibicine.* — Varr. de vit. pop. R. lib. 2.]

[2] [*Fescennina per hunc inventa licencia morem.
Versibus alternis opprobria rustica fudit.* — Hor. ép. 2, 1, 145.]

lemment propice dans le génie caustique des Italiens, dans leur sentiment si vif des choses extérieures, dans leur amour du mouvement comique, du geste et des travestissements. Mais rien ne s'est conservé des incunables de l'épopée et du drame romains. Les chants des aïeux reposaient sur la tradition seule, cela se comprend de soi-même; et on en a surabondamment la preuve dans ce fait qu'ils étaient débités d'ordinaire par les jeunes garçons. Dès le temps du premier Caton, ils avaient complétement disparu. Quant aux comédies, si on veut leur donner ce nom, elles n'étaient et ne furent longtemps que de simples et fugitives improvisations. Ainsi, de toute cette poésie, de toute cette mélodie populaire, il ne pouvait rien sortir, si ce n'est le rhythme, l'accompagnement musical ou choral et peut-être l'usage du masque.

Mesure du vers. On est en droit de douter qu'il y ait eu alors ce que nous appelons les *vers* et leur *mesure*. La litanie des frères Arvales ne suit aucun mètre fixe, et ne semble guère être qu'une sorte de récitatif animé. Mais plus tard apparaît la poésie *saturnine* ou de *Faune* [1]; où se fait sentir un mètre grossier, absolument inconnu des Grecs, et contemporain, sans nul doute, des premiers bégayements de la muse populaire des Latins. On en trouvera un exemple dans le fragment, d'ailleurs bien plus moderne, que nous allons transcrire.

Quod ré sud difeidens — áspéré afleicta
Paréns timéns heic vóvit — vóto hóc solúto

---

[1] Le nom de *vers saturnins* veut dire « *chant métrique*, » la *Satura* n'ayant pas été autre chose alors que la chanson débitée dans les fêtes du carnaval. Elle a la même racine que *Sœturnus* ou *Saiturnus (dieu de la semence)*, dont on a fait ensuite *Sāturnus*. Mais c'est dans un temps bien postérieur qu'on a rattaché le vers saturnin, au dieu Saturne *(versus Sāturnius)*, en changeant en *longue* la première syllabe *brève* du mot. — [Quant au nom du *vers de Faune*, il s'explique de lui-même : *Cui (versui) prisca apud latinos ætas, tanquam Italo et indigenæ, Saturnio sive Faunio nomen dedit.* (Marius Victorinus, 3, p. 25, 86, P.)]

*Decumá factá poloúcta — leíbereís lubéntes
Donú danúnt — Hércolei — máxsumé — méreto
Semól te oránt se vóti — crébro cón — démnes*

$\smile\underline{}\smile\underline{}\smile\underline{}\overset{\smile}{=}\,\|\,\underline{}\smile\underline{}\smile\underline{}\overset{\smile}{=}$

« Voici ce que, craignant pour sa fortune, durement atteinte,
» L'aïeul effrayé a promis : accomplissant son vœu,
» Cette dîme qu'ils apportent au banquet sacré, les enfants de plein gré
» Te la donnent, ô Hercule, Dieu tout bienfaisant !
» Ils te supplient aussi de les exaucer sans cesse ! »

Les vers saturnins comportaient l'éloge et la moquerie ; ils se débitaient avec l'accompagnement de la flûte : la césure était fortement marquée à chaque hémistiche, et souvent même, dans les chants alternés, le second chanteur reprenait le vers après elle. Comme tous les mètres de l'antiquité grecque ou romaine, ils avaient la *quantité* et se scandaient : mais parmi tous les anciens vers, il n'en est pas dont la prosodie fût plus imparfaite. Les licences les plus énormes ; les chutes souvent omises ; la structure la plus grossière ; un hémistiche en pieds *iambiques* tout simplement suivi d'un autre en *trochaïques*, tout cela n'offrait qu'un cadre bien insuffisant pour les effusions rhythmées de la haute poésie.

<small>Mélodies.</small>

C'est aussi dans ces temps qu'ont dû se produire les premiers essais de la musique populaire et de la *choreutique* latines ; mais nous ne savons rien sur cette branche de l'art. Un seul détail nous est parvenu. La flûte était droite, courte et mince, percée de quatre trous, et, dans l'origine, faite, comme son nom l'indique *(tibia)*, avec l'os de la jambe de quelque animal.

<small>Le masque.</small>

La comédie populaire ou *Atellane*[1] mit plus tard un masque sur la figure de chacun de ses principaux personnages, Maccus *(l'arlequin)*, Bucco *(le glouton)*, Pappus *(le vieux bonhomme)*, Dossennus *(le sage)*, etc.;

---

[1] [*Atellana fabula*, Tit. Liv. 7, 2. C'est le passage classique.]

personnages dont on a ingénieusement retrouvé les portraits et la descendance dans la farce moderne du Pulcinella, avec les deux *valets*, le *Pantalon*, et le *Docteur*. Mais la pratique du masque remonte-t-elle elle-même à ces premiers temps de l'art? On n'en a pas la preuve. Il est certain du moins qu'aussi loin qu'on aille, on trouve le masque sur le théâtre latin populaire : quand le théâtre grec, au contraire, vint dresser ses tréteaux à Rome, il n'en usa point d'abord pendant tout un siècle. Mais comme le masque des Atellanes est, on ne peut le nier, d'origine purement italienne; comme sans lui, sans le rôle fixe et obligé qu'il imposait à l'acteur, on ne comprendrait pas bien ni quel était le cadre, ni quelle était l'exécution de ces pièces improvisées, il faut, avec raison, reporter son usage jusqu'aux tout premiers jours de la scène romaine, et y voir même l'inspirateur de ses débuts.

Premières influences grecques.

Si peu instruits que nous soyons sur la civilisation première et les premiers résultats de l'art chez les Latins, nous en savons encore moins long, on le comprend, sur les premiers contacts entre l'art romain et celui du dehors. Parmi ceux-ci, il convient pourtant de ranger la connaissance des langues étrangères, du grec surtout. En général, les Latins ne savaient pas le grec, comme le prouvent les interprètes nommés pour les livres sybillins (p. 242); mais les commerçants devant souvent se le rendre familier, ils durent en même temps et dans les mêmes circonstances, apprendre à le lire et à l'écrire (p. 285). Mais la culture du monde ancien n'était en aucune façon subordonnée à la connaissance des langues ou des éléments et des procédés techniques comparés. Le Latium dut plutôt ses premiers progrès aux importations seules de la muse grecque, lesquelles remontent à l'époque la plus reculée. Ce ne sont ni les Phéniciens, ni les Étrusques, ce sont les Grecs seuls qui ont exercé sur les Italiens une grande et féconde influence ; nulle part vous ne trouverez chez eux la trace d'une impulsion artistique ou littéraire venue de Cœré ou de Carthage. Les civilisations phéniciennes et étrusques, je ne crains pas de le dire, doivent être classées parmi celles qui n'ont pas donné de fruits ou qui n'en ont porté que de stériles [1]. Il n'en a point été ainsi de la civilisation fécondante des Hellènes. La lyre à sept cordes (*fides*, de σφίδη, *corde à boyau*, ou *barbitus*, de βάρβιτος), n'est pas, comme la flûte, indigène dans le Latium ; elle y a toujours été regardée comme un instrument venu de l'étranger ; et tout prouve l'antiquité de sa naturalisation en Italie, et la mutilation par les Latins de son nom grec, et son emploi dans les cérémonies du culte [2]. Certains

---

[1] Tite-Live (9, 36) fait un conte quand il dit que « *les enfants romains recevaient dans l'ancien temps une éducation à la mode étrusque, comme plus tard ils l'ont reçue à la grecque.* » C'est là une assertion démentie par tout le système d'éducation de la jeunesse romaine. Et puis, qu'y aurait-il donc eu à apprendre en Étrurie pour ces enfants? Y allaient-ils étudier la langue étrusque comme on étudie le français quand on n'est point né en France? C'est là ce que n'oseraient pas avancer les zélateurs les plus ardents du culte de Tagès ; et ceux-là même qui consultaient les Aruspices, regardaient la science des devins étrusques comme indigne d'eux, ou comme inabordable. (O. Müller, *Étrusq.* 2, 4.) La haute opinion qu'avaient de l'Étrurie les archéologues des derniers temps de la République a probablement sa source dans les récits systématiques des anciennes annales, qui par ex., pour rendre possible la *conversation* légendaire de Mutius Scævola avec Porsenna, lui avaient fait apprendre tout enfant le parler étrusque. Den. d'Halyc., 5, 28. — Plut. *Poplicola* 17, et encore Den. d'Halyc. 3, 70.)

[2] Plusieurs écrivains attestent l'emploi de la lyre dans les cérémonies religieuses (*sic.* Cic. *de orat.* 3, 51, 197; *Tusc.* 4, 2, 4. — Denys d'Hal. 7, 72. — Appian. *Pun.* 66. — V. aussi Orelli, *Inscript.* 2448 et 1803). — On s'en servait aussi pour accompagner les *nénies* (Varr. dans Nonius, aux mots *nenia* et *præficæ*. Toutefois, les Romains furent toujours malhabiles à en jouer (Scipion, dans Macrob., *Saturn.* 2, 10, etc.). Lorsqu'en 639 la musique fut interdite en vertu de la loi, « *les flûtistes et les chanteurs latins* » furent seuls exceptés de la prohibition, et les convives, dans les banquets, ne purent chanter qu'accompagnés par la flûte. (Caton, dans Cic. *Tusc.* 1, 2, 3; 4, 2, 3. — Varr. dans Nonius, au mot *assa voce.* — Horac. *carm.* 4, 15, 30). Quintilien dit, il est vrai, le contraire (*Inst.* 1, 10, 20) ; mais il a, par méprise, appliqué aux repas privés ce que Cic. (*de orat.* 4, 51) n'a dit que des banquets offerts aux dieux.

92 av. J.-C.

fragments des légendes grecques furent à la même époque apportés chez les Latins ; on voit, en effet, se populariser rapidement les images créées par la statuaire des Grecs avec tous les attributs distinctifs dont les avait ornées la fantaisie poétique de ce peuple. *Proserpine*, dans le latin barbare d'alors, devient *Prosepna*; *Bellerophon* se change en *Melerpanta*; le *Cyclope* en *Coclès*; *Laomédon* s'appelle *Alumentus*; *Ganymède, Catamitus*; le *Nil, Melus*; *Sémélé, Stimula*; faisant voir, par la dégénérescence même des noms, combien est ancienne l'époque où les récits légendaires s'étaient ainsi propagés dans l'Italie du milieu. — Disons enfin un mot de la grande et principale fête de la cité romaine *(ludi maximi Romani)*, qui, si elle n'a pas été importée de Grèce, lui a du moins emprunté plus tard les plus importants épisodes de ses rites. Instituée d'abord comme une solennité extraordinaire d'actions de grâces pour l'accomplissement du vœu formé par un général au moment de livrer la bataille, elle devint la fête habituelle du retour de l'armée à la saison d'automne. Les soldats citoyens montaient au Capitole et remerciaient Jupiter et tous les dieux qui y habitaient avec lui. Le cortége passait par le *Grand Cirque*, élevé entre l'Aventin et le Palatin, avec son arène et ses gradins pour les spectateurs ; les jeunes garçons marchaient en tête, rangés dans l'ordre des divisions de l'armée, cavalerie et infanterie ; puis, derrière eux, les lutteurs et les bandes de danseurs que nous connaissons déjà, chacune avec sa musique ; ensuite venaient les serviteurs les dieux avec les vases thuriféraires et les autres ustensiles sacrés ; enfin, les dieux portés sur des brancards. La solennité de la fête était l'image de la guerre de ces temps ; on luttait sur les chars, à cheval et à pied. Les premières courses étaient celles des chars ; chacun de ceux-ci, à l'instar des récits homériques, avait son cocher et son guerrier ; puis, le guerrier sautait à terre pour combattre encore ; puis venait le tour des cavaliers avec leur cheval de combat et leur cheval de main *(desultor)*, suivant la mode romaine : enfin, les gens de pied, ne portant qu'une simple ceinture aux hanches, disputaient le prix de la course, de la lutte proprement dite, et du pugilat. Il n'y avait jamais qu'une seule lutte ouverte, et que deux rivaux engagés pour le même prix. Le vainqueur recevait une couronne, et tel était l'honneur attaché à cette simple palme, qu'à sa mort, elle était déposée sur sa bière. La fête ne durait qu'un jour; et après les joutes, il restait assez de temps encore pour les réjouissances du carnaval romain. C'est alors que les danseurs déployaient leur agilité et se livraient à mille folies. Enfin, d'autres jeux encore, les courses des jeunes cavaliers, par exemple, achevaient la journée [1]. Les distinctions gagnées dans les combats jouaient aussi un grand rôle dans la fête : le guerrier heureux exposait aux yeux de tous l'armure de l'ennemi abattu, et recevait une couronne de la cité reconnaissante.

Ainsi se célébrait la grande fête romaine, ou de la *Victoire* : nous nous représenterons facilement, d'après les détails qui précèdent, les solennités à peu de chose

---

[1] Nous répétons que la grande fête n'a duré qu'un jour dans les anciens temps; car au VIe siècle de Rome, elle consacrait encore quatre jours aux jeux scéniques, et *un jour à ceux du cirque*. (Ritschl, *parerga*, L, 313) : or, il est notoire que les jeux de la scène furent une innovation des temps ultérieurs. On ne luttait aussi qu'une fois pour chaque espèce de prix. Tite-Live le dit (XLIV, 9); et ce fut enfin une innovation que de voir un beau jour vingt-cinq paires de chars courir successivement. (Varr., dans Servius, *Georg.* III, 18.) Deux chars ou deux cavaliers seulement couraient à la fois, et il n'y avait de même qu'un couple de lutteurs. Jamais, en effet, le nombre des chars ne dépassa celui des *factions*; or, dans ces temps, on ne comptait que deux *factions* ou *camps*, celle des *blancs* et celle des *rouges*. On sait que César rétablit les courses à cheval des *Éphèbes* patriciens, ou les courses Troyennes, comme il les appelait, et les plaça parmi les jeux du cirque. Sans nul doute, elles se rattachaient à l'antique *Procession* des jeunes garçons, montés et rangés à la façon des soldats citoyens de l'armée. (Den. d'Halyc., VII, 72.)

près semblables, quoique plus restreintes, des autres fêtes publiques. Dans celle des *mânes*, ou des morts [1], par exemple, les danseurs se livraient à leurs exercices ordinaires : il s'y joignait même, au besoin, des courses de cavaliers; et la cité entière était invitée par le crieur public à assister à la pompe funéraire.

Toutes ces solennités et ces jeux sont fortement marqués à l'empreinte des mœurs et des usages des Romains : il n'en est pas moins vrai pourtant qu'ils ressemblent essentiellement à ceux des fêtes populaires de la Grèce. La pensée fondamentale est la même : les rites de la religion y sont réunis aux luttes guerrières : les exercices spéciaux ne sont autres que ceux d'Olympie célébrés par Pindare, la course à pied, la lutte, le pugilat, la course en chars, le jet du javelot, ou du disque. Le prix est le même : la couronne est donnée, à Rome, comme en Grèce, au vainqueur des jeux nationaux : ce vainqueur, dans la course des chars, n'est pas le cocher, mais le propriétaire de l'attelage : enfin, chez l'un et l'autre peuple, les exploits des guerriers et les récompenses patriotiques sont compris dans le programme des solennités. De pareilles concordances ne sont point l'effet du hasard : il faut les attribuer ou à d'antiques et communs usages, ou aux contacts des relations internationales; et certes toutes les probabilités déposent en faveur de la seconde opinion. La fête civique des *ludi maximi*, dans la forme qu'elle a revêtue, n'est point une des institutions primitives de Rome : le Grand-Cirque n'appartient qu'à la dernière époque des rois. (P. 151.) De même que la réforme constitutionnelle fut alors inspirée par les idées venues de la Grèce (p. 131); de même, tout en conservant les exercices du *saut (triumpus)* et de la danse indigènes (p. 39), les balancements du corps et les

---

[1] [*Feralia*, vers la fin de février. V. Preller, p. 483, 7º partie, 5.]

contorsions qui signalèrent si longtemps la fête du mont Albain [1], les solennités des grands jeux accueillirent les courses grecques, et leur donnèrent même la plus large place aux dépens de leur ancien programme. Avant cette époque on ne trouve pas trace des courses de chars dans le Latium : en Grèce, au contraire, elles sont populaires. Enfin le *stade* des Grecs (σπάδιον, en dorique) est passé de bonne heure, avec son sens propre, dans la langue latine *(spatium)* : témoignage certain de l'emprunt des courses à cheval et en char fait par les Romains aux gens de Thurium : une autre tradition veut toutefois les faire venir d'Étrurie. Quoi qu'il en soit, comme ils avaient reçu de la Grèce la première impulsion musicale et poétique, les Romains en reçurent aussi l'invention utile des combats gymnastiques.

Les Latins purent donc mettre au service de leur civilisation des éléments pareils à ceux de la civilisation et de l'art helléniques. De plus, et dès les temps anciens, la Grèce a puissamment influé sur la culture du Latium. Les Latins possédaient les rudiments de la gymnastique : l'enfant du citoyen ou du paysan romain apprenait à conduire les chevaux et le char, ou à manier l'épieu de chasse : à Rome, enfin, tout citoyen était soldat. De plus la danse s'y élevait à la hauteur d'une fonction publique : puis bientôt les jeux de l'arène grecque furent transportés à Rome avec leurs incitations et leurs perfectionnements. Dans la poésie, les arts lyrique et tragique de la Grèce étaient sortis de chants de fêtes pareils à ceux des fêtes romaines. Dans la chanson des aïeux il y avait le germe de l'épopée ; dans la mascarade, celui de la comédie ; de ce côté encore, les exemples de la Grèce ne firent point défaut au Latium. — Et pourtant, chose remarquable, toutes ces se-

Caractère de la poésie et de l'éducation dans le Latium.

---

[1] [*Latinæ feriæ*. V. Preller, *hoc v°*.]

mences, au lieu de lever, se flétrirent. L'éducation physique de la jeunesse lui donna la solidité et l'adresse corporelles ; elle ne lui communiqua jamais la souplesse élégante et artistique, résultat ordinaire de la gymnastique chez les Grecs. Importés en Italie, les jeux publics helléniques modifièrent leurs règles essentielles, et n'eurent plus leur sens national. Les citoyens seuls y devaient prendre part ; il en fut ainsi, même à Rome, dans l'origine : mais plus tard cavaliers et lutteurs n'y sont plus que des hommes professionnels. En Grèce, il fallait, avant toute autre condition pour descendre dans l'arène, prouver qu'on était libre et issu de sang grec : chez les Romains, des affranchis, des étrangers, et jusqu'à des esclaves sont admis de bonne heure à concourir. Par suite, l'assistance, composée jadis de combattants rivaux, ne devient plus qu'une foule de curieux : de la couronne du vainqueur, de cette couronne que l'histoire a depuis décernée si justement à la Grèce entière, il ne sera plus bientôt question chez les Romains. — Il en arriva de même de la poésie et de ses sœurs. Il n'a été donné qu'aux Grecs et aux Germains de s'abreuver aux sources jaillissantes des vers et à la coupe d'or des muses : quelques rares gouttes seulement sont tombées sur la terre italique[1]. La légende locale ne s'y est point formulée en poëmes. Les dieux sont demeurés de pures abstractions ; ils ne se sont point élevés plus haut, ou enveloppés, si l'on aime mieux, dans une personnification transfigurée. Les plus grands, les plus nobles héros sont restés de simples mortels ; et, quand les Grecs, pratiquant la religion des souvenirs et cultivant avec amour la tradition que léguaient leurs grands hommes, les plaçaient dans l'empyrée à côté des dieux, les Latins les laissent tous à l'état de simples mortels.

---

[1] [Le traducteur renvoie ici à la note, p. 294].

Leur poésie nationale ne sortit jamais de son berceau. Les muses, la poésie surtout, ont le beau et grand privilége de supprimer les barrières qui séparent les cités, de faire des races un peuple, et des peuples un monde. De même que de nos jours la littérature est universelle, qu'elle a aplani les oppositions entre les nations civilisées ; de même la poésie grecque avait transformé le génie étroit et égoïste des peuplades helléniques ; leur avait inspiré la conscience du sentiment national, et plus tard les vues fécondes de l'humanité universelle. En Italie les choses se passent tout autrement : et, s'il y a eu des poëtes à Albe et à Rome, ils n'ont écrit ni l'épopée nationale, ni même, ce à quoi l'on eût pu tout au moins s'attendre, un catalogue de préceptes ruraux à l'instar des *Œuvres et des Jours* d'Hésiode. La fête de la fédération latine aurait pu devenir une fête artistique et nationale, pareille aux jeux isthmiques et olympiques. Ilion, chez les Grecs, avait inspiré tout un cycle de légendes ; la chute d'Albe aurait dû remplir de longs récits poétiques où toutes les nobles familles du Latium auraient déposé ou retrouvé leurs archives. Rien de tout cela n'eut lieu, et l'Italie est restée sans art et sans poésie nationale. — Il en faut conclure, je le répète, que les secrets de la muse apportés de la Grèce allèrent en se perdant, chez les Latins, bien loin d'y préparer une floraison nouvelle. La tradition d'ailleurs confirme de tous points ce résultat. Partout, à ses débuts, la fonction de la poésie est donnée aux femmes avant que les hommes ne l'entreprennent : les incantations magiques, les chants funéraires sont alors leur attribution privilégiée : les *camènes* du Latium, et les *muses* de la Grèce sont là pour l'attester. Plus tard, en Grèce, les poëtes congédièrent les chanteuses ; et Apollon marcha dorénavant à la tête des muses. Il s'est passé, dans le Latium, quelque chose de semblable : et si le peuple latin n'a pas un dieu spécial du chant ; le nom seul du chanteur sacré, du *vates*, lui fait ressentir une impression profonde et mystérieuse. Toutefois il y a loin de là à obéir, comme l'ont fait les Grecs, à l'entraînement des beaux-arts : bientôt les impressions premières s'effacent, et les Romains abandonnent le culte des arts à des femmes ou à des enfants, à des corporations ou à des ouvriers libres. Nous savons que les *nénies* étaient chantées par des femmes, les *chants de table* par de jeunes garçons : les hymnes religieux se disaient aussi par la bouche des enfants. Les joueurs d'instruments étaient organisés en collége : les danseurs et les pleureuses *(prœficæ)* exerçaient un métier indépendant. La danse, la musique instrumentale et le chant furent toujours en Grèce ce qu'ils avaient été un instant dans le Latium, des professions honorées, utiles aux citoyens et à l'ornement de la cité. Mais les Romains des hautes classes délaissèrent à l'envi ces arts trop vains à leurs yeux : et leur dédain alla croissant à mesure que s'accroissait leur publicité, et que les innovations étrangères leur imprimaient un nouvel essor. Ils toléraient volontiers la flûte, mais ils ne voulurent point de la lyre : ils toléraient les jeux des masques, mais ils ne prirent point intérêt aux luttes de la *palæstre*, pour ne pas dire qu'ils méprisèrent les lutteurs. En Grèce, les arts des Muses sont le trésor de chacun et de tous, et le fond commun de la culture nationale : chez les Latins, ils n'ont bientôt plus accès dans le sentiment populaire ; ils deviennent d'humbles métiers sous tous les rapports : la grande pensée d'élever avec leur aide une jeunesse brillante et nationale, s'est tout à fait perdue. La jeunesse romaine vit enfermée dans l'étroite enceinte de la maison paternelle. Le fils reste aux côtés de son père : il l'accompagne dans les champs, maniant la charrue ou la faucille ; il l'accompagne chez ses amis, dont il est l'hôte dans la salle des assemblées, quand i est appelé au conseil. C'était une bonne préparation pour la vie de famille ou la vie politique que cette existence en commun du père et du fils : le respect que l'homme fait commande à l'adolescent, le respect de l'homme mûr pour l'innocence de la jeunesse sont autant de solides fondements des traditions domestiques et publiques : ils fortifient les liens de la famille : ils ont communiqué surtout aux habitudes des Romains cette gravité *(gravitas)* morale et digne qui les a tant illustrés. Il y avait une sagesse simple et profonde tout à la fois dans l'éducation ainsi entendue : admirons-la, à ce titre ; mais sachons convenir qu'elle n'a pu réussir et n'a réussi qu'au prix du sacrifice à jamais regrettable de l'indépendance individuelle du caractère, et du renoncement aux dons des Muses, dons séduisants et féconds au milieu même de tous leurs dangers.

Nous sommes réduits à l'ignorance la plus absolue en ce qui touche le progrès des arts chez les Étrusques et les Sabelliens[1]. Tout ce qu'on en peut dire, c'est qu'en Étrurie, même avant ceux de Rome, peut-être, les danseurs, les mimes *(histri, histriones)*, et les joueurs de flûte *(subulones)*, avaient fait de leur art un métier, et, sans être tenus en honneur le moins du monde, allaient, pour un mince salaire, se produire devant le public étrusque, ou devant celui de Rome. Le détail le plus remarquable à noter, c'est que, dans les grandes fêtes étrusques célébrées par le prêtre fédéral en présence des douze cités, il y avait des jeux pareils à ceux de la fête romaine ; mais il ne s'ensuit nullement la preuve que les arts eussent pris, en Étrurie, un plus puissant ou plus national essor que dans le Latium, et qu'ils s'y fussent élevés à la hauteur d'un code com-

La danse, les jeux et le chant chez les Étrusques et les peuples sabelliques.

---

[1] Nous ferons voir, en temps et lieu convenable, que les Atellanes et les vers Fescennins n'appartiennent qu'à l'art latin, et non à l'art campanien ou étrusque.

mun. D'un autre côté, on y eût déjà rencontré, sans doute, tous les éléments de cette fausse et pauvre science astrologique ou théologique tant célébrée par la critique radoteuse d'un temps de décadence, et qui a valu aux Toscans l'honneur d'être mis sur la même ligne que les Juifs, les Chaldéens et les Égyptiens, comme s'ils avaient été la source merveilleuse de toute doctrine sacrée ! De l'art des peuples sabelliques, nous savons moins encore, s'il est possible ; sans que par là nous accordions qu'ils aient marché derrière leurs voisins. Si même nous nous permettions quelques conjectures, en partant du caractère et du génie connus des trois principales races italiques, nous dirions que les Étrusques sont restés plus loin derrière les Grecs ; que les Samnites s'en sont au contraire davantage rapprochés sous le rapport de la vocation artistique. N'est-il pas vrai, par exemple, que les meilleurs et les plus originaux parmi les poëtes latins, *Nævius, Ennius, Lucilius, Horace*, appartiennent aux pays samnites ? L'Étrurie, au contraire, n'a pas de représentant dans la littérature romaine, si ce n'est, peut-être, *Mœcène*, d'*Arretium* [*Arrezzo*], le poëte de cour à sec de veine, insupportablement fade sous l'apprêt de ses vers ; ou encore *Perse* de *Volaterra* [*Volterre*], cet idéal du poétastre jeune, arrogant et blasé.

Architecture primitive.

Toutes les races, on le sait, ont possédé en commun les rudiments de l'art de bâtir. C'est par la maison que l'architecture débute ; il en fut de même chez les Grecs et les Italiens. Construite toute en bois, recouverte d'un toit de chaume ou de bardeaux, la maison antique dessine un rectangle quadrangulaire, ouvert au centre et en haut par le large orifice du *carum œdium*, correspondant au bassin où s'écoulent les eaux pluviales *(impluvium)*, et par où descend la lumière et s'échappe la fumée. Au-dessous d'un « *toit noir* » (*atrium*), se préparent et se consomment les mets; là se placent le foyer des Dieux domestiques, le lit nuptial, et la bière des morts : là le chef de maison reçoit les hôtes : là enfin l'épouse se tient assise, filant la laine au milieu de ses femmes. Il n'y a point de pièce d'entrée ; car on ne saurait donner ce nom à l'espace découvert communiquant de la porte à la rue. Il s'appela *vestibulum*, parce qu'en pénétrant dans la maison il était d'usage de ne garder que la tunique ; en sortant, au contraire, on s'enveloppait dans les plis de la toge. Point de distribution intérieure et compliquée, à l'époque où nous sommes : seulement autour de l'*atrium* il y avait parfois des réduits pour le sommeil (*cubicula*) et pour les provisions. Il n'y faut point chercher non plus des escaliers ou des étages.

Ne nous demandons pas s'il a jamais existé trace d'un art de bâtir primitif italien, les enseignements des Grecs ayant de suite prévalu et caché sous des constructions nouvelles les premiers et faibles essais du savoir-faire indigène. Les plus anciens échantillons qui nous soient connus sont calqués sur le type grec avec autant de fidélité, pour ainsi dire, que les monuments de l'ère d'Auguste. Voyez les plus vieux tombeaux de *Cæré* et d'*Alsium*[1], ou le plus ancien parmi ceux récemment ouverts sur l'emplacement de Prœneste [*Palestrina*] : ils ressemblent exactement aux trésors d'*Orchomène* et de *Mycènes* : ils sont construits en maçonnerie à assises rentrantes, et fermés en haut par une énorme pierre plate. On trouve encore un exemplaire semblable dans un très-vieux monument adossé au mur de ville de *Tusculum*[2] ; enfin le *Tullianum* (*Santo Pietro in carcere*), l'antique puisard creusé au pied du Capitole, n'eut pas d'autre toit jusqu'au jour où l'on tronqua son cône par

Influence ancienne de l'art grec.

---

[1] [A l'embouchure de l'*Arno*.]
[2] [Sur la hauteur du *Frascati*.]

le sommet pour y asseoir une autre construction [1]. Les portes d'*Arpinum* [2] et de *Mycènes* se ressemblent, et sont bâties sur le même plan. L'émissaire du lac d'*Albano* (p. 53) rappelle beaucoup celui du lac *Copaïs*. Les murs d'enceinte, dits *cyclopéens*, ne sont pas rares en Italie, notamment dans l'Étrurie, l'Ombrie, le Latium et la Sabine. Ils appartiennent assurément au plus ancien système des constructions locales : toutefois il faut reconnaître aussi que bon nombre d'entre eux n'ont été érigés qu'assez tard : quelques-uns même ne remontent pas au delà du VIIe siècle de Rome. Comme les murs grecs, ils consistent tantôt en un appareil de quartiers de roche bruts, superposés et maintenus par des pierres plus petites placées dans les irrégularités des jointures ; tantôt en un système à assises quadrangulaires horizontales [3] ; tantôt enfin un assemblage gros-

[1] [P. 62, et la note 1 ; — et ch. VII, p. 147.]
[2] [*Arpino*, dans la terre de Labour.]
[3] Tels étaient les murs de l'enceinte servienne dont on a retrouvé, il y a peu de temps, les restes sur l'Aventin, du côté de *San Paolo*, dans la *Vigna Maccarana* ; et du côté du Tibre, au-dessous de *Santa Sabina*; (on les trouve reproduits et décrits dans les *Annali dell' Instit. roman.*, 1855, *tavol.* XXI-XXV, p. 87 et suiv.). Les blocs de tuf sont taillés en longs rectangles quadrangulaires ; et par places, pour cause de solidité plus grande, ils sont posés le côté long et le petit côté alternativement en dehors. En un autre endroit on rencontre un grand arc régulier dans le haut du mur, de style absolument pareil, mais qui semble une addition des temps postérieurs. Les fragments d'enceinte mis à jour se composent de quatorze assises ; le couronnement manque et les parties basses ont été en maints endroits masquées par d'autres constructions à appareil réticulé (*opus reticulatum*). Le mur courait manifestement le long du saillant de la colline. En continuant les fouilles, on a constaté que les puits et les galeries de l'Aventin traversent le sol en tous sens, comme ceux de la colline du Capitole. Ces derniers appartiennent au système voûté dont Braun a démontré l'étendue et l'importance dans la Rome antique (*Annali dell' Inst.*, 1852, p. 331). On trouvera aussi dans Gell (*topography of Rome*, p. 494) la reproduction d'un autre fragment du mur de Servius, déterré non loin du site de la porte *Capène*. — Enfin il existe sur la déclivité du Palatin, du côté du Capitole, dans la *Vigna Nussiner*, un morceau de mur semblable à celui de Servius (Braun, *loc. cit.*), et qui semble n'être autre qu'un débris de l'enceinte primitive de la *Roma quadrata*, p. 68.

sier de blocs polyèdres inégaux et engagés les uns dans les autres. Il semble que le choix de l'appareil ait été surtout commandé par la nature des matériaux : et comme les Romains ne construisaient qu'en *tuf* dans ces anciens temps, ils ne pouvaient guère alors pratiquer le système polygonal régulier. Les analogies, quant aux deux premiers et plus simples modes, peuvent donc très-bien tenir à l'espèce de la pierre et à l'objet même de la construction ; mais on n'en saurait plus dire autant quand l'on rencontre des murs construits d'une façon plus savante dans le mode polygonal pur. Le hasard n'a certainement pas donné, en Italie et en Grèce à la fois, le plan de ces portes avec leur chaussées toujours inclinées à gauche et obligeant ainsi l'aggresseur à laisser son flanc droit exposé aux coups des combattants qui défendent la ville. Des vestiges remarquables attestent que cette fortification n'a été pratiquée que dans les seules régions de l'Italie, où les Grecs, sans pouvoir imposer leur domination, avaient cependant introduit leur commerce. On ne trouve en Étrurie le mur polygonal régulier qu'à *Pyrgi*[1], et que dans les villes peu éloignées de *Cosa*[2] et de *Saturnia*[3]. Le nom de *Pyrgi* veut dire *tours*, (πύργος) en grec, et fournit une raison de plus de rattacher la construction de ses murs à l'architecture hellénique, tout aussi bien qu'on y rattache celle des fortifications de Tyrinthe : nous y retrouvons de nos jours encore, le type d'après lequel les Italiens des anciens temps ont dû bâtir les murailles de leurs villes.

Le temple, appelé *toscan* sous les empereurs, n'était autre, aux yeux même des Romains, qu'une construc-

---

[1] [Le port de Cœré, auj. *S. Severo*, près de *Civita-Vecchia*.]
[2] [Auj. *Ansedonia*, sur la côte.]
[3] [Au nord de *Manciano*, sur l'*Albegna*.]

tion modelée sur les anciens types grecs. Dans son ensemble, il comporte, comme ceux-ci, une salle quadrangulaire ou *cella*, enfermée entre les murs et les colonnes surmontés d'un toit à deux plans inclinés. Les détails des colonnes et de tout l'édifice reproduisent également les données du système hellénique. De tous ces faits, il faut conclure que vraisemblablement, avant le contact avec les Grecs, les Italiens ne savaient pas bâtir autre chose que des huttes de bois, empiler des abattis, construire des levées de terre ou de pierre : la maçonnerie véritable n'est née qu'avec l'exemple, et peut-être les instruments, venus de la Hellade. Peut-on douter qu'ils lui doivent l'usage du fer, la préparation de la chaux *(cal[e]x; calecare*, de χάλιξ); les échafauds *(machina*, μηχανή); la règle de l'ouvrier en bâtiment *(groma*, corruption de γνώμων, γνῶμα), et enfin la serrure *(clathri*, κλῆθρον)? La part de l'architecture italique, s'il en a existé une, se réduit donc à bien peu de chose : tout au plus, l'ancienne maison de bois, transformée par les exemples dus à la Grèce, a-t-elle retenu ou perfectionné quelques détails spéciaux; et ceux-ci, à leur tour, ont pu passer dans les dispositions architectoniques des temples consacrés aux dieux. C'est par les Étrusques, d'ailleurs, que l'art de la construction des maisons est venu en Italie. Durant longtemps encore, les Latins et les Sabelliens conservèrent leurs huttes de bois; ils se refusaient à bâtir une demeure pour les dieux et les mânes; ils gardaient encore le bon et antique usage de leur consacrer simplement un lieu nu et en plein air, quand déjà les Étrusques commençaient à élever des habitations plus artistiques; et, à l'instar des édifices destinés à la demeure des hommes, dédiaient à la divinité, un temple, aux mânes des morts, un tombeau. Aussi, lorsque les constructions plus luxueuses pénétrèrent dans le Latium avec les influences étrusques, les systèmes et le style nouveau s'appelèrent-ils de ce nom[1]. Au fond, et dans son caractère essentiel, le temple grec, importé en Italie, imite la tente et la maison d'habitation : il est bâti en pierres de taille carrées et recouvert en tuiles ; et c'est dans l'assemblage savant de la pierre et de l'argile cuite que les architectes grecs ont su concilier à la fois les lois de l'utile et celles du beau. Les Étrusques, au contraire, ne distinguent bientôt plus entre la maison de l'homme, nécessairement faite de bois, et la maison des dieux, où doit dominer la pierre. Leur temple raccourci se rapproche du carré : son entablement plus haut, ses colonnes largement espacées, la déclivité plus grande du toit, la saillie plus marquée des poutres portant sur l'architrave et les colonnes, tout atteste un rapport intime entre leurs constructions sacrées et domestiques : le temple étrusque, en un mot, jusque dans ses détails, reste le voisin de l'ancienne maison de bois.

Les arts du dessin et de la plastique sont plus jeunes que l'architecture : avant d'orner le fronton et les murs, il a fallu élever l'édifice. Nous ne pensons pas que ces arts eussent pénétré en Italie et s'y fussent déjà acclimatés durant l'ère des rois ; mais ils avaient pris pied en Étrurie, arts ou métiers, comme on voudra, grâce aux richesses amenées par le commerce et la piraterie. L'art grec avait peu progressé encore quand il fut apporté en Étrurie, à en juger du moins par les imitations qu'il y a produites ; et le siècle où les Étrusques ont appris à travailler l'argile et les métaux, semble être le contemporain de celui où ils ont reçu leur alphabet. Les monnaies d'argent de *Populonia*[2], l'unique spécimen qu'il soit possible presque de rattacher à cette même époque, sont loin de nous donner une haute idée de l'habileté

La plastique.

---

[1] [*Ratio Tuscanica, cavum ædium Tuscanicum.*]
[2] [*Piombino.*]

artistique des Toscans : toutefois, les meilleurs de ces bronzes, plus tard tant estimés des connaisseurs, semblent appartenir à ces temps reculés. Les terres cuites se fabriquaient aussi avec quelque succès, puisque les ornements les plus anciens en ce genre qui aient été placés dans les temples romains, les statues du Jupiter Capitolin, le *quadrige* érigé sur le toit de son sanctuaire, avaient été commandés à Véies; et que, de même, les grandes antéfixes des toitures des autres temples s'appelèrent plus tard : « *travail toscan.* » Il n'en était point ainsi chez les peuples de l'Italie propre, chez les Sabelliens et même chez les Latins. Là, la sculpture et le dessin n'existaient pour ainsi dire point encore. Toute œuvre d'art de quelque importance qui s'y pouvait trouver, était venue de l'étranger. Nous avons cité Véies et ses argiles cuites : les fouilles les plus récentes ont mis au jour des bronzes fondus en Étrurie, portant des inscriptions étrusques, et qui, s'ils n'étaient pas encore en faveur dans tout le Latium, trouvaient du moins un marché facile à Prœneste. La statue de Diane, dans le temple romain-fédéral de l'Aventin, passa longtemps pour la plus vieille de Rome [1]. Elle ressemblait exactement à l'Artémis (ou *Diane Éphésiaque*) de *Massalie*, et sans doute, avait été apportée ou de cette ville ou d'*Eléa* [2]. Si l'on ne rencontrait pas dans Rome, en ces mêmes temps, les corporations des potiers, des ouvriers en cuivre et des orfévres (p. 260), on pourrait douter qu'elle

---

[1] Varron affirme (Augustin, *de civit. Dei*, iv, 31; v. aussi Plutarch., *Numa*, 8) que les Romains ont adoré les dieux durant cent soixante-dix ans, sans leur élever de statues. Son assertion se réfère évidemment à l'image de bois dont nous parlons dans le texte. Elle ne fut effectivement dédiée et consacrée qu'entre les années 176 et 219, selon la chronologie conventionnelle des Romains; et elle était aussi, sans contredit, la plus vieille statue dont la dédicace se trouvât mentionnée dans les documents que l'illustre antiquaire romain avait eus à sa disposition. [578-535 av. J.-C.]

[2] [En Lucanie, auj. *Castellamare della Bruca*.]

ait alors possédé les plus simples rudiments des arts du dessin : il est impossible aujourd'hui d'apprécier, d'une façon sûre, les progrès acquis et le chemin parcouru.

Quoi qu'il en soit, les rares monuments que mentionne l'histoire, et les traditions léguées par les siècles primitifs, ont du moins permis à la critique d'asseoir un jugement, et d'affirmer que, comme les poids et mesures, et comme l'écriture, les arts ne sont venus en Italie que par la voie de la Grèce, et non pas par celle de la Phénicie.

Rapports artistiques ; génie divers des Étrusques et des Italiens.

Il n'est point une seule branche des arts qui ne se rattache au tronc commun hellénique ; et la légende dit vrai au fond, lorsque, voulant raconter l'invention des argiles peintes, les plus vieilles parmi les œuvres de ces temps, elle les attribue aux trois ouvriers grecs *Eucheir* (*l'habile de main*), *Diôpos* (*l'ordonnateur*), et *Eugrammos* (*le dessinateur*) ; quoiqu'en fait, il soit fort douteux que les arts plastiques soient venus, comme elle dit, de Corinthe, et aient élu d'abord domicile à *Tarquinies*. Nul vestige d'importation orientale, non plus que de créations originales ou indigènes. Veut-on objecter les *scarabées* et les *hannetons*, pareils à ceux de l'Égypte, et que fabriquaient en grand nombre les lapidaires de l'Étrurie ? Les Grecs, répondrons-nous, en taillaient aussi dès les temps les plus reculés : l'un d'eux a été retrouvé à Égine, avec une fort vieille inscription hellénique. Les Grecs les ont probablement introduits chez les Étrusques. Auprès des Phéniciens, les Italiens trouvaient à acheter ; auprès des Grecs seulement, ils trouvaient à apprendre.

A quelle race hellénique les Étrusques ont-ils dû leur éducation artistique ? Question aussi difficile à résoudre que l'origine de leur alphabet. Constatons seulement que dans les choses de l'art, il existe de remarquables rapports entre l'Attique et l'Étrurie : les trois genres de travaux pratiqués plus tard en grand par les Toscans, n'avaient été suivis que d'une façon très-restreinte en

Grèce. Toutefois, Athènes et Égine sont les seuls points du territoire hellénique où la peinture tombale, l'art de ciseler les miroirs, et l'art du lapidaire semblent jusqu'ici avoir laissé de notables vestiges. Le temple toscan n'est exactement conforme ni au mode dorique, ni au mode ionique ; mais par ses caractères distinctifs les plus importants, par sa colonnade *périptérale* qui enveloppe de tous côtés la *cella*, par les *bases* mêmes de ses colonnes, il se rapproche davantage du mode ionique de la seconde époque. Or, nous voyons qu'en Grèce, le système le plus voisin du toscan dans ses dispositions générales, est précisément aussi le système ionien-attique, dans lequel l'élément dorique a profondément pénétré.

En ce qui touche le Latium, les indications historiques nous font défaut dès qu'il s'agit de dire par quelle route l'art lui a été apporté. Toutefois, si comme cela paraît vrai, il est raisonnable d'admettre qu'il a suivi la même voie que le commerce, on arrive à une conclusion toute en faveur des grecs de la Campanie et de la Sicile. Ce sont eux surtout qui ont dû, en même temps que leur alphabet, apporter leurs modèles artistiques aux Latins. Objectera-t-on la Diane de l'Aventin et ses ressemblances avec l'*Artémis d'Éphèse?* C'est là un fait isolé qui ne prouve rien. Nous accordons aussi que les anciens Étrusques ont fourni des modèles à leurs voisins. — Quant aux races sabelliques, ici encore, comme pour l'alphabet grec, ce n'est que de seconde main, et par l'intermédiaire des peuples de l'Italie occidentale, que l'architecture et la statuaire hellénique sont arrivées à leur connaissance.

Que si nous avions à porter un dernier jugement sur la vocation artistique des diverses nations italiques, nous le formulerions en peu de mots. Dès l'époque où nous sommes, on constate, ce que les siècles postérieurs démontreront mieux encore, l'antériorité des Étrusques dans la pratique des arts ; et leurs travaux sont à la fois plus considérables et plus riches; mais en même temps, leur infériorité est réelle par rapport aux Latins et aux Sabelliens. La convenance dans les formes, l'utilité vraie sont moins bien observées chez eux, et ils n'ont pas au même degré l'inspiration et le sens du beau. Mais ce n'est encore que dans l'architecture que ces différences se trahissent. La structure polygonale, si belle, si bien appropriée à son objet, se rencontre fréquemment dans le Latium et dans les régions centrales: en Étrurie, elle est rare, et les murs mêmes de Cœré n'offrent nulle part l'appareil à blocs multangulaires. Des constructions religieuses déjà remarquables, l'arc, les ponts (p. 230)[1], font pressentir les grandes destinées de l'art romain, l'époque des aqueducs et des voies consulaires. Les Étrusques, au contraire, initiés aux principes de l'architecture monumentale de la Grèce, les ont promptement dénaturés. Ils appliquent maladroitement aux bâtiments de bois les lois qui régissent les constructions en pierre; ils inclinent le toit d'une façon exagérée; ils espacent trop les intervalles des colonnes, et pour emprunter le dire d'un architecte ancien, ils donnent à leur temple « *un aspect large, écrasé et lourd.* » Dans les proportions riches et pleines de l'art grec, les Latins n'ont pas trouvé toutes choses, tant s'en faut, en harmonie avec leur puissant réalisme; mais ils ont su pleinement s'approprier le peu qu'ils lui ont pris. Dans la construction polygonale du mur des villes, ils ont peut-être dépassé leurs maîtres. L'art étrusque est la manifestation éclatante d'une incroyable dextérité de main qui se maintient par une infatigable industrie; mais, comme l'art chinois, cette industrie n'atteste au plus que le génie secondaire de l'imitation, de la *réceptivité*, pour parler avec l'école. On aura beau disputer: de même

---

[1] [V. sur ce point le chapitre ix° du II° livre, *infra*.]

qu'il a fallu jadis reconnaître que l'art grec n'avait été rien moins que le fils de l'art étrusque : de même, dans l'histoire artistique de l'Italie, il faudra faire passer celui-ci encore de la première place à la dernière.

FIN DU PREMIER LIVRE.

TABLE DU LIVRE PREMIER

[Nous donnons provisoirement ici la Table, qui devra être enlevée quand paraîtra *(sous peu)* la fin de ce volume. Nous avons voulu livrer tout de suite à la publicité le livre Ier, qui comprend les origines.]

LIVRE PREMIER.

DEPUIS ROME FONDÉE, JUSQU'À LA SUPPRESSION DES ROIS.

Avant-Propos, Dédicace et Préfaces	v-xx
Chapitre I. Introduction	3
Chapitre II. Premières immigrations en Italie	10
Chapitre III. Établissements des Latins	42
Chapitre IV. Les Commencements de Rome	58
Chapitre V. Les Institutions primitives de Rome	78
Chapitre VI. Les Non-Citoyens. — Réforme de la constitution	112
Chapitre VII. Suprématie de Rome dans le Latium	133
Chapitre VIII. Les Races ombro-sabelliques. — Commencements des Samnites	152
Chapitre IX. Les Étrusques	161
Chapitre X. Les Hellènes en Italie. — Puissance maritime des Étrusques et des Carthaginois	173
Chapitre XI. Droit et justice	201
Chapitre XII. Religion	220
Chapitre XIII. L'agriculture, l'industrie et le commerce	248
Chapitre XIV. Poids et mesures, écriture	275
Chapitre XV. L'art	294

www.ingramcontent.com/pod-product-compliance
Lightning Source LLC
Chambersburg PA
CBHW060502170426
43199CB00011B/1303